그림책
한 권의
힘

일러두기
이 책에 등장하는 학생들의 이름은 대부분 가명을 사용했습니다.

그림책
한 권의
힘

읽고 쓰고 만드는
그림책 수업의 모든 것

이현아 지음

추천의 글

    그녀는 삶으로 보여준다. 교사는 그저 가르치는 사람이 아니며, 아이들의 영혼과 교감하면서 그들이 지닌 가장 좋은 것을 스스로 끌어내게 도와주는 사람임을. 더구나 놀랍게도, 그녀는 이것을 공교육의 교실 안에서 보여준다. 그리고 증언한다. 가능하다. 가능했다. 함께 하자. 그녀의 열정 어린 땀은 기적을 만들어냈다. 기적이란, 다만 이전에 없던 길을 열어 보여주는 일. 여기 그 로드맵이 정성스럽게 제시되어 있다. 당신에게 사랑하는 아이들이 있다면 꼭 같이 걸어가 볼 일이다. 아이들의 인생이 바뀔지도 모르니. 단언컨대, 그녀 같은 선생님이 있었다면 나의 인생은 바뀌었을 것이다.

    _오소희 (『엄마의 20년』, 『바람이 우리를 데려다주겠지』 저자)

    통로 이현아 선생님의 교실에서 만나는 아이들의 글은 완전히 다릅니다. 어른들의 짐작과 다르고, 기존의 표현법과 다릅니다. 아이들이 쏟아놓은 마음은 살아서 펄펄 뛰네요. 흩어져버릴 수도 있었던 생각을 다독여 책으로 완성해본 아이들은 자신에 대해 어떤 믿음을 갖고 자랄까요? 솔직하게 나를 드러내고 마음껏 쓰라고 응원 받은 아이들이 보는 세상은 어떨까요? 현아샘은 아이와 어른 사이, 낙서와 작품 사이, 꿈과 예술 사이의 통로입니다. 그 통로의 끝에 무엇이 있을지 아아, 생각만 해도 가슴 벅찹니다.

    _전은주 (『영어 그림책의 기적』, 『웰컴 투 그림책 육아』 저자)

"이걸 선생님이 다 하셨다고요?" 이현아 선생님의 교실에서 아이들과 만든 그림책을 본 적이 있는데, 먼 타국에서 독립운동을 하는 동지를 만난 것처럼 반가웠다. 나도 순천에서 할머니들과 그림책을 만들어본 경험이 있다. 그분들의 이야기를 들으며 이야기의 씨앗을 찾아내고 그림 그리기를 어려워하는 분들에게 자신감을 심어주는 작업을 해보았기에, 그것이 얼마나 마음을 써야 하는 일인지 잘 안다. 선생님과 손을 높이 들고 외치고 싶다. "그림책독립만세!"
_김중석 (그림책 『나오니까 좋다』, 『그리니까 좋다』 저자)

이 책을 읽으면서 작가의 영역은 어디까지나 책을 내는 순간까지임을 다시 한 번 깨달았다. 어떤 안내자를 만나느냐에 따라 그 책의 생명력이 달라지고, 온도가 달라지고, 한계가 달라진다. 그래서, 그녀의 손끝에 들리어진 그림책은 행복하다. 좀 더 따뜻하게, 좀 더 넓은 마음으로, 더욱 건강한 책으로 아이들에게 다가갈 수 있으니.
_김윤정 (그림책 『엄마의 선물』, 『빛을 비추면』 저자)

어느 날 열 명 남짓 되는 아이들과 이현아 선생님이 예쁜 그림책을 한 권씩 손에 들고 수줍게 교장실 문을 두드렸다. 책을 받아들고 설레는 맘으로 펼쳐 본 순간, 잠깐 숨이 멎었다. 이건 감동이었다. 아이들이 내뱉고 싶었으나 용기 내지 못했던 마음속 이야기가 여기에 소담하게 꽃을 피우고 있었다. 그게 시작이었다. 이현아 선생님을 만난 아이들은 자기 마음을 그림책에 거침없이 담아내면서 창작의 기쁨을 마음껏 누렸다. 내가 느낀 짜릿한 전율이 독자들에게도 감동으로 다가가리라 믿는다.
_채정옥 (서울홍릉초등학교 교장)

내가 아는 가장 바보 같은 사람. 그림책으로 답답한 교실 공기를 비우고, 신선한 바람을 창으로 들일 수 있다고 믿는 사람. 그 바람에 아이들이 홀리듯 자기 마음을 들여다보고, 다른 사람의 마음까지 보듬을 수 있다고 믿는 사람. 그림책으로 세상을 바꿀 수 있다고, 아직도 미련하게 믿는 사람. 그 우직하고 아름다운 글에 눈물이 난다. 그만 나도 바보가 되고 싶어졌다.
_김여진 ('좋아서 하는 그림책 연구회' 운영진, 서울당서초등학교 교사)

초임 교사 시절, 현아샘 옆 반 교실에서 근무했다. 교직 생활에 무기력함을 느끼며 갈팡질팡하던 나에게 현아샘이 해준 말이 아직도 마음에 묵직하게 남아 있다. "앞마당 텃밭은 젖혀두고 뒷마당의 장미 한 송이만 애지중지하는 게 싫어서, 좋아하는 책과 미술 도구를 내 교실로 가지고 들어왔어. 미주도 가슴 뛰게 하는 걸 교실로 가지고 들어와 봐. 잘할 것 같은데?" 현아샘의 따뜻한 영향력 덕분에 나는 스스로의 내면을 깊숙이 들여다보게 됐고, 지금은 '좋그연'의 운영진으로 현아샘과 더욱더 끈끈하게 만나는 중이다. 이 책을 통해 현아샘이 여러분에게도 따스한 말을 건넨다. '자, 이제 당신의 이야기를 마음껏 펼쳐보세요.'
_김미주 ('좋아서 하는 그림책 연구회' 운영진, 서울홍릉초등학교 교사)

어느덧 학교와 사회의 틀에 점점 맞춰져만 가는 요즘, 어린 시절 내가 남긴 이야기는 때때로 지금의 나보다도 한참 앞선 어른이 된 채 나를 이끈다. 그때 그 순간 어린이들의 마음을 끌어내는 통로가 되어준 현아샘이 없었더라면 영영 알 수 없었을 마음들을, 들을 수 없었을 말들을, 이 책을 읽는 내내 한가득 보고, 느끼고, 다시금 깨닫는다.
_신현서 (어린이작가, 『어둠, 그리고 우주』 저자)

중학생이 된 지금, 초등학교 시절을 돌아보면 나에게 무엇과도 바꿀 수 없는 기억이 남아 있다. 현아쌤과 교실 바닥에 커다란 전지를 깔아놓고 빨간 실로 『엉킨 실』 그림책을 만들었던 기억, 신문지를 잔뜩 가져와서 오리고 유튜브 영상을 캡처해가면서 『학사모의 질문』 그림책을 만들었던 기억이다. 두 권의 책과 함께 나에게 특별한 경험을 선물해주신 현아쌤 덕분이다. 나는 지금도 그림책으로 만들고 싶은 글이 생기면 노트에 써서 현아쌤에게 연락드린다. 후배 어린이작가들도 나처럼 글 쓰는 즐거움, 작품 만드는 짜릿함에 푹 빠져보길! 이거, 꽤 재미있다!

_이혜승 (어린이작가, 『엉킨 실』 저자)

얼마 전, 표지에 '글 그림 류윤지'라고 적힌 세상에 둘도 없는 책을 받았습니다. 책을 두 손에 받아든 순간, 우리 아이가 저명한 동화작가가 된 것 같아 기쁘고 설레었습니다. 이현아 선생님을 만나지 않았다면, 우리 아이가 지금처럼 글쓰기와 그림 그리기를 좋아하게 됐을까 싶었습니다. 글을 쓰는 즐거움과 상상의 나래를 펼치는 과정의 소중함을 아이들에게 일깨워주고 계신 이현아 선생님께 진심으로 감사드립니다.

_김민정 (2019년 학부모)

보는 사람마저 기분 좋게 만드는 환한 보조개 미소의 소유자, 이현아 선생님은 우리 아이의 2학년 때 담임 선생님이셨다. 아이를 긍정과 사랑의 시선으로 바라보시고 칭찬을 아끼지 않으셨던 모습을 보면서, 우리 아이 일생의 첫 학교인 초등학교에서 이현아 선생님을 만난 것에 늘 감사했다. 예술과 독서를 사랑하는 선생님의 책이 드디어 세상에 나온다. 이현아 선생님의 그림책 수업은 아이들에게 창의성과 정서적 풍부함을 길러주는 특별함을 가지고 있다. 그녀의 사랑과 열정이 이 책을 통해서 더 많은 독자들에게로 흘러가길 바란다.

_채시라 (배우, 2015년 학부모)

프롤로그

'마음의 숲'은 '표현'으로 쉰다

　　서점에 들렀던 어느 날, 문득 이런 생각이 떠올랐다. '여기의 이 수많은 책들이 어쩌면 어른의 관점에서 아이에게 거는 기대나 욕망을 기록한 것은 아닐까?' 하루에도 수십 권씩 어린이 책이 쏟아진다. 그러나 대개의 어린이 책들은 어른의 목소리로 쓰였다. 아이들을 설득하려는 책, 어른의 방식으로 아이들을 위로하는 책, 어른의 시각에서 아이들의 고민에 대해 결론을 내린 책들이 책꽂이마다 즐비하다.

　　하지만 아이들은 어른이 만들어놓은 세계를 받아들이기만 하는 존재가 아니다. 자기 자신을 드러내고 발산할 때 살아 있음을 느끼는 창조적인 존재다. 어른의 목소리 대신, 아이들의 생생한 목소리를 듣고 싶었다. 내 교실에서만큼은 빽빽한 책장 한 칸을 비워내고, 거기에 아이들의 목소리를 온전히 담아주고 싶었다. 아이들에게 12년의 학교생활 중 단 한 번이라도 자신을 있는 그대로 드러내고 표현할 수 있는 기회를 선사하고 싶었다. '교실 속 그림책 창작 프로젝트'는 그런 마음에서 시작됐다. 그리고 그 마음을 꾸준히 이어간 지도 어느덧 6년째에 접어들었다.

표현의 길이 꽉 막힌 요즘 아이들

아이들과 그림책 창작 활동을 하다 보면 아이들 내면에 이런 마음이 숨어 있었나 싶어서 놀랄 때가 한두 번이 아니다. 평소 말수가 적어 속마음을 알기 어려웠던 한 아이는 자신을 하나의 사물에 빗대어 표현해보라는 질문에 두 눈만 커다랗게 그려놓고는 이렇게 말했다.

"선생님 저는요, 눈만 밖으로 나와 있고 입이랑 손발은 땅속에 묻혀 있는 것 같아요."

"그래서 이렇게 눈만 그렸구나. 왜 입이랑 손발은 묻어놓고 눈만 밖으로 내놓고 있는 거야?"

"하고 싶은 말도 못 하고 움직이지도 못 하니까요. 어른들은 그냥 조용히 앉아서 책만 보라고 해요. 우린 눈만 내놓고서 그냥 계속 보기만 하고요."

'이 책 읽어라, 저 책 읽어라' 하는 어른들의 말에 떠밀려 왜 읽어야 하는지도 모른 채 지식을 욱여넣기만 해야 하는 아이의 답답함이 고스란히 전해졌다. 표현의 길이 꽉 막혀 있을 때, 아이들은 그저 '보기만' 한다. 땅속에 온몸이 파묻힌 채 두더지처럼 눈만 끔벅거리는 듯한 아이의 모습이 떠올라 나는 가슴이 서늘해졌다. 땅속에 묻혀버린 아이 입은 과연 무엇을 말하고 싶었을까?

여러 개의 입술에 둘러싸인 자신의 모습을 그린 아이도 있었다. 그림을 가만히 보니 가슴이 뻥 뚫려 있었다. 아이는 자신에게 하루에도 수없이 많은 말들이 쏟아지지만, 정작 본인이 하고 싶은 말을 들어주는 사람은 없는 것 같다고 말했다. 아이에게는 곁에 앉아 자신의 말에 귀를 쫑긋 기울여주는 단 한 사람이 절실해 보였다.

'마음의 숨'은 '표현'으로 쉰다

교사로서 내가 마음에 항상 품고 사는 문장이 하나 있다. '사람이 숨을 쉬는 것은 코로 하지만, 마음의 숨은 표현으로 쉰다.' 아동문학가 이오덕 선생님의 말씀이다. 선생님의 말씀을 빌리자면, 아이들은 자기표현을 통해 마음의 숨을 내쉰다. 가슴이 꽉 막혀버린 아이에게 필요한 것은 바깥의 생각을 안으로 집어넣는 일이 아니라 마음에 품고 있는 말을 밖으로 내뱉도록 돕는 일이다.

그림책 수업도 마찬가지다. 읽기가 들숨이라면 표현은 날숨이다. 숨을 들이쉬고 나면 시원하게 내뱉고 싶은 것처럼, 그림책을 읽다 보면 내 안에 피어오른 이야기를 표현하고 싶어진다. 읽기에만 집중한 수업이 아닌, 읽기와 쓰기가 들숨과 날숨처럼 건강하게 선순환하는 그림책 수업을 하고 싶었다. 그 마음으로 감상과 창작이 꼬리에 꼬리를 물 듯 이어지는 선순환 독서 수업을 연구했다. 읽기와 쓰기, 토론과 감상이 선순환하면서 창작을 향할 때, 새로운 것은 들어오고 쌓인 것은 흘러나갔다. 아이들의 성장은 그 사이 어딘가에서 일어났다.

　아이들은 누구나 가슴속에 자기만의 이야기를 가진 존재다. 나는 어른의 시각으로 이를 설득하거나 결론 내리지 않고 그저 아이들 각자가 자기 몫의 이야기를 꺼내놓을 수 있도록 넓고 하얀 도화지를 제대로 펼쳐주고 싶었다. 그곳에 자신을 마음껏 쓰고 그리며 표현할 수 있게 해주고 싶었다. 그림책 작가 베아트리체 알레마냐가 그림책 『어린이』에서 말했던 것처럼, 아이들은 '쏟아내는' 존재이니까.

> 어린이는 정말 스펀지 같아요.
> 무엇이든 다 빨아들이니까요.
> 못된 말, 나쁜 생각, 무서웠던 사람들까지도요.
> 한동안은 아무렇지도 않은 듯하지요.
> 그러다가 어느 날 갑자기 밖으로 쏟아 내요.
> 책가방 속에다, 이불 밑에다, 책 앞에다 그대로 쏟아 내요.
> 어린이는 눈을 동그랗게 뜨고 그 얘기에 귀 기울여 주길 바라지요.
> (『어린이』, 베아트리체 알레마냐 지음, 곽노경 옮김, 한솔수북)

아이들은 저마다의 방식으로 이야기를 쏟아냈다. 혼자 조용히 앉아서 공책 귀퉁이에 글을 끼적이는 아이가 있는가 하면, 흥분된 표정으로 조잘조잘 이야기를 쏟아놓는 아이가 있었다. 어떤 아이는 글보다 그림으로 이야기하길 좋아했고, 잘 그리지는 못 해도 색감 안에 감정을 절묘하게 담아낼 줄 아는 아이도 있었다.

그림책, 아이들의 이야기를 담아내는 가장 유연하고 아름다운 그릇

그림책은 아이들이 쏟아낸 다양한 결의 이야기를 담는 유연하고 아름다운 그릇이 되어줬다. 그림책은 쓸 수도 있고, 그릴 수도 있고, 글과 그림의 이중주로 독특한 리듬을 만들어낼 수도 있는 매체이기에 가능한 일이었다. 어디 그뿐인가? 연속적인 그림에 전체를 관통하는 흐름을 담을 수도 있고, 글과 그림의 배치를 적절히 활용하면 장면마다 호흡을 조절하며 읽는 묘미를 살릴 수도 있다. 그림책에는 구석구석 공간과 틈이 있다. 단어와 그림 사이, 종이와 종이 사이, 선과 색 사이에 많은 의미를 함축해서 담을 수 있다. 그렇게 그림책이 내어주는 공간에 아이들의 마음이 차곡차곡 담겼다.

아이들은 한 명의 주체적인 창작자로서 그림책에 마음을 담아냈다. 아이들의 작품 속에는 어른들의 짐작과는 다른 아이들의 세계, 아이들 눈에 비친 세상의 모습, 놀라운 깨달음을 선사하는 기발한 시선이 가득했다. 그림책 수업을 통해서 아이들의 이야기에 귀 기울이면서 생각했다. '아이들은 가슴속에 자기만의 언어를 가진 존재구나.' 아이가 자주 쓰는 단어, 관심 갖는 주제, 자꾸 쓰는 색깔을 찬찬히 들여다보면 가슴속에 품고 있는 그 아이만의 언어가 선명하게 윤곽을 드러냈다.

그렇게 만들어진 아이들의 창작 그림책이 지난 6년간 무려 200여 권이 넘는다. 이 그림책들을 가만히 살펴보면 요즘 아이들이 어떤 고민을 하는지, 무엇에 마음이 머무는지를 알 수 있었다. 나아가 주로 어떤 소재를 사용하여 글을 쓰는지, 어떤 방식으로 이야기를 전개하는지 그 경향성까지도 자연스럽게 파악됐다. 아이들이 만든 그림책은 수업의 결과물인 동시에, 아이들을 이해하는 출발점이 되는 아주 귀한 자료이자 거대한 의미의 묶음이었다.

눈으로 보이지 않던 아이들의 마음이 그림책 안에서는 또렷하게 보였다. 그림책이라는 한 권의 뚜렷한 실체 덕분에 감춰졌던 아이들의 마음을 눈으로 볼 수 있었다. 미국의 그림책 작가 모리스 샌닥은 그림책을 '눈으로 보는 시'라고 표현했다. 내게 그림책은 '종이 위에 쏟아진 아이들의 마음'이었다. 맨 처음 아이의 생각 조각이 툭 흘러나왔을 때에는 낙서 같은 흔적에 불과했지만, 그림책 창작 수업을 통해서 글과 그림을 키워내면 하나의 작품이 됐다. 그림책은 그 자체로 하나의 온전한 예술품이면서, 사람과 사람이 만나 마음을 나눌 땐 훌륭한 소통의 도구가 됐다.

그림책 수업은 세상에서 가장
적극적인 독서 교육이다

그림책 창작 수업 시간에 자기 손으로 끝까지 만들어낸 그림책을 손에 들고 한 아이가 이렇게 말했다.
"선생님, 그림책을 다 완성하고 나서야 깨달았어요."
"뭘 깨달았을까?"
"제 이야기 방식이 틀렸다는 사실이요."
순간, 아이를 쳐다보던 내 눈동자는 미세하게 흔들렸다.
'아… 어떡하지? 이미 인쇄까지 다 마쳤는데… 뭐가 마음에 들지 않는 걸까? 다시 수정해보자고 말해야 하나?'
마음속으로 걱정하며 잠시 말을 잇지 못하던 나를 쳐다보면서 아이가 다시 입을 뗐다.
"근데 그걸 깨달았다는 것 자체가 제가 조금 더 성장했다는 거잖아요. 그래서 아쉽지 않았어요."
자신이 틀릴 수도 있음을 깨닫는 것, 그것의 다른 이름이 '성장'이라는 사실을 아이는 그림책 창작 과정을 통해 몸소 이해했다. 하나의 과정을 자신의 몸으로 통과해보지 않으면 도달할 수 없는 삶의 진리를 아이는 그림책 창작 수업을 통해 깨우쳤다.
그림책 창작 수업은 소통과 공감의 쾌감을 배우는 시간이기도 했다. 그림책을 창작하면서 어떤 순간이 가장 기억에 남았느냐는 나의 물음에 한 아이가 던진 대답은 지금까지도 잊기 어렵다.

"기억에 남은 건 말이 아니라 내 책을 읽는 사람들의 표정이었어요. 놀라는 표정, 탄성 지르는 표정이요."

"오호, 현서는 책 읽는 사람들의 표정을 살펴봤구나."

"그리고… 하나 더 있어요."

"그게 뭔데?"

"공기요."

"공기?"

"네. 내 책을 읽는 사람과 나 사이의 팽팽한 공기요."

그 순간, 나는 정수리가 활짝 열리고 온몸의 세포가 깨어나는 것 같았다. 나의 이야기가 그것을 읽는 이들에게 작은 파문을 던지고, 그 파문은 다시 글을 쓴 자신에게로 되돌아와 영향을 끼치는 것. 아이는 자신이 경험한 창작의 핵심을 자기만의 언어로 들려줬다.

아이들은 이렇게 눈에는 보이지 않지만 분명히 존재하는 감각을 또렷이 기억했다. 종이에 색연필이 닿는 감촉에서부터 인쇄된 책을 처음 펼칠 때의 빳빳한 느낌, 자신이 창작한 그림책을 읽고 난 독자들의 표정 변화에 이르기까지 아이들의 섬세한 감각은 그림책을 읽고, 쓰고, 만들면서 경험했던 모든 순간의 떨림과 울림을 스펀지같이 흡수했다. 그림책 창작 수업은 매 순간이 그 자체로 살아 있는 배움이자 세상에서 가장 적극적인 독서 교육이었다.

학교와 가정에서 더욱 많은 아이들이 그림책 창작을 통해 자기 안의 이야기 씨앗을 발견하고, 자신만의 방식으로 표현할 수 있기를 희망한다. 이 책이 아이들과 함께 그림책 수업을 이끌어가는 선생님과 부모님들에게 든든한 가이드가 될 수 있으면 좋겠다. 이 책에 담긴 내용을 토대로 저마다의 아이디어와 개성을 녹여 더욱 다채롭게 그림책 수업을 해나가기를 권한다. 중요한 것은 '수업의 방법'이 아니라, 아이 마음속에 숨겨진 이야기에 귀를 기울이고자 하는 우리 어른들의 '진심 어린 태도'일 테니까. "자, 이제 네 이야기를 마음껏 해보렴" 하고 아이들에게 진심 어린 말 한마디를 꺼내는 순간, 하얀 도화지 위에 무한한 가능성을 지닌 이야기들이 쏟아질 테니까.

마지막으로 이 책을 쓸 수 있도록 사랑과 도움을 건네준 분들에게 감사의 마음을 전한다. 부족한 나를 일으켜 세워 통로의 삶을 살게 하신 나의 하나님, 나란히 앉아 기도하는 뒷모습으로 나를 키워주신 부모님, 세상 밖으로 함께 선한 능력을 흘려보내는 사랑하는 나의 동반자 남편 덕분에 내적인 충만함을 가지고 책을 집필할 수 있었다.

시와 그림으로 노래하는 삶을 알려주신 하정완 목사님, 나이프 유화 그림으로 내 삶을 풍요롭게 해주신 전미선 선생님, 넉넉하고 견고한 지지를 보내주신 서울교대 국어교육과 원진숙 교수님, 미술교육대학원에서 연구하는 삶을 살도록 도와주신 손지현, 류재만 교수님 덕분에 이 책의 반경이 깊고 넓어질 수 있었다.

단단하고 따뜻한 격려로 힘을 보태어주신 채정옥 교장 선생님과 김연옥, 정효선, 박유신, 손경아, 임선화 선생님이 계셨기에 뚝심 있게 수업 연구를 지속할 수 있었다. '좋아서 하는 그림책 연구회'의 운영진으로 함께하면서 깊은 우정을 나눈 이한샘, 조시온, 우서희, 김여진, 김미주, 김설아, 송혜은, 이규도, 설려나가 내 삶 가운데 존재했기에 이 책이 고유의 결과 윤기를 지닐 수 있었다.

'좋아서 하는 그림책 연구회' 강연으로 만난 귀한 인연들이 번번이 전해주신 따뜻한 용기의 말이 집필 과정 내내 큰 버팀목이 되어줬다. 매달 책과 사람, 글과 그림 그 사이 언저리에서 만나 같은 주파수로 감응했던 좋아서 하는 그림책 연구회의 소중한 분들에게 감사의 마음을 보낸다.

사려 깊은 시선으로 무사히 책이 출간되도록 길을 열어주신 카시오페아의 민혜영 대표님, 기획부터 출간까지 2년 6개월이라는 긴 시간 동안 격려와 피드백을 아끼지 않은 한아름 편집자 님, 책의 만듦새를 아름답게 완성해주신 김리영 디자이너 님께도 감사 인사를 전한다.

무엇보다 지난 11년간 교실에서 따뜻하게 사랑을 나눈 우리 아이들이 없었다면 지금의 이 책은 존재하지 않았을 것이다. 내가 할 수 있는 가장 진솔한 몸짓으로, 나의 어린 작가들을 꼭 껴안아주고 싶다.

2020년 봄,

이현아

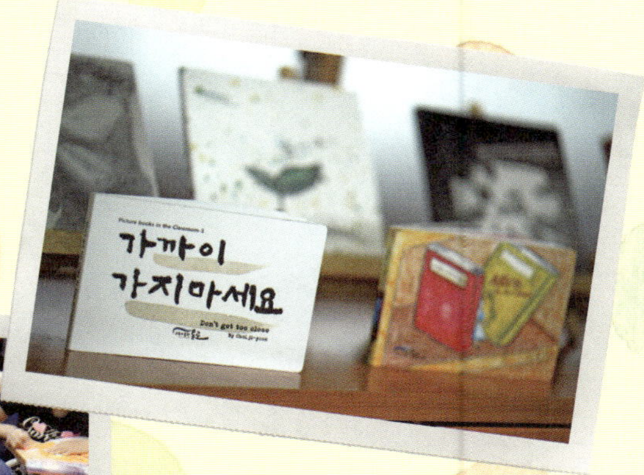
가까이
가지마세요
Don't get too close

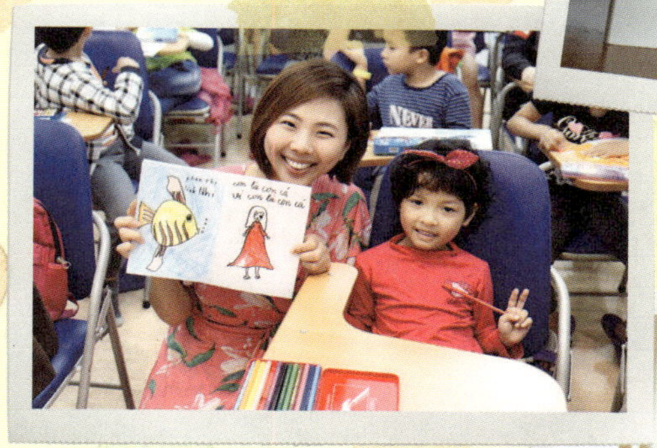

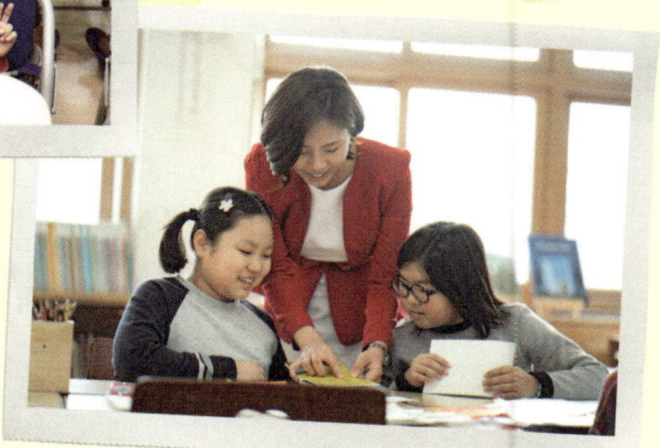

마이웨이

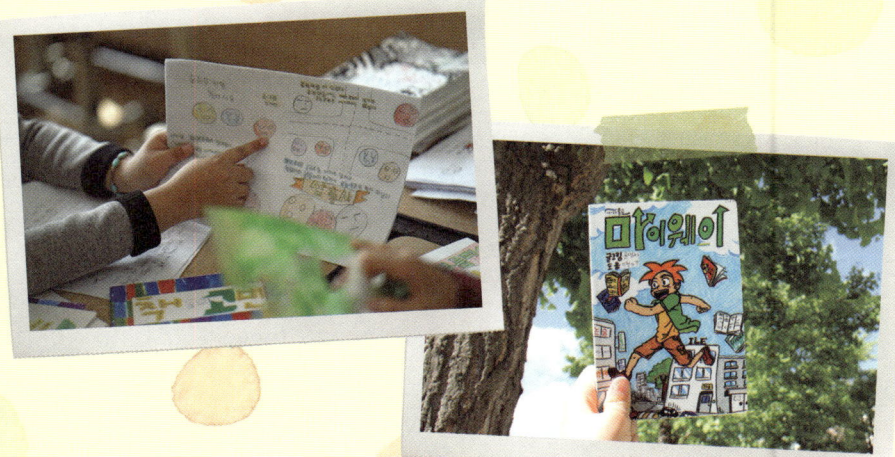

차례

추천의 글 • 4

프롤로그 '마음의 숨'은 '표현'으로 쉰다 • 8

PART 1 왜 그림책 수업인가?
'교실 속 그림책 창작 프로젝트'를 시작하기까지

저는 문장 수집가입니다 • 27

세 번째 사람의 목소리 • 35

그림책이 아니었더라면 몰랐을 마음 • 40

'감상하는 사람'에서 '창작하는 사람'으로 • 46

아홉 살도 그림책을 만들 수 있을까? • 53

어린이작가들의 꿈이 흘러가는 통로 • 61

자기만의 방이 필요한 아이들 • 67

그림책에 쏟아진 마음 01
그림책이 우리를 위로해줄 수 있을까? • 74

PART 2 그림책으로 아이들과 만나다
"질문하고"

누구나 조금씩은 이상한 구석이 있어 • 87

오늘 너는 무슨 색이니? • 96

내 생각엔 그게 바로 시 같아 • 104

세상에서 가장 커다란 질문 • 118

그거 알아? 너만 그런 건 아냐! • 126

그림책에 쏟아진 마음 02
자기만의 방식으로 자존감 키우기 • 134

PART 3 그림책과 통하다
"읽고"

나와 통하는 그림책 _통(通)그림책이란? • 147

숨겨진 마음, 밖으로 나오다 _한 장면 포스트잇 활동 • 153

포스트잇 한 장에서 시작된 갑론을박 _한 장면으로 토론하기 • 160

글과 그림의 이중주 _그림책 읽고 시와 그림으로 표현하기 • 165

그림책과 교육연극의 만남 _한 장면 타블로 활동 • 176

그림책에 쏟아진 마음 03
무한 경쟁 시대, 낙오될까 봐 두려운 아이들 • 182

PART 4 그림책으로 나를 표현하다

"쓰고"

나를 투영한 하나의 사물 찾기 _'은유 거울'을 통한 자기표현 • 193

숫자, 음계, 색깔 등으로 나를 표현하기 • 202

글쓰기를 어려워하는 아이들을 위한 처방 • 209

'이너보이스 활동'으로 스토리텔링하기 • 220

아이들이 많이 쓰는 이야기 구조 세 가지 • 229

그림책에 쏟아진 마음 04
내 삶의 온전한 주인이 된다는 것 • 242

PART 5 그림책으로 예술하다

"만들고"

그림책만의 특징 짚어주기 • 255

스토리보드 그리기 • 270

다양한 재료와 방법으로 원화 그리기 _예술적 선택의 폭 넓히기 • 282

제한으로 표현력 끌어내기 • 292

그림 그리기를 두려워하는 아이들을 위한 처방 • 302

그림책에 쏟아진 마음 05
마음껏 꿈꿀 자유 • 308

PART 6 그림책으로 흘러가다
"나누고"

감상과 창작은 선순환한다 • 319

더 멀리, 더 넓은 곳으로 • 329

독립출판 프로젝트 '덮으면서 다시 시작하는 그림책' • 337

그림책 좋아하는 사람, 여기 다 모여라! • 341

에필로그 누군가 학교를 썩은 호박이라고 말한다면 • 348

부록 1 그림책 제작 A to Z • 357

부록 2 주제별로 엄선한 추천 그림책 리스트 150권 • 376

부록 3 그림책 창작 수업 준비를 위한 추천 도서 리스트 • 383

부록 4 연간 20차시 교실 속 그림책 창작 프로그램 예시 • 385

PART 1

왜 그림책 수업인가?

'교실 속 그림책 창작 프로젝트'를 시작하기까지

저는 문장 수집가입니다

3월 초, '봄'을 주제로 시 쓰기 수업을 했다. 가장 먼저 시를 써서 가지고 나온 민철이는 부끄러워하며 "보지 마세요" 하고는 교탁 위에 종이를 엎어놓고 들어갔다. 수업을 모두 마치고 나는 교실에 혼자 남아 민철이가 놓고 간 종이를 조심스레 뒤집어 봤다. 종이에는 비뚤배뚤한 글씨로 수업 주제와는 전혀 동떨어진 글이 적혀 있었다.

울고 싶다 흑흑
세상 살기가 힘들다 흑흑
차라리 죽는 게 나을 것 같다 흑흑
부모님도 내게 신경 안 쓴다 흑흑
나는 관종인가? 흑흑
관심받고 싶다 흑흑
나도 평범해지고 싶다 흑흑

민철이에게 무슨 말을 해줘야 할지 몰라 난감했다. 마냥 장난기 가득하고 씩씩한 아이라고만 생각했는데 아이에게 혹시 무슨 일이 생긴 것일까? 교사는 부모 다음으로 아이와 가까운 존재라고 생각했지만, 정작 아이의 진짜 삶에 대해서 나는 모르는 것이 많았다. 학기 초부터 꾸준히 적어온 상담기록부도 민철이의 삶을 온전히 담아내지 못했다. 다음 날, 나는 민철이를 따로 불러서 무슨 일이 있느냐고 조심스레 물었다.

"부모님 때문에 답답해서요. 무슨 일이 생긴 건 아니니까 그냥 모른 척해주세요."

"그래, 더 묻지 않을게. 민철아, 근데 사람은 누구나 관심종자야. 선생님도 매일 부모님께 관심받고 싶었어. 어른이 된 지금도 매일 너희들한테 관심받고 싶고…. 너만 이상한 거 아니야."

내 이야기는 거기까지였다. 아이의 사정을 잘 알지도 못하면서 어설프게 조언하기는 싫었다. 공감과 위로를 흉내 내고 싶지도 않았다. 그 뒤 한참이 지나고 나서야 민철이가 자기 속내를 털어놨다.

"선생님, 저는 구겨진 종이 같아요. 집에 가면 방에만 처박혀서 웅크리고 있어요."

민철이는 부모님이 매일 싸우셔서 힘들다고 했다. 부모님이 이혼하면 혼자 버려질까 봐 무섭다고 했다. 그런 민철이를 교사인 나는 유리 벽 너머에서 바라보기만 하는 심정이었다.

제발, 저 좀 봐주세요

민철이의 이야기를 들으면서 그림책 『절대 보지 마세요! 절대 듣지 마세요!』가 생각났다. 이 책의 첫 구절은 이렇게 시작된다.

우리끼리니까 하는 얘긴데,
어른들은 태어날 때부터 어른이었나 봐.
아무것도 몰라.
정말로 내가 무엇 때문에 우는지 말야!
(『절대 보지 마세요! 절대 듣지 마세요!』, 변선진, 바람의아이들)

아이들은 무엇 때문에 우는 것일까? 어른들이 예상하는 바와는 달리, 아이들은 어둠이나 괴물 따위는 거뜬히 이길 수 있다. 치과도 주사도 무섭지 않다. 정작 아이들이 눈물을 흘리는 이유는 따로 있다. 무표정한 어른의 얼굴, 부모님이 크게 싸우던 날 집 안에 울려 퍼지던 고함 소리 같은 것들이 아이들의 마음을 서늘하게 한다.

아무리 이야기하고 또 이야기해도 아무도 자신의 말을 믿어주지 않던 날, 아이는 막막함에 혼자서 뚝뚝 눈물을 흘렸다. 모두가 바빠서 혼자 텔레비전만 봐야 했던 생일날, 아이는 가장 시리고 아프게 울었다.

이 책을 쓰고 그린 변선진 작가는 이제 이 세상에 없다. 작가가 열아홉 살에 대안학교를 졸업하면서 쓴 논문집 그림책인 『절대 보지 마세요! 절대 듣지 마세요!』는 그의 처음이자 생의 마지막 작품이다. 한 어린 작가가 자신의 속마음을 담아 만든 이 그림책이 아니었더라면, 나는 민철이의 마음을 영영 헤아리지 못 했을지도 모른다. '절대 보지 마세요! 절대 듣지 마세요!'라고 손 글씨로 쓴 제목에서 제발 나를 보아달라고, 한 번만 제대로 들어달라고 외치는 한 아이의 심정이 느껴졌다.

눈물은 로션 맛

『절대 보지 마세요! 절대 듣지 마세요!』는 내가 그림책 수업 시간에 아이들에게 꼭 읽어주는 그림책이다. 어른이 아닌 아이의 시선으로 쓴 그림책이기 때문에 또래 아이들이 내용에 쉽게 공감하며 자신의 이야기를 꺼내놓기 때문이다.

이 그림책을 읽어줬던 어느 날, 쉬는 시간에 영민이가 나에게 부쩍 가깝게 다가와 이런 말을 꺼냈다. 영민이는 평소엔 말수도 많지 않고 조용한 아이였는데, 그날은 무슨 마음이었는지 한결 친근한 목소리로 말했다.

"선생님 그런데요, 눈물이 무슨 맛이게요?"

"글쎄?"

"제가 매일 먹어봐서 아는데요, 로션 맛이에요."

눈물에서 로션 맛이 난다면 필시 아침에 울었다는 뜻이다. 영민이는 왜 매일 아침마다 로션 맛 눈물을 먹으면서 학교에 오는 것일까? 순간 궁금증이 일었지만 영민이에게 사정을 캐묻기보다는 영민이만의 남다른 표현을 칭찬해줬다.

"영민아, 너 완전 시인이다. 네가 한 말 그대로가 한 편의 시야!"

그때부터였다. 영민이는 시인이 되고 싶다면서 자꾸 공책에 뭔가를 써오기 시작했다. 어떤 날은 짤막한 한두 문장만 적혀 있을 때도 있었고, 어떤 날은 긴 장편의 시가 쓰여 있기도 했다. 그 공책 덕분에 나는 영민이가 매일 아침 로션 맛 눈물을 먹는 이유도 알게 됐다.

너는 왜 못하니?
너는 왜 노력하지 않니?
정곡을 찌르는 엄마의 잔소리
나는 이제 막 알을 깨고 나온 새끼 바다거북처럼
잡아먹힐 위험에 처해 있다.
내 간은 새끼 바다거북처럼 쪼그라져 있다.

그즈음 영민이의 시 공책을 읽는 일은 나에게 커다란 보람을 선사하는 일과 중 하나였다. 영민이가 자신의 슬픔을 날것 그대로 담아낸 문장을 읽은 날에는 나 스스로를 되돌아보는 계기를 맞기도 했

다. '나는 그동안 아이들의 살아 있는 말과 글을 모르고 살았구나! 아이들의 진짜 마음이 담긴 말들을…'

그것이 시작이었다. 깨우침 뒤에 고개를 들어보니 아이들의 살아 있는 말과 글이 교실 지천에서 반짝이고 있었다. 그동안 내 눈이 까막눈이었을 뿐이었다. 영민이의 공책을 만나고 난 이후, 나는 눈을 씻고 개안한 것처럼 아이들이 무심코 내뱉는 말 한마디, 달라진 표정 하나, 공책에 쓴 문장 한 줄이 조금씩 달리 보이기 시작했다.

나는 교실에서 아이들의 언어를 모으는 문장 수집가

그렇게 종이와 공책에 적은 시나 짧은 문장을 통해 영민이와 마음을 주고받던 어느 날, 나는 영민이가 쓴 시를 학급 친구들에게도 소개해주고 싶어졌다.

"영민아, 지난주에 종이에 써왔던 시 있잖아. 그거 다시 한 번 보여줄래?"

그런데 영민이의 입에서 나온 청천벽력 같은 말.

"아… 선생님, 그 종이 잃어버린 것 같아요. 분명히 갖고 있었는데 어디로 갔는지 모르겠어요."

풀잎에 맺힌 이슬이 그만 햇볕에 말라버린 것처럼 안타까웠다.

아이들이 남기는 글과 그림은 아침 이슬 같았다. 제대로 챙겨두지 않으면 이내 쉽게 사라졌다. 아이들이 남긴 귀한 끄적임들은 서랍 속에 구겨진 채 들어가 있거나, 폐휴지함에 처박혀 있곤 했다. 다시 쓴다고 해도 똑같이 쓸 수 없고, 다시 그린다고 해도 똑같이 그릴 수 없는 그 순간만의 생각과 감정이 담긴 종이들이 그냥 무심코 버려졌다.

나는 종이 귀퉁이에서 반짝이다가 사라져버리는 그 흔적들이 너무나 아까웠다. 아이들이 쓰고 그린 흔적을 붙잡아서 하나의 작품으로 키워내고 싶었다. 꼬물거리며 생동하는 단어와 문장에 독자를 찾아주고 귀중히 여김을 받게 만들어주고 싶었다. 그렇게 마음을 먹고 나니 어느덧 나는 교실에서 아이들이 건네는 한 마디, 써내는 한 문장을 놓치지 않고 모으는 문장 수집가가 되어 있었다.

아이들은 끊임없이 흔적을 남겼다. 학습지에, 공책에, 쪽지에 끊임없이 자기 이야기를 흘려놓았다. 마치 헨젤과 그레텔이 산길을 걸어가면서 조약돌을 떨어뜨렸던 것처럼 아이들은 교실 구석구석에 자기 마음을 슬그머니 흘려놓았다. 그 흔적을 더듬더듬 짚어가다 보면 아이들의 속마음과 만나는 길을 찾을 수 있지 않을까?

그렇게 나는 교실의 문장 수집가가 되어서 아이들이 들려주는 생생한 말들을 모으기 시작했다. 문장이 모이고 선과 색이 쌓일수록 아이들의 마음을 조금 더 세심한 눈으로 관찰하게 됐다. 그 공책과 종이를 붙들고서 가만히 생각했다.

'아이들이 쓰고 그린 것들에는 분명히 뭔가가 있다!'

이 반짝이는 *끄적임*들을 그냥 흘려버리기 아까웠다. 조금만 더 관심을 가지고 키워내면 그 안에 숨어 있는 아이들의 진짜 이야기와 만날 수 있을 것만 같았다.

세 번째 사람의 목소리

　5교시 미술 시간이었다. 아이들과 함께 피카소의 그림 〈우는 여인〉을 감상하면서 시를 썼다. 수업을 시작한 지 얼마 되지 않아 재환이가 성큼성큼 앞으로 걸어 나와서 내 책상 위에 시를 쓴 종이를 올려놓고는 자리로 조용히 들어가 앉았다. 평소에 시를 쓰고 나면 서로 나눠 읽고 발표하기 때문에 이렇게 곧장 제출할 필요가 없었던 터라 나는 무슨 일인지 의아했다. 재환이가 놓고 간 종이를 슬며시 뒤집어 봤다. 시를 읽다가 가슴이 쿵 내려앉았다.

　　짠 라면

　　아빠가 돌아가셨다.
　　실감이 나지 않는다.

**집에 오니, 엄마가
라면을 끓여주셨다.**

라면이 짜다.

재환이 아버지가 암으로 돌아가신 것은 몇 해 전 일이었다. 이 시를 쓰기 전까지 재환이는 나에게 돌아가신 아버지 이야기를 꺼낸 적이 한 번도 없었다. 다만 학기 초에 재환이의 작년 담임 선생님으로부터 이런 말씀을 전해 들었을 뿐이었다.

"재환이 아버지께서는 암 선고를 받으시고 나서 임종 때까지 천천히 죽음을 준비하셨어요. 재환이가 마음의 준비를 할 수 있게 충분히 시간을 주셨더라고요. 따뜻한 기억을 남겨주려고 함께 가족 여행도 다녀오고, 영상편지도 남겨놓으시고… 참 좋은 아버지셨어요."

그렇게 아버지를 보내드렸던 재환이는 가슴에 남은 열세 살짜리의 슬픔을 '라면이 짜다'라는 다섯 글자에 담담하게 담아냈다. 나는 재환이의 시를 가만히 읽고 나서 종이를 다시 뒤집어놓았다. 그러고 나서 한창 시 쓰기에 열중한 아이들 사이로 교실을 한 바퀴 돌았다. 재환이 자리를 지날 때 나는 아이의 등에 가만히 손바닥을 댔다. 아무 말도 하지 않고 그저 체온으로 내 마음을 전하고 싶었다.

'재환아, 네 슬픔을 이렇게 시로 표현해줘서 정말 고마워…'

이야기의 주체가 달라지면 다른 관점이 보인다

그날 이후, 재환이가 꾹꾹 눌러 쓴 글이 젖은 낙엽처럼 자꾸만 가슴에 달라붙었다. 재환이의 시를 가슴에 품고서 생각했다. 아이들이 쓰고 그린 흔적이 왜 이토록 내 가슴을 깊숙하게 파고드는 것일까? 그러다가 스베틀라나 알렉시예비치의 『전쟁은 여자의 얼굴을 하지 않았다』에서 '나는 영혼에 대한 이해라 이름 붙일 수 있는 이야기들을 모은다'라는 구절을 읽고 무릎을 탁 쳤다.

내가 아이들의 글과 그림을 모으는 수집가가 된 이유가 그 문장 속에 있었다. 바로, 아이들이 들려주는 영혼에 대한 이야기를 들을 수 있었기 때문이다. 알렉시예비치도 영혼에 대한 이야기에 관심이 많았다. 그녀는 특히 2차세계대전에 참전했던 여성들의 이야기에 주목했다. 전쟁터에는 분명 남성과 여성이 모두 존재했지만, 지금껏 우리는 전쟁에 대한 모든 이야기를 남성의 목소리를 통해 들었다. 여성들은 전쟁터에서 무엇을 보고 어떤 생각을 했을까? 알렉시예비치는 이제껏 전쟁의 역사에서 소외됐던 여성들의 목소리를 한 권의 책에 담기 위해서 200여 명의 여성들을 일일이 인터뷰하고 기록했다.

알렉시예비치가 기록한 전쟁은 이전에 내가 알던 것과 달랐다. 인터뷰에 참여한 여성들은 전쟁에서 거둔 승리나 공적보다는 평범한 일상에 주목한 이야기, 혹독했던 배고픔이나 참담했던 폭력에 대한 이야기를 들려줬다. 붕대가 모자라서 속옷을 조각조각 찢어 덧댄 이야기, 진군할 때 생리혈을 뚝뚝 흘려서 땅에 붉은 자국을 남긴 이야기, 시체가 널브러진 들판을 처절하게 걸어갔던 이야기…. 나는 알렉시예비치의 기록을 읽으면서 생각했다. '이야기의 주체가 달라지면, 같은 상황도 다른 관점으로 볼 수 있구나.'

어린이 책도 마찬가지다. 하루에도 수십 권씩 어린이 책이 쏟아지지만, 대부분의 어린이 책은 어른의 목소리로 쓰였다. 어른으로서 아이들에게 들려주고 싶은 이야기, 어른의 입장에서 아이들에게 필요하리라고 판단한 이야기가 서점과 도서관을 가득 채우고 있다. 하지만 정작 아이들이 주체가 된 기록은 찾아보기가 어려웠다.

세 번째 사람의 목소리

아동문학평론가 김지은은 『어린이, 세 번째 사람』에서 아이들의 이야기를 '세 번째 사람의 목소리'라고 불렀다. 아직 어리다는 이유로 나중에 말하라거나 가만히 있으라는 요구를 받는 존재, 세 번째 사람. 그 작은 존재들이 교실 곳곳에 슬쩍 흘려놓은 이야기를 만날 때마다 나는 그것을 살살 쓸어 모아 소중한 곳에 담아두고 싶었다. 아이들의 영혼은 거창한 데 있지 않았다. 자기 자신을 쓰고 그려낸 흔적, 거기에 있었다.

1년 동안 교실에서 아이들과 함께 생활하면서 한 사람 한 사람의 영혼과 만나지 못하고 시간이 흘러가버릴 때면 늘 가슴이 텅 빈 것처럼 안타까웠다. 그럴 때마다 교실에서 아이들이 들려준 목소리를 붙잡았다. 조각조각 흩어진 그 흔적들을 잘 살피다 보면 분명 어떤 맥락과 의미를 발견할 수 있으리라는 생각이 들었다. 아이들이 교실 곳곳에 남긴 글과 그림을 하나씩 주워 모으면서 이렇지 다짐했다. 세상은 힘을 가진 첫 번째 사람과 두 번째 사람에게 주목하지만, 우리 교실에서만큼은 세 번째 사람의 목소리에 귀 기울이겠다고. 바로 거기에서부터 우리만의 서사를 가진 한 편의 이야기를 써나가겠다고.

그림책이 아니었더라면
몰랐을 마음

열어젖힌 창문으로 와락 봄이 달려드는 날이었다. 아이들과 그림책 『고함쟁이 엄마』를 읽다가 봄바람으로 부풀었던 마음이 산산조각 났다. 엄마 펭귄의 고함에 온몸이 찢어진 어린 펭귄에게서 눈을 뗄 수 없었기 때문이다.

다시 책장을 넘기다가 내 눈길은 엄마 펭귄의 바느질 장면에서 멈췄다. 엄마 펭귄은 아기 펭귄의 조각난 부리, 머리, 몸통, 날개를 찾느라 거리를 헤매고 다녔다. 아기 펭귄의 몸을 하나씩 주워 꿰매주면서 엄마 펭귄은 "아가야, 미안해" 하며 사과했다. 산산조각 난 내 마음도 함께 꿰매는 심정으로 읽었다.

그때 동원이가 퉁명스러운 목소리로 이렇게 말했다.

"미안하다고 말하면 그만인가? 미안하다는 말 들어도 상처는 안 없어지던데요."

그러고는 동원이는 공책에 이런 문장을 썼다.

'미안하다고 사과해도 한 번 상처준 건 흉터가 남는다. 나무 판에 못을 박고 빼면 못은 빠져나가지만 구멍이 남는 것처럼.'

동원이의 말이 서늘하게 다가왔다. 동시에 아이의 감상이 틀린 말은 아니라는 생각도 들었다. 엄마 펭귄은 온몸이 산산조각 난 아기 펭귄을 정성껏 꿰매줬지만, 군데군데 남은 바늘 자국까지 없애주지는 못할 것이므로.

평소에 동원이는 통 속마음을 내보이지 않았다. 발표도 거의 하지 않는 편이었다. 그런 동원이가 그림책을 읽고 자신의 감정을 담아 툭 한마디 내뱉었을 때, 그 말에 날이 좀 서 있었을지라도 나뭇잎에 맺혀 있던 빗물이 주르륵 아래로 쏟아진 것처럼 시원했고 반가웠다. 그림책이 아니었더라면 몰랐을 마음이니까.

그림책을 아이들과 함께 읽을 때도 좋았지만, 이렇게 책을 읽고 나서 아이들의 감상을 들을 때가 훨씬 더 좋았다. 벨기에의 그림책 작가 키티 크라우더는 한 인터뷰에서 '내 사명은 삶, 사랑, 외로움, 우정 같은 모든 것을 눈에 보이게 하는 것'이라고 말했다. 아이들과 함께 그림책을 읽고 마음을 나누다 보면 눈에 보이지 않던 감정들이 이야기 가운데 조금씩 모습을 드러냈다. 특히 동원이처럼 평소에 좀처럼 마음을 내비치지 않던 아이가 자기 이야기를 꺼낼 때면 저절로 귀가 쫑긋 섰다.

꼬리에 꼬리를 무는 신선한 대화의 향연

교실에서는 손짓으로 이야기할 때가 많다. 달리기에서 꼴찌로 달려 들어와 쑥스러워하는 아이에게 엄지를 척 들어서 보여주기도 하고, 저학년 아이들의 찹쌀떡같이 쫀쫀한 두 뺨을 오목한 손바닥으로 감싸기도 한다. 어느 날 훌쩍 커버린 아이의 등이 괜히 대견해서 쓱쓱 쓸어내릴 때도 있다. 손짓 하나로 아무것도 아닌 순간이 기분 좋게 바뀐다.

한편, 이런 손짓도 있다. 곁으로 다가오는 아이들을 저 멀리 보내버리는 '지금 바쁘니까 나중에' 손짓. 아이를 주눅 들게 만드는 '이게 뭐야' 지적하는 손가락질. 입으로는 사랑한다고 말하면서 손으로는 '바쁘고 귀찮아'라고 말하는 손짓. 소중한 순간이 무심코 내두른 손짓 하나에 하찮게 바뀌기도 한다.

『엄마의 선물』은 손짓의 의미를 생각하게 하는 그림책이다. 아이들과 역지사지에 대해 이야기를 나눌 수 있는 그림책이기도 하고, 하나의 예술 작품처럼 만듦새가 독특하고 아름다워서 내가 수업 시간에 자주 꺼내 드는 그림책이다. 이 그림책은 책장을 넘기면 손짓의 의미가 달라진다. 책장의 방향이 변함에 따라 남을 향했던 주먹과 손가락이 거꾸로 자신을 향하는, 흥미로운 방식으로 제작된 그림책이다.

다른 사람에게 손가락질을 하면, 그 행동이 언젠가 자신에게 되돌아온다는 사실을 알려주는 첫 장면을 아이들 앞에 펼쳐놓고서 한참 동안 책장을 앞뒤로 왔다 갔다 넘기는데 현진이가 이렇게 말한다.

"선생님, 이거 벽에 공 던지는 거랑 비슷해요. 세게 던지면 세게 되돌아오고, 살살 던지면 살살 되돌아오잖아요."

현진이가 던진 말을 진희가 받는다.

"가는 말이 고와야 오는 말도 곱다!"

이번에는 준수가 받아서 던진다.

"되돌아오니까 부메랑이네!"

이번엔 내가 받아서 다시 질문을 던진다.

"오, 준수가 부메랑을 떠올렸구나? 어떤 말이나 행동을 했을 때, 그게 부메랑처럼 다시 나한테 돌아왔던 적이 있을까?"

민희가 받아서 대답한다.

"작년에 애들 몇 명이랑 친구를 놀린 적이 있거든요. 그게 반 애들 사이에서 돌고 돌다가 부메랑처럼 다시 저한테로 왔어요."

한참 골똘히 생각하던 준수가 다시 말을 던진다.

"선생님, 그런데요. 어떤 사람은 착한 부메랑을 보냈는데 아직 안 돌아와서 실망할 수도 있잖아요. 근데 원래 부메랑은 세게 던지면 더 멀리 나가는 거니까요, 착한 일을 많이 날려 보내면 더 많이 되돌아오느라 늦게 오는 거예요."

아이들과 그림책 한 장면을 가지고 탁구공 주고받듯 이야기를 이어갔다. 아이들과 핑퐁게임처럼 이야기를 주고받다 보면 생각지도 못한 신선한 표현들이 꼬리에 꼬리를 물었다. 받아서 던지고, 던지고

받는 동안 아이들은 그림책에 그려지지 않은 장면을 찾아내고, 써지지 않은 문장을 읽어냈다.

그림책을 읽는 동안 활짝 열리는 아이들의 감수성

이번에는 그림책에 나오는 손짓을 아이들과 함께 해봤다. 다른 사람을 향해 손가락질을 하고 주먹을 던져본 뒤, 팔꿈치를 꺾어 자신에게 손을 되돌려보게 했다. 손가락을 가만히 살펴보던 건이는 이렇게 말했다.

"선생님, 손가락질할 때 보면요. 손가락 두 개는 다른 사람 쪽을 향하잖아요? 근데 그때 나머지 세 개는 자기 쪽을 향해요. 역시 손가락질은 자기한테 더 안 좋은 거네요."

이쯤 되면 내 입에서는 '헉' 소리가 절로 나온다. 어떻게 손가락을 보고 그런 생각을 할 수 있지? 이러니 입이 떡 벌어질 수밖에.

다음 페이지에서는 가위바위보 하는 장면이 나온다. 보를 낸 손은 가위를 만났을 때 지지만, 페이지를 넘겨 바위를 만나면 이긴다. 종이 한 장을 넘겼을 뿐인데 입장이 달라지고 상황이 뒤집힌다. 이 부분을 보고서는 민주가 한마디 던진다.

"이기고 지는 건 종이 한 장 차이다."

다시 또 '헉'. 이러니 눈이 번쩍 뜨일 수밖에.

나로 말할 것 같으면 감탄에 타고난 사람. 다만 감탄사가 터지는 영역이 남들과는 조금 다르다. 요즘 핫하다는 예능 프로그램을 봐도 시큰둥, 힙하다는 유튜브를 봐도 시큰둥하다. 그런데 이상하게도 아이들의 말과 글엔 민감하게 반응했다. 아이들이 내뱉는 싱싱한 말들을 발견할 때마다 입에서는 주체할 수 없는 감탄이 흘러나왔다.

"여러분, 이것 좀 보세요. 아이들이 이런 표현을 한다니까요!"

지나가는 사람을 붙잡고 이렇게 알려주고 싶어서 입이 근질거릴 정도였다. 친한 동료 선생님들은 이런 나를 보면서 이렇게 말했다.

"현아샘을 보면 정말 감탄도 재능이라는 생각이 든다니까!"

박완서 작가의 『그 남자네 집』에는 이런 구절이 나온다. 아끼는 친구들이 엄마가 될 때마다 내가 꼭 선물하는 구절이기도 하다.

아기가 좋은 것을 보고 온몸으로 좋아한다는 감정표현을 할 때 인간이 행복이라 부르는 것의 원형을 보는 것 같았다. 나는 우리 아기가 천재라고 생각했다. 좋은 것을 향한 감수성이 활짝 열린 아이, 그 이상 무엇을 바라겠는가.

(『그 남자네 집』, 박완서, 현대문학)

'좋은 것을 향한 감수성이 활짝 열린' 상태. 그림책을 읽고 나면 아이들과 나는 자꾸만 그런 상태가 됐다.

'감상하는 사람'에서 '창작하는 사람'으로

미술관에 갈 때마다 내 시선이 오래도록 머무는 그림이 있다. 바로 유화 물감의 질감을 살려서 그린 그림이다. 파리의 루브르에서도, 뉴욕 첼시의 갤러리에서도 나는 유독 붓이 아닌 나이프로 유화 물감을 두텁게 쌓아올린 그림에 매료됐다.

'아, 나도 이런 그림을 그릴 수 있다면!'

그런 생각이 떠오르면 어김없이 내 안에서 이런 목소리도 함께 들렸다.

'전공자도 아닌데 무슨 유화 그림씩이나 그리려고… 좋은 감상자에 머무르는 것으로도 충분해.'

하지만 감상만으로 채워지지 않는 무언가가 있었다. 영화감독 프랑수아 트뤼포도 이렇게 말하지 않았던가? "영화를 사랑하는 첫 번째 방법은 같은 영화를 두 번 보는 것이다. 두 번째 방법은 영화에 관한 글을 쓰는 것이다. 그리고 세 번째 방법은 영화를 만드는 것이다."

나를 주저앉히려는 내 안의 목소리에게 이렇게 대답했다.

"하고 싶으면 하면 되지. 왜 안 돼?"

안 될 이유는 많았다. 유화 물감이 없으니까, 캔버스가 없으니까, 오일이 없으니까. 하지만 그런 것들은 화방에 가서 사면 그만이었다. 사실 나를 가로막았던 것은 '태도'였다. 미술이라는 장르 앞에서 나는 언제나 '하는 사람'이 아니라 '보는 사람'에 그쳤다. 누가 그렇게 해야 한다고 정해준 것도 아닌데 항상 창작은 내 것이 아닌 양 멀찌감치 서서 바라보기만 했다. 나는 왜 그렇게 창작 앞에서 움츠러들기만 했을까?

2012년 여름, 고흐의 발자취를 따라 프랑스 오베르 쉬르 우아즈에 다녀오고 나서 나는 친구에게 내 속마음을 털어놨다.

"오래도록 그리고 싶었던 유화 그림 있잖아, 이제 배워볼까 해."

몇 주 뒤 그 친구가 나에게 팸플릿 하나를 건넸다. 유화를 배우던 지인의 전시회 팸플릿이었다.

"이거 보자마자, 네 생각나더라."

며칠 뒤 나는 팸플릿에 적힌 주소를 보고 화실로 무작정 찾아갔다. 이유는 딱 하나, 하는 사람이 되고 싶었기 때문이다. 하는 사람이 되는 방법은 어렵지 않았다. 생각만 하지 말고 말만 하지 말고, 당장 일어나서 그냥 해보는 것. 그것뿐이었다.

나이프 유화를 통해 삶의 태도를 배우다

본격적으로 유화를 배우기 시작하면서 나는 새로운 나를 만나게 됐다. 나는 섬세하고 정교하게 그림을 그리지는 못했다. 대신에 붓 말고 나이프로 유화 물감의 거친 질감과 색감을 살리는 방법을 배웠다. 붓으로 정교하게 그린 그림만 작품이 되는 것은 아니었다. 투박하지만 재료의 질감을 살려 나만의 느낌을 담아내면 그것도 하나의 작품이 됐다. 나는 생각보다 과감하고 대담하게 물감을 사용해 그림을 그렸다.

다행스럽게도 선생님께서는 내가 가진 개성과 색깔을 그대로 인정해주셨다. 만약 붓의 섬세함을 강요하는 선생님을 만났다면 나는 진즉에 그림을 포기했을 것이다. 소질 없는 손을 탓하느라 유화 물감 특유의 질감과 색감은 즐길 수 없었을 테니까. 내가 그림을 배웠던 이유는 나를 표현하기 위해서였다. 그렇게 마음을 먹으니 그림을 잘 그리지 못해도 주눅 들거나 포기하지 않을 수 있었다. 나는 직업 화가도 아니고 미대 입시 준비생도 아니었다. 그저 그림을 그리면서 새로운 나를 발견하면 그것으로 충분했다.

나는 나이프 유화를 배우는 동안 삶을 대하는 태도가 바뀌었다. 같은 물감이라도 붓으로 그렸을 때와 나이프로 그렸을 때는 그림의 느낌이 완전히 달랐다. 붓으로는 표현되지 않던 것이 나이프로는 가능했다.

'도구를 바꾸면 안 되던 일이 되기도 하는구나.'

못한다고 포기할 것이 아니라 나한테 맞는 도구를 찾으면 될 일이었다.

하는 사람이 되고 난 뒤에는 작품을 감상할 때에도 훨씬 주체적인 태도를 갖게 됐다. 멀찌감치 서서 감상할 때에는 자꾸만 미술사 책을 들춰보며 공부하면서 그림을 봤다. 이제는 그리는 사람의 입장에서 그림을 본다. '나라면 어떻게 표현했을까' 생각하며 머릿속 캔버스에 나만의 그림을 그려본다. 창작의 경험은 감상하는 태도도 능동적으로 바꿔놓았다.

경계에 갇히지 않고 자유롭게 창작하는 즐거움을 직접 맛보고 나니, 아이들에게도 이 즐거움을 알려주고 싶어졌다. 어떤 분야에서든 멀찌감치 서서 관망하는 사람이 아닌, 직접 해보는 사람으로 살아가는 태도를 전해주고 싶었다. 나중에 어떤 직업을 갖게 되든지 간에 글과 그림으로 표현할 수 있는 자기만의 세계를 갖고서 살아간다는 것은 얼마나 가슴 뛰는 일인가!

앞마당의 텃밭과 뒤뜰의 장미 한 송이

유화 물감에 푹 빠져 있던 어느 저녁이었다. 책을 읽다가 한 구절이 가슴을 툭 건드렸다. 제목도 까맣게 잊었지만 '내 집 앞마당 텃밭을 쑥대밭으로 두고서, 뒤뜰에서 가꾸는 장미 한 송이를 애지중지 하는 삶'에 대한 구절이었던 것만큼은 또렷이 기억난다.

유화를 그리는 취미는 뒤뜰에 예쁜 장미 한 송이를 심은 것처럼 내 삶에 활력을 주었다. 하지만 내겐 앞마당의 텃밭이 우선이었다. 나는 취미로 가꾸는 장미 한 송이보다는 내 텃밭의 아이들을 잘 기르는 사람이고 싶었다.

마음이 움직이니 다시 삶의 방향이 꿈틀거렸다. 그 마음으로 그림 그리기를 교실로 가지고 들어왔다. 교직 생활 6년 차에 접어들 무렵, 나는 혼자만의 그림 그리기에서 나아가 아이들과 함께 읽고 쓰고 그리는 창작 활동을 시작하게 됐다.

아이들과 함께 그리기를 결심하고 나니, 단순히 물감을 이용한 그림에서 나아가 다양한 방식의 그리기 수업을 구상하게 됐다. 이를테면 감정이나 기분을 그릴 때에는 연필과 붓 대신에 막대기와 손가락으로 그려보는 식이었다. 구체적인 형상을 그리는 데에서 벗어나 추상적인 심상을 자유롭게 표현해보기 위해서였다.

미국의 화가 조지아 오키프는 '나는 다른 방식으로는 말할 수 없는, 표현할 단어들이 없는 것들을 색채와 형태를 통해 말할 수 있다는 사실을 발견했다'라고 말했다. 오키프의 말처럼 어떤 심상은 언어로 명확하게 표현되지 않는다. 아이들이 그 심상을 더듬더듬 짚어서 색과 선, 질감에 담아볼 수 있도록 다양한 수업 활동을 시도했.

그림을 그리는 행위는 그 자체만으로도 재미있었지만, 아이들이 완성해낸 작품을 놓고 창작 뒤에 숨은 이야기를 나누는 과정까지 이어지면 재미 이상의 의미가 더해졌다. 왜 이런 색을 썼는지, 왜 이런 장면을 그렸는지 하나하나 묻다 보면 그림마다 저마다의 사연과 이야기가 존재했다. 아이가 들려주는 말을 새로운 눈으로 낯설게 보고, 뒤집고, 깨고, 찔러보다 보면 또 다른 의미가 부여됐다. 아이가 생각지도 못한 표현으로 자기 내면을 보여줄 때면 땅에 묻혀 있던 씨앗 하나가 톡, 하고 싹을 틔우는 것 같았다.

지금이라서, 여기라서, 이 아이들이라서 붙잡아낼 수 있는 표현들

눈을 씻고 보니 그 씨앗은 교실 여기저기에 파묻혀 있었다. 그 씨앗이 활짝 피어날 때도 있었지만, 미처 싹트지 못한 채 무심히 버려질 때도 많았다. 너무나도 아까웠다. 안타까움은 새로운 질문으로 이어졌다.

'어떻게 하면 저 귀한 씨앗들을 잘 싹틔워 낼 수 있을까?'

맨 처음 활용한 그릇은 캔버스였다. 같은 아이가 같은 그림을 그렸는데 담는 그릇이 달라지니 그냥 종이 쪼가리에서 작품으로 탈바꿈했다. 아이들의 태도도 달라졌다. A4 용지에 색연필과 사인펜으로 그린 그림을 그냥 폐휴지함에 버리던 아이들도 캔버스에 아크릴 물감으로 그린 자기 그림은 하나의 작품으로 여겼다. 교실은 점점 작은 미술관처럼 근사해져갔다.

"선생님, 제 작품 언제 집에 가져갈 수 있어요?"

아이들은 교실에 걸어놓은 그림을 자꾸 집으로 가져가고 싶어 했다. 아이가 집으로 가져간 작품을 본 학부모들도 눈이 휘둥그레지셨다. 특히나 아이가 작가 노트에 쓴 글과 함께 작품을 감상할 때 그 의미를 새롭게 느끼기 시작하셨다. 작가 노트는 내가 교실에서 그림책 창작 수업을 하는 동안 아이들에게 쓰게 하는 일종의 작업 일지나 작가 후기와 같은 글 모음집이다.

"선생님, 마치 현대미술 작품을 보는 것 같아요. 우리 아이가 이렇게 표현력이 있는 줄 몰랐어요. 선 하나 색 하나에도 자기 나름의 의미가 다 담겨 있네요."

1교시부터 6교시까지 매일 비슷하게 반복되는 학교생활이지만 '지금, 여기, 이 아이들'이라서 붙잡아낼 수 있는 섬세하고 투명한 표현들이 분명히 존재했다. 아이들의 작은 손만이 핀셋처럼 섬세하게 건져 올릴 수 있는 생각이나 감정을 나는 있는 그대로 존중해주고 싶었다. 그리고 그것들에 새로운 예술적 의미를 부여해주고 싶었다. 교실 속 그림책 창작 프로젝트는 그렇게 시작됐다.

아홉 살도 그림책을
만들 수 있을까?

"선생님, 오늘도 그림 그릴 거죠?"

왁자지껄한 점심시간, 그림 그리기 좋아하는 2학년 아이들과 책상을 붙여놓고 모여 앉았다. 워낙 아이들이 그림 그리기 수업을 좋아해서 점심시간에 짬이 날 때마다 삼삼오오 모여서 그림을 그리곤 했다.

근우가 여우를 그리면서 말했다.

"선생님, 이 여우는 뾰족한 산을 찾아가거든요. 그래서 여우 귀랑 턱이랑 다리도 다 뾰족하게 그린 거예요."

"오, 그러네. 근우는 선 몇 가닥만 가지고도 풍성한 이야기를 만드는구나! 근데 이 여우는 왜 산을 찾아가는 거야?"

"얘는 산에 한 번도 가본 적이 없거든요. 그래서 산이 어떻게 생겼는지도 몰라요."

"어라, 산이 어떻게 생겼는지 모른다고? 그럼 산을 어떻게 찾아가지?"

"박사님한테 물어봤더니 산이 뾰족하다고 말한 거예요. 그래서 여우가 막 헷갈렸어요."

"산이 뾰족한 건 맞는데… 여우가 왜 헷갈렸을까?"

"뾰족한 게 산만 있는 건 아니잖아요. 지붕도 있고 피라미드 같은 것도 있고… 그래서 여우가 '이게 산일까?' 하지만 계속 허탕만 치는 거예요. 그렇게 빙빙 돌다가 결국 산으로 가는데…"

"!!!"

근우는 이미 자기만의 이야기를 가지고 있었다. 주인공도, 이야기 진행 방식도 근우 머릿속에 다 들어 있었다. 근우에게서 흘러나온 생각 조각을 하나의 작품으로 키워내고 싶었다. 근우가 들려준 이야기는 한 장의 그림으로만 함축해서 표현하기도 아쉽고, 글로만 쓰기에도 싱거웠다. 글과 그림이 절묘한 리듬으로 만날 때 그 안에 담긴 정서가 입체적으로 살아날 것 같았다. 나는 근우의 이야기를 하나의 서사를 가진 예술 작품으로 만들어줄 방법을 찾기 위해 골몰했고 이내 이런 생각에 이르렀다. 글과 그림이 만나서 서로 호흡을 주고받으면서 서사를 펼쳐내는 '그림책'이라는 장르로 표현해보면 어떨까?

"근우야, 우리 이거 그림책으로 만들어볼까?"

번뜩이는 아이디어를 놓치고 싶지 않아서 꽉 붙잡았다. 나는 당장 A4 용지를 가로로 한 번 세로로 한 번 접어서 네 칸을 만들었다.

"근우야, 여기 한 칸이 그림책 한 페이지라고 생각하는 거야. 그리고 네가 아까 선생님이랑 이야기한 걸 있는 그대로 자유롭게 그려 보면 돼."

내가 할 일은 많지 않았다. 근우의 머릿속에 이미 들어 있는 서사를 겉으로 표현해낼 수 있도록 안내해주면 될 뿐이었다. 선생님의 독려가 이어지자, 근우는 종이에다가 자기 머릿속에 담긴 이야기를 금방 쓱쓱 그려내기 시작했다.

교실 속 그림책 창작 프로젝트, 그 첫 번째 그림책의 탄생

근우는 뾰족한 산의 형태에 주목했다. 산을 찾아 여행을 떠난 여우가 비행기, 지붕, 피라미드같이 뾰족한 것들을 만난다. 재미있는 점은 책장을 넘기기 전까지는 그 형태를 온전히 알 수 없도록 그렸다는 사실이다. 그 모호한 지점이 수수께끼를 하듯 독자에게 말을 건넨다.

'산일까, 아닐까?'

독자는 책장을 넘기면서 깨닫는다.

'아하, 산이 아니라 비행기 날개였구나!'

다음 페이지에서 독자는 다시 갸우뚱한다.

'산일까, 아닐까?'

또 한 장을 넘기면서 끄덕끄덕.

'아하, 이건 산이 아니라 지붕이었구나!'

우여곡절 끝에 결국 산을 찾아 꼭대기에 오른 여우는 이렇게 말한다.

산 위에서 바라보는 풍경은 정말 아름답구나.
산을 찾아 모험을 떠나길 잘했어.

이제 아홉 살인 아이가 어쩌면 이렇게 유쾌하고 감각적인 이야기를 만들어냈을까? 나는 너무 기특해서 근우에게 칭찬을 마구 퍼부었다. 근우는 '그냥 생각나서 한 번 써본 건데…' 하는 표정으로 어깨를 한번 으쓱해 보일 뿐이었다. 교실 속 그림책 창작 프로젝트의 첫 번째 그림책 『여우의 꿈』은 그렇게 탄생했다.

두 번째 작품의 탄생! 주인공을 비누로 바꾸면?

근우와는 반대로 그림책을 창작하고 싶은 열정은 가득했지만, 어떻게 시작해야 할지 몰라 어려워했던 친구도 있었다. 서영이가 그런 경우였다.

"선생님, 그림책을 만들고 싶은데 대체 무슨 이야기를 써야 할지 모르겠어요."

서영이에게는 서영이 마음속의 이야기 씨앗을 발견해 그것을 꺼낼 수 있도록 도와주는 일이 필요했다. 나는 서영이에게 좋아하는 그림책 한 권을 골라서, 그중에서도 가장 인상에 남은 한 장면을 보여달라고 했다. 서영이는 사토 와키코의 『달님을 빨아 버린 우리 엄마』를 꺼내왔다. 그중에서도 엄마가 비누로 달을 씻겨주고 비눗방울에 담아서 하늘 높이 날려 보내는 장면이 가장 좋다고 했다.

그림책을 완전히 새롭게 창작해내기는 어려워도 자신이 좋아하는 그림책의 일부를 자기 나름대로 바꿔서 쓰는 일은 누구나 쉽게 할 수 있다. 좋아하는 그림책의 한 장면에서 인물, 사건, 배경을 찾고 그중에서 한 가지를 바꿔보면 새로운 이야기가 만들어진다. 서영이는 엄마 대신 비누를 주인공으로 하는 이야기를 쓰기 시작했다. 비누를 주인공으로 바꾸니 달을 씻겨줄 때마다 비누의 크기가 작아진다는 데에서 새로운 서사가 발견됐다.

"선생님, 이 비누는요 자기 몸이 작아져도 친구를 위해서 비눗방울을 만들어줄 때 기쁨을 느끼는 비누예요."

서영이의 이야기는 교실 속 그림책 창작 프로젝트의 두 번째 그림책 『반짝반짝 버블버블』로 탄생했다.

『여우의 꿈』과 『반짝반짝 버블버블』을 그림책으로 만들기 위해 나는 근우와 서영이에게 A4 용지에 그린 그림을 토대로 원화 그림을 그리게 했다. 『여우의 꿈』은 서사의 따뜻한 느낌을 살리고 싶어서 원화 그림용 종이로 크라프트지를 선택했다. 채색 도구는 평소에 근우가 잘 쓰던 수채 색연필을 사용했다. 덕분에 군더더기 없이 깔끔하고 감각적인 그림이 그려졌다. 『반짝반짝 버블버블』은 종이를 오려 붙여서 손맛이 아기자기하게 살아 있는 콜라주로 표현해보게 했다. 처음에는 아이들이 그린 원화를 그냥 하나로 묶어서 한 권의 책으로 만들어줄 생각이었다. 그런데 내 예상보다 아이들이 그려낸 원화의 퀄리티가 상당히 훌륭했다. 이 근사한 원화를 망가뜨리고 싶지 않았다.

문득, 그림책 작가 앤서니 브라운의 원화 전시회를 관람했을 때 커다란 유리관 안에 보존돼 있던 습작이 떠올랐다. '이것은 작가가 아홉 살 때 그린 첫 작품입니다'라는 글귀와 함께 작가가 어린 시절 마음껏 휘갈겨 그린 종이 더미를 한 장 한 장 소중히 펼쳐서 전시해둔 것을 꽤 인상 깊게 보았다. 우리 아이들의 첫 원화도 이처럼 귀하게 보존해주고 싶었다. 내 머릿속에는 새로운 질문이 샘솟았다.

'원화는 그대로 보존해두고 스캔본을 인쇄해서 책으로 만들어보면 어떨까?'

의욕은 질문을, 질문을 새로운 일을 불러왔지만, 나는 아이들과 하는 이 작업이 점점 신이 났다.

아이들의 그림, 드디어 한 권의 책이 되다

급기야 소량 인쇄와 독립출판에 대해서 맨땅에 헤딩하듯 공부해나가기 시작했다. 교무실과 행정실의 빈 복합기를 찾아다니면서 아이들의 원화를 스캔하는 일부터 시작했다. 포토샵 작업부터 편집, 판형과 종이 선택, 그림책 인쇄까지 나는 좌충우돌하면서 한 명의 아이를 어엿한 그림책 작가로 만들어주는 일을 하나하나 해나갔다. 가슴에 차오른 뜨거운 의욕이 없었더라면 엄두도 내지 못했을 일이었다. 처음이다 보니 실수도 잦았다. 표지의 여백을 충분히 남기지 않아서 글씨가 잘리기도 했고, 종이 재질을 잘못 선택해서 눈물을 머금고 폐기하는 일은 예사였다.

그렇게 출판에 대해 하나둘씩 알아가다 보니, 출판사를 통하지 않고도 자기만의 창작 세계를 소신껏 펼쳐낸 독립출판물이 정말 많다는 사실도 알게 됐다. 아기를 재워놓고 새벽마다 쓴 시를 삐뚤삐뚤한 손 글씨 그대로 소박하게 엮어낸 책이 있는가 하면, 재개발이 예정된 아파트가 사라지기 전에 그곳에 살았던 사람들의 이야기를 기록으로 남긴 책도 있었다. 성냥갑만 한 책이 있는가 하면, 비닐로 만들어졌거나 구멍을 뚫었거나 아예 펼칠 수 없게끔 만든 책도 있었다. 상업출판의 테두리에 갇히지 않고 자기만의 개성을 마음껏 펼쳐낸 독립출판물들은 한 권 한 권이 예술 작품이었다. 무궁무진한 독립출판물의 세계를 더듬더듬 헤엄치면서 이런 생각을 했다.

'책의 형태와 내용이 이렇게 다양한데 왜 아이들이 직접 쓰고 그린 독립출판물은 드물까? 우리 아이들의 작품도 이렇게 어엿한 한 권의 책으로 만들어주면 안 될까?'

서점, 집, 교실의 책장마다 어른들의 생각을 담은 책들은 차고 넘친다. 하지만 책장 한 켠에 지금 이곳을 살아가는 아이들의 현재진행형인 말들이 들어설 자리는 부족해 보였다. 그렇다면 우리 교실과 우리 학교 도서관에서만큼은 어른들의 이야기로 가득 찬 책장 한구석을 비워내고 아이들이 쓰고 그리고 만든 책을 꽂아주면 어떨까 싶었다.

머리에서는 여전히 '아홉 살짜리도 그림책을 만들 수 있을까?'라는 질문이 어른거렸다. 하지만 내 마음이 강력하게 대답했다.

'된다, 된다, 된다!'

어린이작가들의 꿈이
흘러가는 통로

 아이가 태어나면 무엇을 할까? 먼저 이름을 지어준다. 그다음 출생신고를 하고 주민등록번호를 부여받는다. 마찬가지로 나는 교실에서 태어난 그림책에도 고유한 도서번호(ISBN)를 부여해주고 싶었다. 아이들이 열심히 노력한 결과물을 어엿한 작품으로 인정하고, 한 권의 완성된 책으로 만들어주고 싶었기 때문이다. 출판사 등록을 해야 책마다 도서번호를 부여할 수 있다기에 나는 무작정 관할구청으로 갔다.

 출판사 등록을 위해 작성해야 하는 서류를 물끄러미 내려다보다가 출판사 이름을 묻는 네모난 칸을 마주했다. 난생처음 빈칸을 만난 사람처럼 도무지 떠오르는 이름이 없었다. 당시 기준으로, 그 이전 해 내 이름은 '5학년 5반 담임교사 이현아'였고 그해에 내 이름은 '2학년 3반 담임교사 이현아'였다. 학년과 반으로 규정된 담임으로서의 역할 이외에 나의 다른 이름을 딱히 생각해본 적이 없었다. 겨우 떠오른 것이라고는 아빠가 물려주신 내 소중한 성씨뿐이었다. '이 선생님', '박 선생님' 할 때의 그 성씨 말이다. 결국 나는 빈칸을 '도서출판 Lee'라고 채우고 서류를 제출한 뒤 구청을 나왔다.

그러고는 터벅터벅 집으로 돌아가는데 서글픈 생각이 들었다. 매년 아이들에게는 이름과 삶의 방향을 물었으면서 왜 정작 스스로에게는 그것을 제대로 묻지 않았을까? 아이들을 가르치는 사람으로서 아무런 철학도, 지향점도 없이 살아온 것 같아 부끄러운 마음이 고개를 들었다. 스스로에게 잠잠히 물었다. '나는 그동안 어떤 마음으로 아이들을 마주해왔던 것일까?' 그러자 몇 해 전의 어느 여름날이 떠올랐다.

교직 생활 3년 차에 접어들던 어느 여름날이었다. 동료들과 퇴근 후, 오랜만에 학교 근처 작은 펍에서 시원한 맥주를 마셨다. 비가 그친 여름밤의 공기는 서늘했고 맥주 맛도 덩달아 좋았다. 학교라는 공간을 벗어나 조금은 자유로워진 우리들은 담임을 맡고 있는 아이들 이야기, 끊이지 않는 행정 업무에 대한 투덜거림, 최근 관심을 갖고 연구 중인 수업 방식 등 꼬리에 꼬리를 물어가며 늦저녁의 대화를 이어갔다. 와중에 한 동기가 대뜸 물었다.

"근데 말이야, 다들 학교가 뭐라고 생각해?"

정색하고 던지는 진지한 물음은 아니었고, 그저 지나가는 질문이었다. 지나가는 질문에 나도 무심코 지나가듯 대답했다.

"유리온실 같아. 작은 유리온실."

술기운이 오른 여럿이 저마다 왁자지껄한 가운데, 화제는 금세 다음으로 옮겨졌다. 그런데 나는 다음으로 넘어가지 못했다. 그 질문에 한동안 그대로 멈춰 있었다. 집에 돌아와서도, 다음 날 출근을 해서도, 몇 주가 지나도록 그 질문이 계속 마음 한구석을 불편하게 건드렸다. 매일 아침 유리온실로 출근하는 사람이라니, 쓸쓸하고 슬펐다.

학교가 유리온실 같다고 느낀 것은 학교 안팎의 온도 차 때문이었다. 교실이라는 유리온실에서 내가 아이들을 보고 만지는 것은, 딱 오후 두시 반까지였다. 오후 두시 반이 지나는 순간, 내가 있는 교실은 아이들의 삶과 가장 멀리 떨어진 곳이 됐다. 하교 시간이 되어 아이들이 하나둘씩 가방을 메고 교문 밖으로 나가는 모습을 볼 때면, 유리온실 안과 밖 사이의 온도 차가 느껴졌다. 온도 차 때문에 온실 유리 벽에는 뿌연 성에가 꼈다. 희뿌연 성에 때문에 바깥이 잘 보이지 않았다.

방학 기간 3개월가량을 제외하면 거의 1년 내내 하루 종일 아이들 곁에 있었지만, 유리 벽 너머 아이들의 삶에는 닿지 못한다는 생각에 답답했다. 바깥은 시시각각 태풍으로 요동치는데, 교실에서 내가 해줄 수 있는 것이 없을 때가 많았다. 유리온실 속에서 도덕 교과서 같은 희망을 이야기하는 것이 과연 무슨 소용일까? 내가 아이들에게 건네는 "힘내"라는 말에 힘이 없어서 힘들었다. '난 대체 여기서 뭘 할 수 있을까? 그저 교과서에 적힌 대로 가르치는 사람에 불과

한가?' 유리 벽에 맺힌 성에가 녹아 눈물처럼 뚝뚝 흘러내렸다.

웅크리고 있던 내 안을 잠잠히 비춰봤다. 아무것도 없다고 생각했던 그곳에도 울림의 순간들이 있었다. 교실이라는 작은 유리온실 속에서 아이들에게 해줄 수 있는 것이 별로 없다고 느꼈을 때, 나 자신이 작은 유리 덮개가 된 것처럼 답답했을 때, 마음을 일으켜 세워주던 내면의 울림이 있었다.

'뚜껑을 열면 통로가 될 수 있다.'

나는 작다. 그러나 나를 열면 드넓은 통로가 된다. 나를 열 수 있는 뚜껑은 바로 그림책을 통한 자기표현의 시간이었다. 나는 아이들과 그림책으로 소통하면서 아이들의 꿈이 흘러가는 통로의 삶을 살기로 다짐했다. 교실의 안과 밖을, 그리고 사람과 책 사이를 서로 통하게 만드는 삶 말이다. 나라는 통로를 통해 선한 영향력이 아이들에게로 흘러가길 바라는 마음에서 나는 교사로서 두 가지 방향성을 세웠다.

1. 흘러가다

내가 담아낼 수 있는 것보다 더 풍요로운 아름다움을 흘려보내는 연결 통로가 되기를.

2. 스며들다

통로를 통해 흘러가는 선한 영향력이 아이들의 마음에 시와 그림이 되어 스며들기를.

 내가 나아갈 방향을 정하는 동안, 그간 꿈꿔왔던 한 가지 일이 떠올랐다. 아이들의 작품과 그림책을 한데 모아 전시하는 온라인 미술관을 개설하는 일이었다. 프랑스의 그림책 작가 올리비에 탈레크가 말했듯이 아이들은 모든 화가들이 평생을 바쳐 찾고자 하는 감성을 가지고 있다. 학기말이 되면 아이들의 감성이 가득 묻어난 그 귀한 작품들이 그냥 사라지는 것이 늘 안타까웠기 때문에 그 창작물의 가치를 오래도록 보존할 공간이 필요했다. 아이들이 졸업을 하고 나서도 언제든지 자기 작품을 다시 볼 수 있는 뮤지엄 같은 공간 말이다. 아이들과 헤어지고 나서도 온라인 미술관에서 작품으로 계속 소통할 수 있다면 얼마나 좋을까?
 그 마음으로 '교육미술관 통로'라는 이름을 가진 온라인 사이트를 개설했다. 외장하드 구석구석에 흩어져 있던 아이들의 작품과 그림책을 이 온라인 미술관에 차곡차곡 전시했다. 그리고 다시 구청으로 가서 출판사 이름을 '교육미술관 통로'로 바꿨다. 이름을 바꾸고 나자 이제 더 이상 같은 고민을 반복하지 않았다. 다음 고민, 그다음 고민을 향해 힘차게 발걸음을 뗄 수 있었다.
 그렇게 2015년부터 6년째, 비영리 독립출판사 '교육미술관 통로'를 통해 교실에서 아이들이 창작해낸 그림책을 출판 등록해오고 있다. 나는 아이들이 '어린이작가'라는 자리에 앉길 원한다. 아이들이 독자로서 어른이 만들어놓은 것을 읽는 존재에 머무르지 않길 바란다. 자신만의 언어를 가진 존재, 삶의 의미를 스스로 만들어나가는 존재로 성장하길 원한다. 꾸미지 않고, 눈치 보지 않고, 있는 그대로 가슴속 이야기를 꺼내게 해준다면 아이들이 제대로 숨 쉬고 성장할 수 있으리라고 믿는다.

아이들 한 명 한 명이 자기 삶의 온전한 주인공으로서 질문과 사유의 꽃을 피워 한 권의 책이 되는 교실을 꿈꾼다. 교실 속의 살아 있는 이야기를 책으로 담아내는 이 꾸준한 여정이 어린이작가들의 꿈이 흘러가는 통로의 역할을 하기를 소망한다. 그렇게 '교육미술관 통로'라는 이름과 함께 교실 속 그림책 창작 프로젝트가 본격적으로 걸음을 내딛었다.

자기만의 방이 필요한 아이들

"얘들아, 선생님은 너희가 가진 이야기를 이렇게 한 권의 책으로 만들어주고 싶어."

교실 속 그림책 창작 프로젝트를 진행하는 두 번째 해였다. 그해에 나는 홍릉초등학교로 전근을 가게 됐는데, 그곳에서 아이들과 본격적으로 그림책 창작의 세계에 푹 빠져들고 싶었다. 학기 초, 노란 종이에다가 '어린이작가를 모집합니다'라고 써서 벽에 붙여놓고 그림책 창작 동아리 부원을 모집했다. 동아리에 관심을 가지고 나를 찾아오는 아이들에게 『여우의 꿈』과 『반짝반짝 버블버블』을 보여주면서 너희들도 이런 근사한 그림책을 충분히 만들 수 있다고 이야기했다. 내가 보낸 신호에 스물 네 명의 아이들이 꿈틀꿈틀 반응했다. 그림책 창작 동아리에 들어오고자 하는 이유는 아이들마다 다양했다.

"그림책을 읽는 게 아니라 쓰는 거라고 해서요. 제 꿈이 작가거든요."

"언젠가 기회가 되면 꼭 책으로 쓰고 싶었던 이야기가 있어요."

"2학년 동생들도 그림책을 완성했다니 저도 할 수 있을 것 같아서요."

그렇게 가슴속에 자기만의 이야기를 가진 아이들이었건만, 막상 빈 종이를 내어주면 자꾸만 멈칫거리면서 질문을 던지곤 했다. 일명 '해도 돼요?' 질문이다.

"선생님, 주인공을 여러 명으로 해도 돼요?"

"해도 돼. 네가 이 책 작가잖아. 여기서는 안 되는 게 없어."

"저기 선생님… 좀 우울하게 써도 돼요?"

"해도 돼. 네가 직접 느끼고 생각한 이야기라면 무엇이든지 다 써도 돼."

뭐든 다 써도 된다는 선생님의 말에, 처음엔 머뭇대던 아이들도 슬슬 자기 이야기를 꺼내기 시작했다. 아이들은 어떤 이야기를 꺼내고 싶었을까?

아이들이 들려준 뜻밖의 이야기

"선생님, 혹시 얼굴 없는 아이… 아세요? 본받을 만한 얼굴이 없어서 표정이 없어진 아이예요."

"뉴스에서 봤는데 대학을 나와도 취업이 안 된다면서요. 요즘 같은 4포시대에 대학은 왜 가야 하는 거죠?"

"6학년이 되고 나서 실과 교과서에서 솎아내기 배울 때요, 솔직히 겁났어요. 경쟁에서 밀려나면 나도 그렇게 뽑혀질까 봐서요."

"선생님은 여행하면서 슬펐던 적 없으세요? 저는 여행하다가 제 또래 아이들을 만나면 슬퍼졌거든요."

뜻밖이었다. 아이들이 꺼내놓은 이야기들은 마냥 맑고 순진무구하지만은 않았다. 아이들이 살고 있는 세상은 허공에 떠 있는 동화 속이 아닌 지금 이곳, 현재인 까닭이다. 이곳에는 볕이 잘 드는 양지바른 곳도 있지만, 서늘하고 그늘진 구석도 분명 존재했다. 아이들의 예민한 눈이 향한 방향은 밝고 따뜻한 쪽이 아니라 오히려 응달진 구석 쪽이었다.

뜻밖인 것은 그뿐만이 아니었다.

'녀석들 이렇게 이야깃거리가 풍성했으면서 그동안 국어 시간엔 왜 그렇게 천편일률적이고 재미없는 글만 썼던 거니?'

그림책 창작 동아리 시간에 아이들은 정규 수업 시간 때와는 다른 결의 이야기들을 자유롭고 풍성하게 풀어냈다. 규범에 갇힌 판에 박힌 글 대신 친구에 대한 미움, 자기 안의 두려움처럼 마음속에 꼭꼭 숨겨뒀던 날것 그대로의 감정들을 그대로 쏟아냈다. 아이들을 붙잡고 이런 배신감을 슬쩍 이야기했더니 이런 답이 돌아왔다.

"에이, 선생님. 그건 학교 모드 글이잖아요. 수업 시간에 글짓기할 때 어떻게 그런 이야기를 써요!"

학교 모드의 글이라니. 자못 서운했지만 아이들이 말하는 그것이 뭔지 선생인 나도 '느낌 아니까' 애들이 하는 말을 부정할 수는 없었다. '답은 정해져 있고 너는 그냥 쓰기만 해' 하는 수업 시간이라면 아이들은 얼마든지 영혼 없는 글을 써낼 수 있었다. 선생님이 어떤 글을 원하는지, 지금 뭘 써야 빨리 수업을 끝낼 수 있는지 아이들은 너무 잘 알고 있었으니까.

너희들 진짜 속마음은 어디에 쏟아내니?

동아리 아이들과 한창 그림책 창작에 몰두하던 어느 날, 하경이가 말했다.

"선생님, 제가 인터넷소설 카페에 올리는 글이 있거든요. 선생님께도 보여드릴까요?"

"그럼, 얼마든지! 그런데 잠깐, 인터넷에다 글을 쓴다고?"

하경이뿐만이 아니었다. 몇몇 아이들이 자기가 요즘 글을 써서 올리는 곳이라며 인터넷소설 카페를 나에게 알려줬다. 내용이 무엇이었든지 간에 가슴에 자꾸 글이 차올라서 뭔가 쓰고 싶어 하는 아이들이었다. 글쓰기에 목마른 아이들이 자기 글을 펼쳐낼 곳을 찾다 못해 인터넷 카페를 들락거리고 있었다. 하경이가 보여준 글을 찬찬히 읽어봤다.

어쩌면 이 세상 사람들은 모두 가면을 쓰고 다니는 것 같다. 강한 사람은 약자를 쥐락펴락 가지고 논다. 약한 사람들은 가면을 쓰고 웃는다. 강한 친구 앞에선 나도 두꺼운 가면을 써보지만 혼자 있을 땐 가면을 벗어던지고 펑펑 운다. 나는 가면 아래 조용히 혼자 울고 있는 상처투성이, 작고 여린 소녀다. 아무리 가면을 겹쳐 써봐도 본모습을 숨기지 못해 허둥댄다.

인터넷 카페에 쓴 글이었지만 그 흔한 인터넷 은어 하나 사용하지 않았다. 아이들의 글 쓰는 태도는 진지하고 진솔했다.

"하경아, 글이 너무 좋다. 우리 이 이야기를 그림책으로 만들어보자."

하경이가 눈을 크게 떴다.

"정말요? 이 이야기가 책이 될 수 있어요?"

하경이는 자신이 쓴 글을 보여줄 때마다 비밀 서랍 속에 꽁꽁 숨겨뒀던 일기장을 꺼낸 것처럼 쑥스러워했다. 그 서랍을 당당하게 열어주고 싶었다. 하경이는 인터넷 카페에 올린 글을 바탕으로 한 권의 그림책을 만들어나가기 시작했다.

"그런데 얘들아… 굳이 왜 인터넷 카페에다가 글을 쓰는 거야?"

아이들은 하나같이 이렇게 답했다.

"거기엔 내 글을 성의 있게 읽어주고 댓글 달아주는 사람들이 있어서요."

얘들아, 이곳에서만큼은
자유롭게 이야기해보렴

그런 아이들을 보면서 베아트리체 알레마냐의 그림책 『유리 소녀』의 지젤이 떠올랐다. 지젤은 자신의 생각을 있는 그대로 드러내어 투명한 머리에 비춰낸다. 어른들은 지젤이 밝은 것을 비추면 환호하지만, 우울한 생각에라도 잠기면 이렇게 말한다.

"그런 어두운 생각은 좀 참고 견딜 수 없니?"

"그런 끔찍한 것들을 드러내 보이다니 부끄럽지도 않니?"

어른들은 아이의 어둡고 그늘진 마음을 확인하는 일을 두려워한다. 결국 지젤은 어른들이 보고 싶어 하는 대로 억지 미소를 짓고 본모습은 감춰버리는 선택을 한다. 지젤처럼 우리 아이들도 어른들을 향해서는 적당히 가면을 쓴 모습을 보여주고, 그 뒤에 자신을 감추는 법을 배우고 있었다.

아이들에게는 자신의 밝은 면과 함께 어둡고 불편한 면까지 모두 편견 없이 들여다볼 수 있는 사람이 필요했다. "세상을 좀 밝게 보지 그러니?", "좀 명랑한 내용을 써봐" 하며 강요하는 어른 대신 아이들이 정직하게 드러낸 아프고 그늘진 마음을 그대로 품어주는 어른이 절실했다. 교실에선 학교 모드 글을 쓰고 진솔한 글은 온라인 카페에 쏟아내고 있는 우리 아이들에게 미안했다.

소복이 작가의 그림책 『소년의 마음』에는 자기 방이 없는 소년이 등장한다. 이 책은 작가가 남동생의 유년시절을 그린 작품이라고 한다. 누나 둘과 부모님이 방을 한 칸씩 차지해버린 탓에 주인공 소년은 거실에서 홀로 지낸다. 슬프고 무서운 기분이 들 때에는 누나들 방과 안방 사이의 중간쯤에 상을 펴고 그림을 그리곤 한다. 저자는 『소년의 마음』 작가 후기에서 소년이었던 동생의 내면에 무엇이 있었는지 아무도 몰랐다고, 집에서 가장 어렸던 사람의 마음속에 어두운 면모가 있으리라고는 아무도 생각지 못했다고 이야기했다.

우리 주변에도 『소년의 마음』 속 주인공 소년처럼 자기만의 방이 없는 아이들이 많다. 학교에서도, 집에서도, 학원에서도 마음을 터놓을 공간이 없는 아이들. 버지니아 울프는 여성이 글을 쓰기 위해서는 돈과 자기만의 방이 있어야 한다고 했지만, 아이들이야말로 자기만의 방이 필요한 존재들이 아닐까?

내가 그림책 창작 수업을 지금까지 이어올 수 있었던 원동력은 '아이들에게 자기만의 방을 만들어주고 싶은 마음'이었다. 학교생활을 하는 12년 동안 아이들이 단 한 번이라도 자신을 위해 마련된 공간에서 현재의 고민을 자기 언어로 표현했으면 하는 바람. 그것이 나를 멈추지 않게 한 힘이었다.

그림책이 우리를
위로해줄 수 있을까?

"그건 그냥 책 속에서나 있는 일이잖아요."

그림책 창작 동아리의 달걀 손님

교직 생활 7년 차, 그해 우리 교실엔 언제나 달걀이 있었다. 아침마다 배고프다고 찾아오는 아이들 몇몇에게 사탕만 쥐어주던 것이 못내 마음에 걸렸던 터였다. 기왕 줄 거라면 사탕보단 영양가 좋은 달걀이 낫지 싶었다. 맥반석에 구운 달걀을 든든히 쟁여놓고 찾아오는 아이들에게 하나씩 나눠줬다. 구운 달걀 때문에 우리 교실을 매일같이 드나드는 아이가 하나둘씩 늘어났다.

서준이는 특히나 방문이 잦은 달걀 손님이었다. 아침에 등교하자마자 슬쩍 들렀다 가고, 오후에 하교할 때 또 한 번 들렀다. 그때마다 서준이는 동생이 너무 어려서 엄마가 밥을 못 챙겨준다고 했다. 엄마가 아침부터 짜증을 내고 소리를 지른다고 했다. 나는 갓 태어난 아기 때문에 어머니가 스트레스를 받으신다고만 생각했다. 어느 오후, 아이가 내 귀에 대고 말했다.

"선생님, 사실 우리 엄마 아빠 이혼해서 따로 살아요. 어제 오랜만에 아빠 만났는데 맞았어요."

아이는 다리를 절뚝이며 교실 밖으로 나갔다. 나는 그 뒷모습을 멍하니 바라보기만 했다.

그해 나는 교과전담 선생님이었다. 교과전담 선생님은 한 학급만 담당하는 선생님과 달리, 여러 반의 아이들을 만나게 된다. 나는 그해 도덕과 미술, 그리고 음악을 가르치면서 10개 학급, 200여 명의 아이들을 만났다. 아이들은 교과전담 선생님을 담임 선생님과는 달리 조금은 편안하게 대했다. 오후가 되면 그림책 창작 동아리 아이들이 내가 있는 교실에 부담 없이 들렀다. 이따금 와서 한두 시간씩 글을 쓰거나 그림을 그리다 집에 갔다. 서준이도 그림책 창작 동아리 부원이었다. 서준이는 열심히 글을 쓰고 그림을 그리는 아이들 곁에서 달걀 몇 개를 우적우적 먹으면서 놀다가 가곤 했다. 그림책보단 달걀에 관심이 있어서 동아리에 들어왔을지도 모른다.

그렇게 오후 시간을 보내고 나면 서준이는 '아카데미'에 간다고 했다. 거기에서 숙제도 봐주고, 저녁도 준다고 했다. 서준이가 말한 아카데미는, 초등학교 4학년부터 중학교 3학년까지의 취약계층 청소년들의 방과후 활동을 지원해주는 정부의 복지사업인 '청소년 방과후 아카데미'를 운영하는 기관이었다. 나는 그 정책과 기관을 그해 서준이를 통해 처음 알았다. 아이들의 삶을 면면히 들여다볼수록, 나는 모르는 것이 너무 많았다. 교사이기에 여느 어른보다 아이들을 잘 알고 있다고 자부했지만, 그것은 착각이었다.

평일 중 가장 분주한 월요일 아침, 그날도 서준이는 달걀을 먹으러 우리 교실에 왔다. 바구니에 담긴 달걀 하나를 쏙 꺼내, 껍질을 급한 손길로 와작와작 벗겨내고는 계란을 반으로 툭 갈라서 손바닥에 노른자를 소중히 빼놓고, 흰자만 한입 베어 물었다. 그러곤 무심한 듯 이렇게 말했다.

"선생님, 우리 엄마 동생 낳았잖아요. 사실 그 애기, 다른 아빠

애기래요. 근데 사기꾼이라서 그 남자랑 결혼은 안 할 거래요."

나는 순간 일시정지 버튼을 누른 화면처럼 동작을 멈췄다. 매일 아침 달걀을 먹으러 올 때마다 친밀감이 조금씩 켜켜이 쌓였는지, 서준이는 언제부턴가 나에게 마음속 시시콜콜한 이야기들을 툭툭 던지곤 했다. 서준이가 던지는 이야기들을 통해 이 아이의 가정환경과 마음 상태를 내 나름대로 짐작해보며 안쓰러운 마음 반, 기특한 마음 반으로 서준이를 맞이했다. 그런데 이날 아이가 나에게 던진 이야기는 내 마음을 저 깊은 곳까지 털썩 주저앉혔다. 이런 내 사정을 아는지 모르는지 서준이는 태연한 표정으로 손바닥 위에 남겨놓은 노른자를 마저 입에 꼴깍 넣었다. 나는 노른자 덩어리를 잘못 삼킨 것처럼 가슴이 갑갑하게 메었다. 놀란 토끼처럼 눈만 끔뻑이는 내게 서준이가 말했다.

"뭐, 전 괜찮아요. 어떻게든 되겠죠."

그림책이 과연 우리를 위로해줄 수 있을까?

도덕 수업 시간에 서준이를 다시 만났다. 나는 교과서와 함께 김장성의 시가 담긴 그림책 『민들레는 민들레』를 손에 들고 아이들 앞에 섰다. 아름다운 그림과 어우러진 시를 읽으면서 존재에 대해서 생각해보는 시간을 가질 터였다. 다른 아이들은 '오늘은 현아샘이 무슨 재미난 책을 소개해주시려나' 하는 눈빛으로 두 눈을 반짝이면서 교단 앞에 선 나에게 집중했는데, 맨 앞자리에 앉은 서준이만 멍한 표정을 한 채 사무용 커터로 교과서를 죽죽 내리긋고 있었다. 무딘 칼끝은 종이에 거친 자국만 가득 남겼다. 우둘투둘해진 교과서 표지가 서준이의 상처 난 가슴처럼 보였다. 나는 마음이 아파 못 본 척 고개를 돌렸다. 나를 바라보는 스무 명의 초롱초롱한 눈빛들을 위해 애써 마음을 가다듬고 준비해온 그림책을 펼쳤지만, 손에서는 이미 힘이 쭉 빠져버렸다.

'그림책이 다 무슨 소용인가. 아이의 삶은 이렇게 현재진행형으로 아프기만 한데 종잇장 사이에 박제된 이 알량한 지혜, 이 말랑한 위로가 다 무슨 소용인가.'

이제껏 책으로 마음의 힘을 키울 수 있다고 굳게 믿어왔지만, 한 아이의 방황과 상처가 도드라지게 눈에 들어왔던 이날은 온종일 모든 것이 손에 잡히지 않는 희뿌연 안개처럼 느껴졌다. 퇴근 후, 나는 서준이에게 힘이 되어줄 책을 간절히 찾아봤다. '위로를 위한 그림책', '마음이 아픈 아이를 위한 그림책'과 같은 소개 글이 붙은 그림책이 서준이에게 필요할 것 같았지만, 그런 수식어를 단 그림책들을 펼칠수록 그 억지스러움에 오히려 신물이 났다.

서준이에게 도움이 될 만한 그림책을 찾고 또 찾던 어느 날이었다. 서준이와 둘이 교실에 남은 오후, 『아나톨의 작은 냄비』를 슬쩍 꺼내서 건넸다. 서준이가 어느 날 갑자기 부모님의 이혼을 경험한 것처럼, 어느 날 갑자기 주인공 아나톨의 머리 위로 냄비가 떨어진다. 냄비가 왜 떨어졌는지, 왜 하필 아나톨에게 떨어졌는지는 아무도 모른다. 별안간 떨어진 냄비 때문에 아나톨은 평범한 아이가 될 수 없다. 아나톨은 상냥하고 잘하는 일도 많지만 사람들은 아나톨의 달그락거리는 냄비만 쳐다보면서 이상하다고 말한다. 달그락거리는 냄비 때문에 아나톨은 매번 발이 걸려 넘어진다. 아무리 노력해도 평범해질 수 없어서 좌절하던 아나톨은 급기야 냄비를 뒤집어쓰고 숨어버린다. 냄비를 뒤집어쓴 아나톨을 볼 때마다 서준이의 마음이 느껴져서 먹먹했다.

그렇게 냄비 속에 웅크리고 있던 아나톨에게 한 아주머니가 다가온다. 아나톨처럼 작은 냄비를 가진 아주머니였다. 아주머니는 아나톨에게 냄비를 잘 다루는 방법을 알려주고, 건강하게 마음을 표현하도록 도와준다. 다시금 명랑해진 장면을 펼쳐놓고 서준이와 찬찬히 이야기를 나누고 싶었는데, 아이는 불쑥 이렇게 말했다.

"그건 그냥 책 속에서나 있는 일이잖아요."

아직 열두 살일 뿐인 아이의 세상을 냉소하는 듯한 그 말에 눈물이 쏟아질 것 같았다. '그래, 책만으론 아이의 삶에 결국 가닿을 수 없는 거구나.' 제대로 된 답을 찾지 못한 무력감에 나의 7년 차 교직 인생이 뿌리째 휘청거렸다.

아이들에게 책보다 더 절실한 것은

뜻밖에 답을 얻은 것은 tvN에서 방영됐던 드라마 〈시그널〉의 한 장면이었다.

늦은 밤, 한 아이가 돼지껍데기를 파는 선술집 문을 벌컥 열고 들어와서 무턱대고 오므라이스를 주문한다. 아이는 아버지와 단둘이 살았는데, 일하느라 귀가가 늦은 아버지를 끼니도 거른 채 하염없이 기다리다가 배고픔을 참지 못하고 거리로 뛰어나왔던 것이다. 주인아주머니는 고깃집에 와서 밥을 찾는 아이에게 이유도 묻지 않고 그저 따끈한 오므라이스 한 접시를 만들어준다. 아이는 걸신들린 듯 허겁지겁 밥을 먹는다. 이때 한 형사가 먼발치에서 그 모습을 지켜본다.

"저 아이 여기 올 때마다, 오므라이스 해주세요. 부탁합니다."

형사는 주인아주머니께 돈을 쥐어준다. 그날 이후로 이 식당은 아이의 인생에 없어서는 안 될 소중한 공간이 된다. 힘들고 배고픈 날에도 이 식당에 가면 언제나 오므라이스를 내주는 아주머니가 계신다. 접시에 수북이 담긴 오므라이스를 먹으며 아이는 허기진 배를 채우고, 구멍 난 가슴도 메운다. 나는 그 오므라이스 장면을 보면서 꺽꺽 울었다.

'아무리 힘든 날에도 그 교실에 가면, 묻지도 따지지도 않고 달걀 한 알을 내어주는 선생님이 계신다!'

내가 할 수 있는 것이 그것뿐이어도 괜찮을까 싶었지만, 그것만이라도 제대로 하고 싶었다. 아이에게 진심을 전할 수 있다면 그 어떤 위로의 말이나 글도 필요하지 않으리라고 생각했다. 그런 결심이 선 이후부터는 더 이상 서준이에게 읽어줄 그림책을 찾지 않았다. 교실을 찾아오는 아이의 손에 그저 달걀을 한 알씩 쥐어주기만 했다. 아이가 나에게 건네는 말을 가만히 듣고, 또 들었다. 그뿐이었다. 판단하지도, 조언하지도 않았다. 다만 달걀이 아이의 허기진 속을 달래주고 마음도 채워주길 간절히 바랐다.

서준이는 1년간 그림책 창작 동아리 활동을 함께 했지만 끝내 자신의 그림책을 완성하지 못했다. 수업이 다 끝난 오후가 되면 서준이는 언제나 우리 교실에 찾아와 연필은 손에 쥐지도 않고 달걀을 먹고 이야기만 하다가 돌아갔다. 그래도 괜찮았다. 이 아이에게 필요한 것은 책이 아니라 자신의 마음을 알아주는 누군가와 눈을 맞추고 체온을 나누는 시간이었을 테니까.

서준이는 그림책 창작 동아리 활동 시간에 우주 전쟁으로 세상에 복수하고 싶다는 내용을 쓰다 말았다. 나에게는 서준이가 그리다 그만둔 그림책 종이 더미가 아직도 있다. 완성하지 못한 그대로, 소중히 품고 있을 생각이다. 서준이와 함께 했던 시간을 담고 있는 유일한 흔적이므로.

그해 우리 교실은 간이역이었다. 마음이 허기진 아이들이 편하게 머물다 가던 작은 간이역. 서준이는 졸업식 날에도 교실에 들러 달걀 하나를 먹고 갔다. 마지막 날 서준이에게 꼭 해주고 싶은 말이 있었다. 전에 서준이가 내게 이런 말을 한 적이 있었다.

"선생님, 저 살기 싫어요."

그땐 무슨 말을 해야 할지 몰라서 속으로 끙끙 앓기만 했다. 이제는 안다. '살기 싫다'는 아이의 말은 '열렬히 살고 싶다. 날 좀 살려달라'는 말인 것을. 그저 자기 이야기에 조용히 귀 기울여 들어달라는 뜻이라는 것을. 졸업식 날, 나는 아이의 손을 꼭 잡아주면서 이렇게 말했다.

"서준아, 그동안 선생님한테 네 이야기를 들려줘서 고마웠어."

그것이 서준이와의 마지막이었다. 그 후로 서준이를 보지 못했다. 졸업을 하고도 학교에 종종 찾아오는 아이들은 착실하게 그림책을 쓰고 그렸던 아이들이었다. 나는 서준이와 같은 중학교에 다니는 아이들이 놀러올 때마다 소식을 물었다.

"선생님, 요즘 서준이요. 전국대회 나가서 상도 받고 그래요!"

"그래?"

"레슬링부에 들어갔거든요. 완전 열심히 해요!"

서준이 얼굴이 보고 싶어서 서준이가 다니는 중학교 홈페이지에 들어가 공지 글을 살펴봤다. 레슬링부 전국대회 수상 소식과 함께 서준이 사진이 올라와 있었다. 서준이가 레슬링복을 입고 경기하는 사진을 보니 그렇게 반가울 수가 없었다. 서준이는 여전히 키가 작았지만 본인보다 체구가 큰 아이를 거뜬히 눕혔다. 그동안 꾹꾹 다져왔던 깡다구를 링 위에서 한껏 발산하는 듯했다. 한결 다부져진 표정으로 은메달을 목에 걸고 서 있는 서준이를 보니 마음이 놓였다.

'그래, 그거면 됐다. 너무 감사하다….'

그렇게 시간이 흘렀다. 이제 나는 교과전담에서 담임이 되어 새로운 아이들을 품고 있다. 한때 조용했던 간이역은 스무 개의 노선이 교차하며 쉴 새 없이 붐비는 환승역이 됐다.

슬픔은 간이역에 코스모스로 피고
스쳐 불어온 넌 향긋한 바람.

이따금 산울림의 〈너의 의미〉를 들으면 그해 우리가 머문 간이역이 떠오른다. 달걀도 먹고, 글도 쓰고, 그림도 그리던 우리의 작은 간이역이.

PART 2

그림책으로 아이들과 만나다
"질문하고"

누구나 조금씩은
이상한 구석이 있어

　아이스크림 원격교육연수원에서 진행한 '읽고 쓰고 만드는 그림책 수업' 30차시 강좌를 비롯해서 다양한 독서 수업 강의로 선생님들과 만날 때가 있다. 그때마다 선생님들께서 이런 질문을 많이 하신다.
　"어느 날 갑자기 아이들에게 빈 종이를 내어준다고 창작 수업이 착착 이루어지지는 않잖아요. 현아샘은 창작 활동을 시작하기 전에 분명 아이들과 함께 그림책을 많이 읽으면서 감상 활동을 충분히 하셨을 것 같아요. 아이들이 자연스럽게 자기 이야기를 꺼낼 수 있는 그림책 감상 활동이 있을까요?"
　나는 그럴 때마다 선생님들께 이렇게 말씀 드린다.
　"그럼요, 당연히 있지요. 그림책 창작은 충분한 감상을 기반으로 합니다. 아이들의 이야기에 공감해주고, 그로부터 이야깃감이 될 씨앗을 끄집어내는 다양한 독서 활동을 소개해드릴게요."

아이들로부터 이야기의 씨앗을 끄집어내기 위해서 내가 수업 시간에 활용하는 방법은 기성 그림책을 매개로 아이들에게 질문을 던지는 것이다. 요즘 아이들이 고민하는 문제를 건드려주는 그림책이면 아이들의 공감을 이끌어내기 좋다. 창작은 아이들과 소통의 물꼬를 트는 데에서 시작된다. 꼭 그림책 창작을 목적으로 하지 않더라도, 그림책을 매개로 아이들과 이야기를 나누다 보면 아이들의 인성과 사고력을 북돋워주는 창의적인 독서 수업과 학급 운영을 할 수 있다.

아이들을 솔직하게 만들어주는 그림책

처음에는 자기 이야기 꺼내기를 주저하던 아이들도 함께 읽고 나면 제법 수다스러워지다가 이내 웃음 폭탄이 터지는 그림책이 있다. 바로 스페인 작가 미겔 탕코가 쓰고 그린 『쫌 이상한 사람들』이다.

이 그림책에는 제목처럼 '쫌 이상한 사람들'이 등장한다. 개미를 밟지 않기 위해 다리를 크게 벌리고 걷는 사람, 관객석이 텅 비어 있는데도 '즐거우면 그만'이라며 천연덕스럽게 음악을 연주하는 사람, 괜히 나무를 꼭 껴안아주는 사람 등 범상치 않은 사람들이 이 그림책 안에 가득하다.

내가 수업 시간에 아이들에게 이 책을 종종 읽어주게 된 계기는 그림책 창작 동아리 활동을 함께했던 현지 때문이다. 몇 해 전 가을, 그림책 창작 동아리 수업 시간이었다. 현지가 써온 글이 심상치 않았다.

웃어야 한다. 아무리 우울하고 힘들어도 웃어야 한다.
만약 힘들다고 말하거나 슬픈 얼굴을 하면,
많은 사람들이 내게서 떨어져 나갈 거야.

현지를 불러다가 무슨 일인지 물어보니 이런 대답이 돌아왔다.
"선생님, 저는 가면을 쓰고 사는 것 같아요. 웃지 않으면 사람들이 나를 싫어할까 봐 슬퍼도 억지로 웃어요. 힘든 내색을 하면 남들이 싫어할까 봐서요. 괜히 속마음을 드러내면 이상한 아이 취급하기도 하거든요."

슬픔을 환대받지 못한 아이들은 자신의 아픔을 밖으로 꺼내놓지 않고 가슴속에 꽁꽁 숨겨둔다. 슬픔뿐만이 아니다. 요즘 아이들은 남의 시선을 신경 쓰느라 자신의 독특한 개성과 남다른 감정을 없는 척, 아닌 척 숨기는 일에 참으로 능하다. 안타까운 일이다.

당시 나는 현지의 고민을 덜어줄 그림책으로 『좀 이상한 사람들』을 꺼내 들었다. 경쾌하고 가벼운 선, 따뜻한 노란빛으로 가득한 그림에서 현지가 한참 동안 눈을 떼지 못했던 기억이 난다. 이후에도 나는 매년 아이들에게 이 그림책을 읽어주곤 했다. 다양성과 공존의 가치,

있는 그대로의 내 모습을 사랑할 줄 아는 태도를 알려주기에 이만 한 그림책이 없었다. 이 책을 읽어주는 날, 교실은 꽤 소란해진다.

"선생님, 그럼 저도 쫌 이상한 사람인데요? 왜냐면 저도 나무를 보면 왠지 안고 싶어지거든요!"

"저도 쫌 이상한 사람이에요. 저는 관절에서 삐걱 소리가 나요!"

몇몇 아이들이 신나게 '쫌 이상한' 자기만의 특징을 꺼내놓기 시작했다. 샤워할 때 크게 노래를 부르는 아이가 있는가 하면, 귀를 자유자재로 움직일 수 있는 아이도 있었다. 한참 주거니 받거니 이야기를 나누는데 민철이가 대뜸 끼어들며 말했다.

"그러고 보면 우리 반 애들 조금씩 다 이상한 것 같아요!"

아이들이 모두 까르르 웃음을 터트리니 이번엔 수환이가 민철이의 말을 받아친다.

"그러네, 나만 이상한 게 아니네!"

우리, '쫌 이상한 자기소개' 한번 해볼까?

하지만 여전히 자기 이야기를 말로 꺼내기 쑥스러워서 친구들의 이야기를 듣기만 하는 아이들도 있었다. 나는 그 아이들의 마음에도 귀를 기울이기 위해서 이렇게 제안했다.

"얘들아, 남들에게 털어놓지 못했던 '나만의 쫌 이상한 점'을 써서 교실 우편함에 넣어보면 어떨까? 이 우편함에 쪽지를 써서 넣을 때에는 이름을 쓰지 않아도 돼. 3일 뒤에 같이 우편함을 열어서 어떤 이상한 사연들이 모였는지 읽어보자."

그러고는 칠판 한쪽 구석에다가 이렇게 써놓았다.

'나는 좀 이상한 사람입니다. 왜냐하면…'

쉬는 시간이 되자 몇몇 아이들이 교실 우편함에 모여들었다. 우편함 옆에 놓아둔 종이를 슬며시 가져가서 꼬물꼬물 글을 쓰기 시작했다. 그러다 보면 쪽지를 쓰다 말고 질문하는 아이들도 생겨났다.

"선생님, 저는 좀 많이 이상한데 두 개 써도 돼요?"

"물론이지!"

"저는 아무리 생각해도 이상한 게 없는데 안 써도 돼요?"

"물론이지!"

교실 우편함은 아이들과 자유롭게 소통하기 위한 창구이므로 나는 이용에 특별한 제약을 두지 않는다. 아이들이 부담을 느끼지 않고 편안하게 자기 마음을 써볼 수 있으면 그것으로 충분하기 때문이다.

이윽고 사흘째 되던 날. 재철이는 교실에 들어서서 가방을 벗자마자 사물함 위에 올려둔 우편함을 가지고 나오더니 얼른 열어보자고 조르기 시작했다.

"선생님, 어서 열어봐요."

"제가 우편함 흔들어봤는데요, 쪽지가 엄청 많은 것 같아요!"

아이들은 한껏 상기된 얼굴로 반 친구들이 적어낸 '쫌 이상한' 사연을 기다렸다. 첫 번째 쪽지를 펼쳐보니 이렇게 적혀 있었다.

'나는 쫌 이상한 사람입니다. 왜냐하면 기분이 좋으면 아무에게나 인사하기 때문입니다!'

아이들이 큭큭 웃기 시작했다. "나도 그러는데!" 하는 소리도 들렸다. 왁자지껄한 와중에 다음 쪽지를 펼쳐보니 이렇게 적혀 있었다.

'나는 바퀴벌레를 손으로 잡는다. (손은 꼭 닦는다!)'

이번에는 "으악" 소리가 교실 여기저기에서 터져 나왔다. 누가 썼는지는 알 수 없지만 이 쪽지를 쓴 아이는 웃음 폭탄이 빵 터진 교실을 보면서 내심 회심의 미소를 지었을지도 모르겠다.

다음 쪽지를 펼쳐보니 이런 글이 적혀 있었다.

'나는 이상한 사람이다. 친구들이 나를 뭐라고 생각할까 무서워서 계속 '어떻게 하면 친구들이 뭐라고 안 할까'라고 생각하기 때문이다.'

비슷한 고민을 먼저 했던 선배의 따뜻한 편지

나는 아이들이 자신의 솔직한 마음을 꺼내놓는 데에서 한 발 더 나아가, 학년을 뛰어넘어 소통하기를 바랐다. 그래서 '쫌 이상한 자기소개' 활동의 계기가 되어줬던 현지에게 후배들을 위한 답장을 써주기를 부탁했다.

"이 글을 쓴 아이에게 현지가 답장을 해준다면 뭐라고 말해주고 싶어? 간단하게 써주면 전해줄게. 선생님이 해주는 이야기보단 선배 이야기가 더욱 와 닿을 수 있잖아."

후배가 털어놓은 고민에 현지는 제법 어엿한 답장을 보내왔다.

'너는 이상한 사람이 아니야. 사람들마다 기준이 다르기에 그 기준에 모두 맞출 순 없어. 오히려 남들 눈치를 보면서 쭈뼛거리는 것보다는 그냥 너만의 색을 마음껏 도화지에 색칠하고 다녀봐. 뭐라고 하는 사람들이 오히려 이상한 사람들이고! 너는 너 자체만으로도 굉장히 멋진 사람이야. 남의 시선에 주눅 들지 않았으면 좋겠어!'

다음 날 나는 아이들에게 선배로부터 편지가 도착했다는 소식을 전해줬다. 쪽지의 주인이 누구인지 알 수 없으니 우리는 현지의 답장을 모두 함께 읽었다. 아이들은 선배가 우리 반을 위해 답장을 써줬다는 사실 하나만으로도 커다란 선물을 받은 것처럼 기뻐했다.

교실을 둘러보니 찬찬히 고개를 끄덕이는 아이가 내 눈에 들어왔다. 그 아이를 바라보면서 눈으로 이렇게 말했다.

'알았지? 너는 너 자체만으로도 멋진 사람이야. 그러니까 더 이상 주눅 들지 말아.'

'쫌 이상한 자기소개' 활동

남들과 다른 자신의 모습, 자신과 다른 타인의 모습을 자연스럽게 수용할 수 있게 만들어주는 그림책 활동이다. '쫌 이상한 자기소개'를 하면서 아이들은 다양성과 공존의 가치를 깨닫고, 있는 그대로 자신을 사랑할 수 있는 마음을 키워나간다.

▶ 활용한 그림책

『쫌 이상한 사람들』
미겔 탕코 지음, 문학동네

이런 질문을 던져보세요

- 『쫌 이상한 사람들』의 주인공들은 조금 이상합니다.
  나에게는 어떤 이상한 점이 있나요?
  다른 사람들은 이해하지 못하지만 내가 좋아하는 것, 나만이 가진 특징이 있다면 한번 써보세요.

- "나는 쫌 이상한 사람입니다.
  왜냐하면 _____ 하기 때문입니다."

▶ **함께 읽으면 좋은 그림책**

『고슴도치 엑스』
노인경 지음, 문학동네

'교양 있는 고슴도치 수칙'에 따라 날카로운 가시를 부드럽게 손질해야만 하는 도시 '올'에서 뾰족 가시 만들기 프로젝트에 돌입하는 주인공 고슴도치의 남다른 이야기가 펼쳐진다. 진정한 자기다움에 대해 생각해보게 만드는 그림책이다.

『내가 곰으로 보이니?』
야엘 프랑켈 지음, 후즈갓마이테일

학교에 처음 간 주인공 에밀리아는 즐거운 학교생활을 기대하지만, 어떻게 행동해도 온갖 동물을 닮았다는 놀림을 받는다. '개를 닮았다', '곰을 닮았다', '원숭이를 닮았다'라며 친구들이 자꾸 놀릴 때마다 움츠러드는 에밀리아에게 한 친구가 건네는 따뜻한 한 마디가 마음을 뭉클하게 한다. "네가 어떤 모습이어도 난 네가 좋아." 남들이 나를 어떻게 판단하더라도 당당하게 스스로를 지켜가도록 다독여줄 수 있는 그림책이다.

오늘 너는 무슨 색이니?

학교생활을 하다 보면 아이 한 명 한 명과 이야기를 나눌 시간이 생각만큼 많지 않다. 어떻게 하면 아이들과 좀 더 가깝게 소통할 수 있을지 고심하다가 아침 시간을 활용하기로 했다. 단 몇 마디를 나누더라도 아이들과 온전히 눈을 맞추고 싶어서 악수 인사를 시작했다.

악수를 할 때 느껴지는 감각은 아이마다 달랐다. 손을 쑥 밀어 넣어서 꽉 잡는 아이, 손가락 끝부분만 살짝 잡는 아이, 매일 손이 땀에 젖어 있는 아이, 유독 손이 찬 아이… 매일 아침 아이들과 손과 손이 맞닿는 촉감으로 교감할 수 있어서 좋았다.

어떤 인사를 던지면 아이들이 좀 더 즐겁게 대답을 해줄까 요리조리 궁리하면서 머리를 짜냈다. '오늘은 기분이 어때?'라는 평범한 인사보다 아이들은 이 질문을 더 재미있어 했다.

"좋은 아침이야. 오늘 재영이는 무슨 색이니?"

아이들은 아침마다 다양한 색깔 이야기를 들려줬다.

"오늘은 노란색이요. 흔들리던 이가 드디어 빠져서 시원해요!"

"오늘은 회색이요. 아침에 엄마 아빠가 싸워서 동생이랑 밥도 못 먹고 그냥 나왔어요."

"오늘은 기분이 어때?" 하며 질문했을 때에는 그저 "좋아요", "괜찮아요"라고 대답했던 아이들이 "오늘 너는 무슨 색이니?"라고 질문을 하니 조금 더 구체적인 이야기를 들려줬다. 이렇게 아침마다 말랑한 손의 촉감과 함께 신선한 언어로 하루를 시작하다 보면 1교시부터 6교시까지 매일 반복되는 학교의 일상에서도 생동감이 느껴졌다.

그 와중에 딱 한 명, 호찬이는 매일 한결같은 말로 대답했다.

"흰색이요. 아무렇지도 않거든요."

호찬이는 왜 아무렇지도 않을까 궁금했다. 나는 그 까닭을 한참이 지나고 나서야 제대로 알게 됐다. 호찬이는 조금만 불안해지면 한쪽 눈을 위로 하고 고개를 까딱거리는 틱 증상이 있었던 것이다. 작년까지만 해도 틱 증상이 너무 심해서 아침마다 학교 가는 일이 힘들었는데, 다행스럽게도 올해 들어서 눈에 띄게 좋아져 나도 그 사실을 뒤늦게 알았다.

이유를 알고 나니 '오늘도 흰색'인 상태로 학교에 온 호찬이가 마냥 다행스럽고 기특했다. 아무렇지 않은 아침을 맞이할 수 있는 것은 엄청나게 큰 축복이니까! 매일 아침 나도 호찬이에게 한결같은 말로 대답하며 하루를 시작했다.

"좋겠다, 호찬. 오늘 아침도 깨끗한 흰색이네!"

세상에 존재하는 색깔만큼이나 다양한
아이들의 감각

비가 갠 다음 날, 온 세상이 초록빛으로 피어나는 날이었다. 지연이가 금방 세수한 것처럼 깨끗한 얼굴로 교실에 들어와서 이렇게 손 인사를 했다.

"좋은 아침! 오늘 기분은 풋사과처럼 아삭아삭한 연두색이에요!"

잠시 후에 교실에 도착한 재민이가 내 손을 잡고서 한참을 위아래로 흔들더니 칠판을 가리키면서 인사를 한다.

"오늘은 칠판 색이에요. 오늘 학교 오면서 산을 봤더니 저렇게 진한 초록색이 많아졌더라고요."

같은 아침을 맞이했지만 아이마다 서로 다른 명도와 채도를 가진 초록을 이야기했다. 이렇게 온 세상이 다양한 초록빛으로 피어나는 날, 나는 아이들과 함께 읽으려고 아껴뒀던 그림책을 꺼낸다. 바로 『세상의 많고 많은 초록들』이다.

그림책 『세상의 많고 많은 초록들』을 펼치면 제목처럼 다양한 초록이 본문 곳곳에 등장한다. 같은 풀밭이라도 나무 그늘이 진 쪽과 볕이 드는 쪽은 다른 초록빛이다. 숲속의 울창한 초록과 바닷속의 깊고 푸른 초록이 다르고, 라임의 싱그러운 초록과 녹두의 누릇한 초록이 다르다. 페이지를 넘길 때마다 펼쳐지는 온 세상의 다양한 초록을 보고 있노라면, 일상에서 무심코 지나쳤던 자연의 색깔들을 다시금 눈여겨보게 된다.

이 그림책을 읽으면 마종기 시인의 시 「마흔두 개의 초록」이 떠오른다. 시의 화자는 호남선 열차를 타고 정읍으로 가는 중이다. 그는 기차 안에서 창밖을 바라보는 와중에 무려 마흔두 개의 초록을 만난다. 시의 첫 연에는 이런 구절이 나온다.

> **초여름 오전 호남선 열차를 타고**
> **창밖으로 마흔두 개의 초록을 만난다.**
> **둥근 초록, 단단한 초록, 퍼져 있는 초록 사이,**
> **얼굴 작은 초록, 초록 아닌 것 같은 초록,**
> **머리 헹구는 초록과 껴안는 초록이 두루 엉겨**
> **왁자한 햇살의 장터가 축제로 이어지고**
> **젊은 초록은 늙은 초록을 부축하며 나온다.**
> (「마흔두 개의 초록」 일부, 『마흔두 개의 초록』, 마종기, 문학과지성사)

아이들과 이 시를 함께 읽으면서 초록이 가진 다양한 심상에 대해서 이야기 나눴다.

"얘들아, 둥근 초록은 어떤 걸까? 시인은 무엇을 보면서 둥근 초록을 느꼈을까?"

"음… 아마 풀잎에 이슬이 맺혀 있는 걸 본 것 같아요. 물방울이 둥글게 맺혀 있을 때 풀잎이 비친 걸 본 거예요."

"둥근 초록은요, 임산부 배처럼 동그랗게 솟은 산이에요. 작년에 엄마가 임신했을 때 거실에 누워 있는 걸 봤는데, 배가 산처럼 동그랗게 올라와 있었어요. 산도 엄마처럼 임신을 한 거 같아요. 막 싹이 트는 식물들을 품고 있으니까요."

아이들은 시인의 말을 통해서 각자 삶 속에서 직접 경험한 초록을 떠올렸다. 색깔뿐만 아니라 구체적인 상황이나 소리, 촉감까지도 상세히 떠올려가면서 묘사했다. 아침마다 색깔 손 인사를 하며 아이들이 매일의 일상 속에서 얼마나 많은 것들을 보고 느끼고 흡수하는지를 새삼 느꼈는데, 이 수업을 통해서 한층 더 그 사실을 실감할 수 있었다.

형식과 도구에 얽매이지 않고
내 안의 심상을 자유롭게 표현하기

매일 아침 색깔 손 인사를 하며 아이들과 나눈 이야기는 창작의 좋은 재료였다. 나는 아이들에게 작가 노트를 만들어 아침에 나눈 색깔 손 인사를 토대로 시를 쓰고 그림을 그려보자고 했다. 시를 쓸 때에는 행과 연의 형식에 얽매이기보다는 떠오르는 심상을 짧은 글로 뱉어내듯 쓰게 했다. 아이들이 시라는 장르에 부담을 느끼지 않고, 있는 그대로의 마음을 편하게 꺼내도록 하는 것이 핵심이었다.

글쓰기를 부담스러워하는 아이들도 매일 아침 색으로 이야기를 나누다 보면 자연스럽게 시 쓰기에 다가갈 수 있었다. 매일 아침 뱉어 낸 살아 있는 말들을 고스란히 짧은 문장으로 옮기기만 해도 한 편의 시가 완성됐기 때문이다. 그림은 구체적인 형상에 얽매이지 않고 물감의 색감과 질감 자체에 느낌을 담아 추상적으로 표현하도록 했다. 이를 위해서 막대기, 손가락 등 다양한 도구를 폭넓게 활용했다. 꼭 붓으로만 색칠할 이유는 없었다.

　같은 날, 같은 등굣길을 걸어오더라도 아이들마다 주목하는 풍경, 표현해내는 방식은 모두 달랐다. 길가에 핀 똑같은 장미를 보고서도 어떤 아이는 동생이 자신에게 던진 따가운 말을 떠올리며 장미의 가시에 주목하는가 하면, 어떤 아이는 꺾인 장미에 자신을 대입했다. 창작은 감상으로도 이어졌다. 친구가 그린, 짓밟힌 장미꽃잎 그림을 보고서 어떤 아이는 꽃잎 대신 무릎에 생긴 상처를 떠올리기도 했다. 무엇 하나 똑같은 시선, 똑같은 감상은 없었.

　'창의력', '감수성'이란 단어는 꽤 추상적이고 저 멀리 있는 단어 같지만, 조금만 관심을 기울여 내가 느끼는 바를 표현하다 보면 그것이 곧 감수성 넘치는 창의적인 작품으로 이어진다. 창작하는 삶은 우리의 삶과 멀리 동떨어진 곳에 존재하지 않음을 나는 매일 아이들을 통해 배우고 깨닫는다.

'오늘 너는 무슨 색이니?' 활동

우리의 감정은 매일매일 빨주노초파남보 무지개 색만큼이나 다양하게 변한다. 같은 감정이라고 해도 그날의 컨디션과 외부 조건에 따라 감정의 깊이가 다르다. 자신의 감정을 색깔로 표현해보면서, 아이들은 자신의 상태를 객관적으로 파악하고 조절할 수 있는 능력도 키울 수 있다.

▶ **활용한 그림책**

『세상의 많고 많은 초록들』
로라 바카로 시거 지음, 다산기획

이런 질문을 던져보세요

- 오늘 나의 기분이나 생각, 느낌은 어떤 색인가요?

- 오늘 내 기분 색깔에 정성스러운 이름을 지어주세요.

- 이름을 그렇게 지은 이유는 무엇인가요?

- "오늘 나의 색깔은 _____ 입니다.
  왜냐하면 _____ 하기 때문입니다."

▶ **함께 읽으면 좋은 그림책**

『색을 상상해볼래?』
디토리 지음, 북극곰

해에게 손을 내밀었을 때 느껴지는 따뜻한 주황빛, 숨을 크게 들이쉬었을 때 느껴지는 초록빛… 세상에 존재하는 다양한 색깔을 직접 상상해볼 수 있도록 그림책 속에서 색깔을 모두 제거했다. 색깔을 경험하는 새로운 방법을 제시하는 그림책이다.

『눈을 감고 느끼는 색깔여행』
메네나 코틴 글, 로사나 파리아 그림, 고래이야기

눈을 감고 시각이 아닌 다른 감각으로 노란색을 표현해볼 수 있을까? '노란색은 코를 톡 쏘는 겨자 맛이고, 병아리 솜털처럼 보들보들한 느낌이야.' 후각과 촉각, 미각과 청각을 동원해서 낯설고도 신선한 감각으로 색깔을 볼 수 있게 해주는 그림책이다.

내 생각엔
그게 바로 시 같아

그림책을 좋아하다 보면 필연적으로 시와 사랑에 빠지게 된다. 그림책과 시는 함축성을 기반으로 하는 예술이라는 공통점이 있기 때문이다. 시를 읽다 보면 마음속에 어떤 감각적인 이미지, 즉 심상이 떠오를 때가 있다. 그리스의 시인 시모니데스는 '그림은 말이 없는 시이며, 시는 말하는 그림이다'라고 했다. 시와 그림의 상호 연관성에 대해 이야기한 것이다. 그림에 담기지 않는 것을 담백한 시로 써내는 아이를 만날 때, 언어로는 도저히 표현되지 않는 정서를 그림으로 그리는 아이를 만날 때 나는 시모니데스의 말을 자주 떠올렸다. 시와 그림이 만나 의미를 담아내면 또 한 권의 아름다운 그림책이 탄생하기도 했다.

그림책과 함께 시를 매개로 아이들과 마음을 나누고 싶어서 자주 시를 썼다. 그런데 학기 초에 무작정 아이들에게 시를 쓰자고 하면 많은 아이들이 이런 글을 써낸다.

    말랑말랑 뭉게구름
    하늘로 흘러가네

    말랑말랑 뭉게구름
    솜사탕처럼 피어나네

    구름아 구름아
    한 입 먹어보면 달콤하네

    적당한 의태어와 동일한 어미의 반복이 리듬감을 만들어줘 그럴 듯한 한 편의 시로 보인다. 하지만 사실은 아이들의 마음이나 생활은 담겨 있지 않은, 허공에 붕 떠 있는 글이다. 이오덕 선생님은 『어린이는 모두 시인이다』에서 이런 시 쓰기를 두고 '재미있는 말 만들어내기 놀이'라고 꼬집었다. 봄바람은 언제나 '살랑살랑' 불고, 유리창은 언제나 '드르륵' 열리는 획일화된 동시의 세계는 쓰는 아이도 지루하고 읽는 어른도 안타깝다.

눈이 번쩍이고 귀가 쫑긋 서는 기상천외한 동시

이럴 때 아이들의 눈을 번쩍 뜨이게 만드는 비장의 무기가 있다. 바로 정유경, 신민규 시인의 시다. 이들의 시를 읽다 보면 졸린 오후, 활짝 연 창문으로 불어오는 시원한 공기 같은 신선함이 느껴진다. 먼저 제목을 가린 채, 정유경 시인의 시 한 편을 같이 읽는 것으로 물꼬를 튼다.

선생님 질문에 답을 몰라
얼굴 빨개졌을 때
뒤에서 작은 소리로
답을 불러 주었지.

쉬는 시간에 어떤 애가
날 놀리고 달아날 때는
그 애 발을 슬쩍 걸어
엉덩방아를 찧게 했고.

왜 그랬을까?
왜 그랬지?

아, 궁금해.
내일 한번 물어볼까?

이 시에는 억지스러운 의성어와 의태어도 없고, 노래하듯 반복되는 운율도 없지만 살아 있는 경험과 구체적인 상황이 존재한다. 시인이 혼잣말로 이야기하듯 편안하게 풀어내는 글을 쭉 읽어내려 가다 보면, 어느새 화자에게 감정이 이입되어 입가에 미소가 지어진다. 시를 다 읽어준 뒤 아이들에게 질문을 던진다.

"애들아, 이 시의 제목은 뭘까?"

아이들은 팔짱을 끼고서 눈을 흘겨가며 자기 말이 정답이라는 듯이 자신 있게 대답한다.

"너란 녀석 대체!"

"어휴 너, 내가 모를 줄 알고!"

시인이 붙인 제목은 '날 좋아하나 봐'(『까불고 싶은 날』, 정유경, 창비). 제목을 공개하면 아이들 사이에서 한바탕 웃음이 터진다. 그러면 나는 기다렸다는 듯 신민규 시인의 시 한 편을 칠판 위에 적는다.

10   20
9   19
8   18
7   17

6   16
5   15
4   14
3   13
2   12
1   11
열림   닫힘

눈치 빠른 아이들은 벌써부터 "엘리베이터요!" 하며 낄낄대기 시작한다. 시인이 붙인 제목은 '타고 올라가고 싶어지는 시'다(『Z교시』, 신민규, 문학동네). 이쯤 되면 여기저기에서 슬슬 이런 목소리가 들린다.

"선생님, 이거 동시 맞아요?"

"아니, 동시가 왜 이렇게 재미있어요?"

이제 신민규 시인의 시 「활자인간」을 슬그머니 꺼낸다. 이 시는 한글을 자유자재로 가지고 노는 재미를 느낄 수 있다. 시인은 한글을 관찰하여 썼고 독자는 한글을 알기 때문에 이해할 수 있는 시다.

ㅇ은 머리

ㅡ는 몸

ㅅ은 다리

옷은 사람이다

옷이 옷을 입는다

옷이 모자를 쓴다

옷이 홋이된다

홋이 ㅏ를 든다

홪이 무릎을 꿇고 겨눈다

홪이 활이 된다

(「활자인간」, 『Z교시』, 신민규, 문학동네)

이 시는 귀로만 흘려들어서는 안 되고, 눈을 감고 시인이 말하는 장면을 하나하나 떠올려가면서 들어야 한다. 머릿속에 그림을 그려가면서 듣자고 하면, 어느새 아이들은 공책을 꺼내서 손으로 그림 그리듯 글자를 써가면서 시를 듣는다. 시를 다 읽고 나면 아이들은 어느새 자신이 그린 다양한 '활자인간'을 친구에게 보여주느라 아우성이다.

이렇게 신나게 한 판 웃고 나면 여기저기에서 아이들이 이렇게 이야기한다.

"선생님, 시가 이렇게 쉽고 재미있는 건 줄 몰랐어요!"

평소에 시를 좋아하던 수지는 눈을 동그랗게 뜨고 이렇게 묻는다.

"선생님, 시인 되려면 어떤 학교에 가면 되나요?"

아이들 입에서 이런 말이 나오면 이제 드디어 '이 그림책'을 꺼내어 보여줄 최적의 타이밍이다. '옳거니, 이때다!' 하고 나는 준비해둔 그림책을 한 권 꺼내면서 수지에게 이렇게 대답해줬다.

"넌 이미 시인이야! 그걸 말해주는 그림책이 있단다!"

내 생각엔 저게 바로 시 같아

내가 꺼내 든 그림책은 『다니엘이 시를 만난 날』이다. 주인공 다니엘은 시가 뭔지 궁금해하는 소년이다. 다니엘은 매일 공원 구석구석을 다니면서 동물들에게 시가 무엇인지 묻는다.

거북에게 시는 무엇일까? 거북은 햇볕에 달궈진 모래밭을 발바닥으로 밟을 때 따끈한 촉감을 통해서 시를 느낀다. 거미는 거미줄에 맺힌 영롱한 아침 이슬에서 시를 발견하고, 청설모는 나뭇잎이 바스락거리는 소리를 통해 시를 듣는다. 부엉이는 어디에서 시를 찾을까? 부엉이에게는 나뭇가지 사이로 반짝이는 별과 풀밭에 서린 달빛이 시의 원천이다.

다니엘은 공원을 헤집고 다니면서 동물들이 들려주는 다양한 시에 귀를 기울인다. 그러다 문득 연못에 비친 노을을 가만히 바라보면서 이렇게 말한다.

"내 생각엔 저게 바로 시 같아."

다니엘이 깨달은 바는 바로 '시는 내 곁에 어디에나 있다'는 사실이다. 이 그림책을 읽다 보면 일상의 사소한 순간을 새로운 눈으로 바라보고 붙잡아내면 그것이 바로 시가 될 수 있음을 알게 된다.

아이들은 등굣길에 무엇을 볼까? 『얘들아 모여라 동시가 왔다』를 쓴 탁동철 선생님은 아이들과 아침 등굣길에 본 것을 가지고 시의 물꼬를 트면서 '본다'는 것에 대해 이렇게 말한다.

'저절로 본 것 말고 거기서 멈춘 것 말고 더 들어간 것. 뜻을 담아 마음을 담아, 눈까풀을 열어서 본 것. 귀를 기울여 들은 것.'

일상 속 어디에나 있는 시를 붙잡아내려면 저절로 본 것에서 더 들어가 눈까풀을 열고 보아야 한다.

탁동철 선생님의 말처럼 보려고 하면 개미 눈에 맺힌 눈물도 볼 수 있고, 자세히 보면 개 이빨 사이에 낀 고춧가루도 볼 수 있다. 어디 그뿐인가? 귀를 쫑긋 세우고 들으려 하면 거미 눈알 돌아가는 소리도 들을 수 있고, 눈 녹는 소리도 들을 수 있다. 심드렁한 눈으로 세상을 바라보면 삶이 밍숭맹숭 미지근하게만 여겨지지만, 일상을 새로운 눈으로 바라보면 사소하고 평범한 것에서도 신선한 시를 건져 올릴 수 있다.

일상 속에서 신선한 시 건져 올리기

그림책 『다니엘이 시를 만난 날』에서 다니엘이 공원 곳곳을 다니면서 동물들에게 시에 대해 물었듯이, 나는 아이들에게도 이렇게 이야기를 건넸다.

"오늘 너의 시는 무엇이니?"

이 질문에 대답하면서 아이들과 함께 일상에서 오늘 하루 치의 시와 만나는 연습을 했다. 집에서 새롭게 키우게 된 애완 새우를 자세하게 묘사하는 아이, 세상에서 가장 아름다운 시는 '벚꽃이 땅으로 천천히 떨어지는 것'이라고 사색하는 아이, '친구들과 함께 평범하게 학교생활 하는 것'이 아름답다며 일상의 소중한 가치를 되돌아보는 아이 등 아이들은 자신만의 밝은 눈으로 시의 소재를 기꺼이 찾아냈다.

아이들이 써낸 시 한 편 한 편이 모두 감동적이었지만, 선영이가 시집을 완성하고 나서 작가의 말에 쓴 구절은 특히 아름다웠다.

저는 어릴 때부터 멍하니 사람 또는 사물을 지켜보기를 좋아했어요. 할머니는 이렇게 말씀하셨죠.

"멍해 보이면 누가 잡아간단다."

하지만 저는 아직도 멍하니 사람이나 사물을 지켜봅니다. 이 시는 제가 그렇게 멍하니 어떤 사물을 바라보면서 했던 생각을 모아놓은 것입니다. 거창한 메시지를 담았다기보다 잠깐 잠깐 들었던 생각을 붙잡아본 거예요.

이 책을 읽으실 때에는 주의사항이 있습니다. 제가 어린아이라고 해서 '어린이가 쓴 시'라는 데 초점을 맞추지 말아주세요. 그저 한 명의 사람이 쓴 시로 보아주셨으면 합니다.

저에게 시 쓰기는 낚시입니다. 생각날 때마다 시를 쓰지만 그것이 작품이 되어 건져 올릴 때는 드물고 오랜 시간이 필요하니까요. 하지만 좋은 것이 올라오면 마치 월척을 잡아 올린 듯 매우 뿌듯합니다. 이제 제 그물을 펼쳐 보입니다.

(박선영 어린이의 시집, 『박선영 시집』 중 '작가의 말')

어린이가 쓴 시라는 데에 초점을 맞추지 말고 그저 '한 명의 사람'이 쓴 시로 보아달라는 선영이의 말이 가슴을 파고든다. 아이들이 펼쳐 보이는 그물을 자세히 들여다보면서 어른인 우리가 시 건져 올리는 법을 배워야 할 일이다.

시가 밥 먹여주나요?
네, 생명도 살리는 걸요

한 동료 선생님이 학교 도서관에 비치했으면 하는 책을 신청하면서 동시집을 잔뜩 적어 냈더니 이런 대답이 돌아왔다고 한다.

"선생님, 요즘 아이들 동시집 안 읽어요. 작년에 구매한 것도 아이들이 거의 대출해가지 않아서 그대로 있어요."

"요즘 누가 시 읽나요? 시가 밥 먹여주나요?"라고 묻는 이들에게 나는 이렇게 대답해주고 싶다.

"밥뿐입니까. 생명도 살립니다."

2010년 칠레 북부 산호세 광산에 광부 33명이 갇힌 일이 있었다. 끼니를 해결해줄 음식 바구니뿐만 아니라 정신적으로 버틸 힘이 필요했던 상황에서 이들은 무엇을 했을까? 바로 파블로 네루다의 시를 낭송했다. 시를 통해 살아낼 힘을 얻은 이 광부들은 땅속에서 인간으로서의 존엄을 잃지 않고 서로를 배려하면서 버텼고 결국 69일 만에 기적적으로 전원 구조됐다. 파블로 네루다의 「시」 첫 구절은 이렇게 시작한다.

그러니까 그 나이였어…… 시가
나를 찾아왔어. 몰라, 그게 어디서 왔는지,
모르겠어, 겨울에서인지 강에서인지.
(「시」 일부, 『네루다 시선』, 파블로 네루다 지음, 정현종 옮김, 민음사)

시가 내 삶으로 들어오면 이전에 보이지 않던 장면이 보이고, 들리지 않던 소리가 들린다. 그림책 『다니엘이 시를 만난 날』에서 다니엘이 노을을 바라보면서 했던 말처럼, '내 생각엔 저게 바로 시 같아'라고 고백하는 순간이 온다.

그렇게 일상의 사소한 순간을 새로운 눈으로 바라보고 붙잡아내는 힘이 생길 때 우리는 누구나 시인이 된다. 아무리 어려운 상황에서도 내게 주어진 삶 속에서 오늘 하루 치의 아름다움과 의미를 찾아내며 노래하듯 살 수 있다. 아이들과 밥 먹듯이 일상의 시를 붙잡으면서 살고 싶은 이유다.

'오늘 너의 시는 무엇이니?' 활동

아이들은 선입관과 편견에 물들지 않은, 신선한 시선을 지닌 시인이다. 작은 일상을 그냥 지나치지 않고 세심하게 들여다볼 줄 알면 누구나 자신만의 시를 써낼 수 있다. 어른의 역할은 아이가 자기 안의 표현을 밖으로 끌어낼 수 있도록 아이의 옆에서 적절한 질문을 던져주는 것으로 충분하다.

▶ **활용한 그림책**

『다니엘이 시를 만난 날』
미카 아처 지음, 비룡소

이런 질문을 던져보세요

- 오늘 아침에 일어나서 이 글을 읽는 순간까지 무엇을 보았나요? 아주 사소한 것들까지 생각나는 대로 써보세요.

- 그중에서 가장 내 마음을 잡아끄는 것은 무엇인가요?

- 내가 지금껏 살면서 보았던 것 중에 아름답다고 느꼈던 것은 무엇인가요?

- 그림책 『다니엘이 시를 만난 날』을 읽으면서 어떤 동물의 시에 가장 공감했나요? 그 이유는 무엇인가요?

- 내가 일상에서 건져 올린 신선한 생각을 한 편의 시로 써주세요.

▶ 함께 읽으면 좋은 그림책

『나는 시를 써』
질 티보 글, 마농 고티에 그림, 한울림어린이

시를 쓴다는 것은 무엇일까? '빛의 노트의 가장자리에 살그머니 침묵을 모으고, 부드럽게 잠을 모으는 거야.' 페이지마다 적힌 생생한 표현 하나하나가 이미 한 편의 어엿한 시다. 시가 무엇인지 가장 아름다운 언어로 보여주는 그림책이다.

『내 동생』
주동민 글, 조은수 그림, 창비

주동민 어린이의 시와 조은수 화가의 그림이 만나서 탄생한 우리 시 그림책이다. 꾸며내지 않고 있는 그대로 쓴 아이의 시와 자유분방한 선, 강렬한 색채가 만나 또 하나의 예술 작품으로 태어났다.

세상에서 가장 커다란 질문

"선생님, 넓은 우주를 보면 사람은 먼지처럼 작잖아요."

수업을 끝마친 오후, 우주 덕후 현준이가 가방을 메고서 한참 교실을 서성이다가 입안에 고여 있던 말을 툭 내뱉었다. 현준이는 평소에 말수가 적은 데다가 발표를 한 번 하더라도 여러 차례 곱씹고 신중하게 말하는 편이다. 그런 현준이가 먼저 이야기를 건네준 것이 반가워서 얼른 현준이 곁에 의자를 당겨 앉았다.

현준이는 6학년이지만 우주에 대해서만큼은 어린이 책, 성인 책 할 것 없이 폭넓게 찾아 읽는 아이였다. 지난 학기에 칼 세이건의 『코스모스』를 교실에 놓아두었더니 눈을 반짝이며 처음 빌려간 아이도 바로 현준이였다. 빈 교실에 나란히 앉아서 현준이에게 요즘 어떤 책을 읽느냐고 물었더니 내 질문을 기다렸다는 듯 가방에서 책 한 권을 꺼낸다. 물리학자 김상욱이 쓴 과학 에세이 『떨림과 울림』이다.

"선생님, 이 책 읽다가 제가 어떤 구절을 하나 발견했는데요."

현준이가 책장을 이리저리 열심히 뒤적이더니 밑줄 그은 구절을 찾아 손가락으로 짚어주었다.

인간은 의미 없는 우주에 의미를 부여하고 사는 존재다.

현준이는 이 구절 때문에 고민이 생겼다고 했다.
"이 구절대로라면 사실 이 우주는 아무런 의미가 없는 건데, 사람이 스스로 의미를 부여하면서 산다는 거잖아요. 어쩌면 사람은 아무런 의미도 없는 먼지 같은 존재일 텐데 왜 사는 걸까요?"

살아가는 이유, 존재의 의미를 고민하는 아이들

초등학교 5, 6학년 정도가 되면 아이들은 살아가는 이유에 대한 고민을 시작한다. 사춘기의 시작과 맞물려서 존재의 의미에 대해 묻는 것이다. 저학년 아이들과 함께 하는 그림책 수업이 감각적이고 왁자한 분위기에서 진행된다면, 고학년 아이들과의 그림책 수업은 사뭇 진지한 분위기로 가득하다. 고학년 아이들을 데리고 그림책 수업을 할 때 나는 볼프 에를브루흐의 그림책 『커다란 질문』을 꺼내 들곤 한다.

이 그림책은 커다란 질문에 대해 지구상에 존재하는 다양한 생물들이 각양각색의 대답을 들려주는 식으로 전개된다. 아빠는 '엄마랑 아빠가 서로 사랑하기 때문에', 새는 '너만의 노래를 부르기 위해서', 군인은 '명령에 따르기 위해서'라고 대답한다. 그림책은 '커다란 질문'이 무엇인지 드러내놓고 보여주지 않는다. 하지만 대답들을 찬찬히 읽어보면 질문을 어렵지 않게 예상할 수 있다. 커다란 질문은 바로, '내가 이 세상에 존재하는 이유는 무엇일까?'다.

아침 독서 시간에 학급 아이들과 이 책을 함께 읽었다. 현준이와 나눴던 이야기도 함께 나누며 아이들에게 '커다란 질문'을 던졌다.

"얘들아, 너희들은 왜 사는 거니?"

석현이가 먼저 어깨를 으쓱하면서 물꼬를 텄다.

"전… 그냥 태어난 김에 사는 거예요!"

아이들이 한바탕 웃자 소정이가 손을 번쩍 들고 이렇게 대답했다.

"저는… 죽기 싫어서 살아요. 죽는 게 무섭거든요."

소정이의 말에 석현이가 질문을 던진다.

"죽는 게 왜 무서워?"

"죽으면… 아무것도 못 하잖아!"

이번엔 내가 소정이의 대답을 받아 『커다란 질문』을 다시 펼쳤다. 죽음이 커다란 질문에 답한 부분을 한 번 더 읽어주기 위해서다.

"얘들아, 죽음은 어떻게 대답했는지 다시 한 번 들어볼까? 죽음은 이렇게 대답했어. '넌 삶을 사랑하기 위해서 태어난 거란다'라고."

그러자 몇몇 아이들이 "아…" 하고 낮게 탄식했다. 그림책을 펼쳐 든 채 현준이를 쳐다보자 현준이가 고개를 끄덕이며 씩 웃는다.

사람은 누구나 존재에 대한 사용설명서 없이 삶을 부여받는다. 알랭 드 보통은 '아기보다는 일반 가전제품이 더 상세한 취급 설명서와 함께 온다'라고 했다. 아기는 존재에 대한 아무런 표식이나 설명 없이 세상에 던져진다. 이 넓은 우주 가운데 먼지처럼 흩어진 우리는 스스로 자신의 존재 의미를 고민하고 발견해나가면서 한 걸음씩 성장한다.

교실 밖을 넘어 가정에서도 함께 생각해볼 질문

이번에는 아이들에게 또 다른 질문을 던졌다.

"얘들아, 그럼 부모님에게 너희들은 어떤 존재일까?"

역시나 기상천외한 대답들이 쏟아졌다. 엄마 품에서 만들어진 자신을 하나의 '마스터 피스'라고 표현한 아이부터 부모님과 가깝긴 하지만 시도 때도 없이 튕겨나갈 때가 있어서 자신이 공 같다는 아이까지 경쾌한 대답들로 교실이 왁자지껄해졌다.

한편, 자신을 이삿짐이라고 이야기하는 아이들도 있었다. 자기를 키우면서 부모님의 자유가 많이 사라진 것 같고, 사춘기를 겪는 자신을 힘들어하는 것 같아서란다. 자신이 투명인간 같다고 한 아이도 있었다. 자신이 하는 말을 엄마 아빠가 제대로 들어주지 않기 때문이란다. 처음에는 활짝 웃으면서 질문과 답을 주고받았는데, 아이들 한 명 한 명의 말에 귀를 기울일수록 가슴이 먹먹해졌다. 어떻게 해야 아이들이 자신의 존재 가치를 깨달을 수 있을지 고민이 깊어졌다. 생각 끝에 이날은 부모님과 함께 하는 숙제를 내주기로 했다.

"얘들아, 오늘 숙제는 부모님에게 이렇게 여쭤보는 거야. '엄마 아빠, 나는 두 분에게 어떤 존재인가요?'라고. 선생님이 나눠준 종이에 부모님께서 답을 써주시면, 소중히 품고 있다가 내일 가져와서 이야기해줄래?"

다음 날, 아이들은 부모님의 따끈한 마음이 흘러넘치는 종이를 자랑스럽게 내밀었다.

'현우는 나의 태양이야. 엄마의 마음을 환하게 비춰주니까. My SON is my SUN.'

'재영이는 엄마에게 배터리야. 엄마를 움직이게 하는 힘, 초인간적인 힘을 발휘하게 해주고 충전도 해주지!'

'엄마에게 우리 승희는 초콜릿이지. 왜냐하면 즐거움을 줄 때는 달콤하고 행복하지만, 엄마 마음을 속상하게 하면 씁쓸하기 때문에!'

종이 한 장을 꽉 채울 만큼 빽빽하게 쓴 어머니가 계신가 하면, 종이가 너덜너덜해질 정도로 여러 번 썼다 지운 어머니도 계셨다. 숙제를 하다 말고 아무 말 없이 꼭 안아주셨다는 어머니도 계셨다. "어제 선생님이 내준 숙제 어땠니?"라고 물었더니 아이들은 왠지 조금 쑥스러웠다고 말하면서도 세상을 다 가진 듯 환한 표정을 지었다.

네가 곧 하나의 우주란다

드라마 〈SKY 캐슬〉에는 시험 점수를 60점 받은 아이가 엄마에게 혼날까 봐 도망치다가 비싼 그릇이 진열된 장식장을 넘어뜨리는 장면이 나온다. 아들을 혼내던 엄마는 이렇게 소리친다.

"고작 60점짜리가 이 비싼 것을 깨?"

자신의 존재 가치가 '고작 60점짜리'로 매겨져버린 아이는 엄마에게 이런 말을 남기고 터덜터덜 집 밖으로 나간다.

"나도 공부 잘해서 엄마 아빠 기쁘게 해주고 싶은데, 그게 맘대로 안 되니까 너무 속상하고, 태어나서 미안해."

고작 시험 점수나 등급으로 존재 가치가 매겨질 때, 아이들은 더 이상 삶 속에서 의미 발견하기를 포기한다. 심지어 자신의 존재 자체를 '태어나서 미안한' 것으로 여긴다. 반면, 세상을 살아가면서 자신에게 의미를 부여해주는 어른을 단 한 사람이라도 만나면 아이들은 스스로 삶의 의미에 대해 치열하게 고민해나갈 힘을 얻는다.

사람은 아무런 의미 없는 먼지 같은 존재이기도 하지만, 서로에게서 삶의 의미를 발견하면 우주 그 자체가 되기도 한다. 작고 연약한 존재이지만 각자의 떨림이 생기면 서로에게는 울림이 되는 존재이기에 우리는 공명하며 오늘 또 하루를 살아간다.

'네 삶의 이유는 무엇이니?' 활동

자기 존재에 대한 긍정은 삶을 살아가기 위해 꼭 필요한 동력이다. 그러나 삶의 이유, 자기 존재에 대한 질문은 자칫 어렵고 추상적으로 여겨지기 쉽다. 이때 그림책을 통해 아이들의 주의를 가볍게 환기시키며 쉽게 이야기를 풀어갈 수 있다. 자기 존재에 대해 묻기 시작하는 초등학교 고학년을 대상으로 하면 더욱 유익한 활동이다.

▶ **활용한 그림책**

『커다란 질문』
볼프 에를브루흐 지음, 베틀북

이런 질문을 던져보세요

아이들에게 던지는 커다란 질문
- 내가 이 세상에 존재하는 이유는 무엇일까요?
- 나는 우리 부모님에게 어떤 존재일까요?

부모님에게 던지는 커다란 질문
- "엄마 아빠, 나는 두 분에게 어떤 존재인가요?"

▶ **함께 읽으면 좋은 그림책**

『첫 번째 질문』
오사다 히로시 글, 이세 히데코 그림, 천개의바람

"오늘 하늘을 보았니? 하늘은 멀었니, 아니면 가까웠니?", "나무를 친구라고 생각한 적이 있니?" 그림책을 읽으면서 이런 질문들을 던지다 보면 아이와 눈을 마주치며 이야기하는 시간이 늘어난다. 질문을 통해 아이에게 깊이 생각하는 시간을 선물할 수 있는 그림책이다.

『나는 죽음이에요』, 『나는 생명이에요』
엘리자베스 헬란 라슨 글, 마린 슈나이더 그림, 마루벌

죽음이 말한다. "많은 사람들은 내가 찾아오면 무슨 일이 일어날지 생각해요. 숨이 멈추면 고통스러울까? 아니면 고요할까? 땅에 묻히게 될까? 한 줌의 재가 될까?" 삶이 말한다. "많은 사람들이 나에 대해서 궁금해해요. 어떤 사람들은 내가 있다는 것을 확인하고 싶어 하고, 또 누군가는 오히려 나를 만나기 두려워하기도 하죠." 삶과 죽음에 대해 고민하는 아이에게 폭넓은 질문거리를 던져줄 수 있는 그림책이다.

그거 알아? 너만 그런 건 아냐!

3월 학기 초가 되면 자신의 장점을 이야기하며 자기소개를 하는 시간을 가진다. 짐작과는 달리 이 시간을 아이들은 제법 어려워한다. 자신의 장점을 아무리 생각해도 모르겠다는 하소연이 여기저기에서 들린다. 그렇다면 단점을 이야기해보라고 하자, 갑자기 교실의 데시벨이 높아진다. 아이들은 장점보다 단점에 더욱 반응했다. 내가 의아해하자 한 아이가 이렇게 대답했다.

"단점은 맨날 들어서 알겠는데, 장점은 잘 모르겠어요. 왠지 내 입으로 말하기 쑥스럽기도 하고요…."

아이들은 칭찬보다는 잔소리와 꾸중에 익숙했다. 본인의 장점은 하찮게 여기고, 단점에만 매몰된 아이들을 볼 때마다 안타까웠다. 맨날 듣는 잔소리에 주눅 들고 다른 사람과의 비교로 위축된 아이들에게 용기와 자신감을 줄 수는 없을까?

그림책과 이야기치료의 만남

고민에 대한 힌트는 의외의 책에서 발견했다. 김번영 교수가 쓴 『이야기치료의 원리와 실제』라는 책을 읽으면서 이야기치료에 관심을 갖게 되었는데, 특히 '외재화'에 눈길이 갔다. 외재화는 자신이 가지고 있는 문제나 단점에 이름을 붙이고 객관적으로 바라보는 것으로 이야기치료 이론가 마이클 화이트가 주장한 개념이다. 외재화의 핵심은 '문제 자체가 문제일 뿐 사람이 문제가 아니다'라는 점이다. 외재화를 통해 나 자신과 문제를 분리하고 객관적인 눈으로 바라보면 자신과 타인에게서 받는 영향을 줄일 수 있다. 핵심 개념을 찾았으니, 이를 쉽게 풀어낸 그림책을 찾을 차례였다. 나는 『쿵쿵이와 나』와 『안녕, 울적아』를 꺼내 들었다.

『쿵쿵이와 나』는 주인공이 '쿵쿵이'라는 꼬마 친구를 소개하며 이야기가 시작된다. 새로운 것을 겁내는 주인공이 자신의 단점에 '쿵쿵이'라는 이름을 붙이고, 하나의 캐릭터를 부여한 것이다. 쿵쿵이는 주인공과 그림자처럼 붙어 다니는데, 상황에 따라 이따금씩 커지기도 하고 다시 작아지기도 한다. 쿵쿵이는 위험한 상황으로부터 나를 지켜주기도 하지만, 때로는 나를 가로막기도 한다. 낯선 나라로 이사를 가서 새로운 환경에 적응해야 할 때, 쿵쿵이는 풍선처럼 부풀어 올라 나를 옴짝달싹 못하게 만든다. 어떻게 하면 이 쿵쿵이를 작아지게 만들 수 있을까? 나뿐만 아니라 다른 아이들에게도 쿵쿵이 같은 자기만의 비밀 친구가 있다는 사실을 알게 될 때, 비로소 쿵쿵이는 내가 다스릴 수 있을 정도로 작아진다.

한편, 그림책 『안녕, 울적아』에는 기분이 울적한 날이면 자꾸만 주인공을 따라다니는 '울적이'가 등장한다. 주인공 빌은 이 울적이를 없는 척 무시하려고 애써보기도 하고, 무찌르기 위해 덤비기도 하는데 그럴수록 울적이는 점점 거대해질 뿐이다. 이 울적이는 언제 작아질까? 빌이 자기 안의 울적한 마음을 받아들이고 손잡을 때, 비로소 울적이는 작아진다.

두 권의 그림책에서 눈여겨볼 지점은 쿵쿵이와 울적이 모두 크기가 작아질 뿐, 사라지지는 않는다는 사실이다. 내 안의 단점을 없애기 위해 노력하기보다는 오히려 있는 그대로 받아들이고 이를 다스릴 수 있는 지혜를 도모하는 것이 중요함을 보여주는 대목이다. 단점은 극복해야 할 대상이 아니다. 아이들이 배워야 할 것은 자신의 단점을 건강하게 다스릴 줄 아는 방법이다.

너만 그런 건 아냐

나는 이 두 그림책에 착안해서 아이들에게 자신의 장단점을 의인화해서 캐릭터로 만들어보자고 제안했다. 자신의 장단점에 이름을 붙이다 보면 스스로를 객관적인 눈으로 바라볼 수 있기 때문이다.

내가 가진 문제를 문제 그 자체로서 정확히 인식할 때, 문제를 건강하게 다스릴 방법도 찾을 수 있다.

우선은 아이들과 서로의 단점을 터놓고 말하는 시간을 가졌다. 아이들은 신나게 자신의 단점을 꺼내놓았다. 아이들의 마음속에는 실로 다양한 친구들이 살고 있었다. 가족 대대로 승부욕이 강한 현우는 '이기리'를 꺼내어 보여줬다. 물건을 새로 사길 좋아하는 현정이는 '새롭이'와 살고 있다고 고백했다. 그 외에도 짜증이, 까칠이, 까먹이, 컴게임, 악폰이 등 재미난 캐릭터들이 속출했다.

캐릭터를 만든 후에는 한 사람씩 앞에 나와서 친구들과 인터뷰하듯 질문을 주고받았다.

🙂 나는 항상 이기고 싶어서 '이기리'를 그렸어.
😀 이기고 싶은 건 장점이 될 수도 있잖아. 근데 왜 단점이야?
🙂 적당히 이기고 싶어 하는 건 좋은데 게임을 하다가 지면 게임판을 엎어버리기도 하거든. 승부욕이 과하게 넘쳐서 잘 조절해야 돼.
😳 이기리는 몇 살이야?
🙂 현재 여든 살이야. 이 승부욕은 가족 대대로 이어져왔거든. 우리 할아버지도, 부모님도 승부욕이 강하신 편이니까.
🙂 이기리는 언제 크게 자라나?
🙂 승리할 때 더 자라. 이기는 게 좋으니까 자꾸 또 이기고 싶

어지거든. 그러다 보면 절대 지기 싫은 상태가 되어버리지.

🐻 그럼 이기리가 줄어들 때는 언제지?

🐱 경기에서 졌을 때는 바람 빠진 풍선처럼 힘이 쭉 빠져버려.

이렇게 질문하고 답하면서 아이들은 자연스럽게 스스로와 친구의 내면을 들여다볼 수 있었다. 서로에게 공감하고 위로를 받는 과정에서 아이들이 가장 많이 했던 말이 있다.

"에이, 나만 그런 거 아니네."

"너 그거 알아? 너만 그런 거 아냐~"

나는 아이들이 만들어낸 단점 캐릭터 이야기만 한데 모아도 한 권의 책이 될 수 있겠다 싶었다. 아이들이 내뱉은 말은 그대로 제목이 됐고, 그렇게 교실 속 창작 그림책 『그거 알아? 너만 그런 건 아냐!』가 탄생했다.

내 안의 단점을 다스리면 힘이 된다

이 활동 이후 아이들은 화가 나거나, 귀차니즘이 발동하거나 하는 등 자신의 단점이 고개를 들면 이렇게 말하곤 했다.

"선생님, 아무래도 요즘 제 마음속에서 이기리가 다시 꿈틀대는 것 같아요. 좀 진정시켜야겠어요."

"요즘 저한테 귀찮이가 다시 찾아온 것 같아요. 요즘 날씨가 더워서 지쳤나 봐요. 조금만 쉬고 다시 열정이를 출동시켜야겠어요."

아이들은 자신의 단점을 스스로와 분리시키고 객관적으로 바라보면서 문제를 건강하게 다스리는 법을 배워나갔다.

'내 안에는 치졸하고 비뚤어지고 우유부단한 못된 면들이 수없이 도사리고 있다. 그러나 나는 그 속에서 힘을 이끌어낸다. 나는 그것들을 바꿀 수 있다. 그것들은 힘의 원천이 된다. 내가 휘어잡을 수 있을 때, 그것들은 좋은 재료가 된다.'

미국의 소설가 리처드 스턴의 말처럼 아이들은 문제 속에서 스스로 힘을 이끌어내기 시작했다. 누구에게나 문제는 있다. 단점 없는 사람은 없다. 중요한 것은 내가 가진 문제, 나의 단점을 지혜롭게 다스려 나가는 태도와 습관이다.

친구 관계에도 긍정적인 변화가 생겼다. 어느 누구도 교실에서 친구들을 '느린 애', '욕하는 애', '싸우는 애'로 단정하지 않았다.

"선생님, 예전에는 석현이가 조별 활동을 할 때마다 늑장 부리는 게 잘 이해가 안 됐거든요. 그런데 석현이가 쓴 느림보 부분을 읽어보니까 이제 조금 이해가 돼요."

아이들은 친구의 글과 그림을 통해 그동안 이해하지 못했던 친구의 단점도 너그럽게 이해했다. 덕분에 그해 우리 반은 아이들 사이의 큰 다툼 없이 안정적으로 학급을 운영해나갈 수 있었다.

'나의 단점, 캐릭터로 만들기' 활동

단점은 없애버려야 하는 대상이 아니라 다스려야 하는 대상이다. 자신의 단점을 캐릭터로 만드는 과정을 통해 아이들은 문제와 사람을 분리해 볼 수 있게 된다. 이는 올바른 자기 이해와 포용적인 태도로 이어진다. 단점을 장점으로 거꾸로 해석해서 보는 활동도 함께 병행하면 더욱 좋다.

▶ **활용한 그림책**

『쿵쿵이와 나』
프란체스카 산나 지음, 미디어창비

『안녕, 울적아』
안나 워커 지음, 모래알

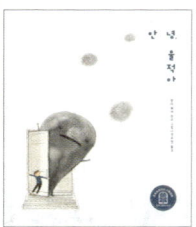

이런 질문을 던져보세요

- 누구나 2~3가지의 장점과 2~3가지의 단점을 가지고 살아갑니다.
  나는 어떤 단점을 가지고 있을까요?
  그 단점에 이름을 붙인다면 무엇이라고 부를 수 있을까요?

- 나만의 개성을 살려서 단점 캐릭터를 그려봅시다.
  내 단점 캐릭터는 어떤 특징을 가지고 있나요? 나이는 몇 살인가요?

- 내 단점 캐릭터가 자극을 받고 활발하게 자라날 때는 언제인가요?

- 반대로 내 단점 캐릭터가 힘이 빠져버리고 작게 줄어들 때는 언제인가요?

- 내 단점 캐릭터를 주인공으로 하는 그림책을 구상해봅시다.

▶ 함께 읽으면 좋은 그림책

『나는 소심해요』
엘로디 페로탱 지음, 이마주

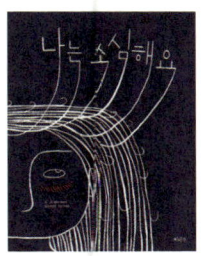

모두가 외향적이고 대범해야 할까? 소심하고 내향적인 성격은 꼭 극복해야만 할까? 이 그림책은 소심함은 고쳐야 할 병도, 극복해야 할 단점도 아니라고 말해준다. '소심함'이 아니라 '신중함'을 가진 나 자신을 있는 그대로 사랑할 수 있게 해주는 그림책이다.

『난 네가 부러워』
영민 지음, 뜨인돌어린이

곱슬머리인 아이, 겁이 많은 아이, 눈물이 많은 아이… 다양한 개성을 가진 아이들이 숨기고 싶은 자신만의 약점을 털어놓는다. 한 아이가 고민을 꺼내면 또 다른 아이가 그 단점을 새로운 눈으로 바라보면서 긍정적인 부분을 이야기해준다. 꼬리에 꼬리를 물 듯 자신의 약점을 털어놓고 다른 친구의 장점을 찾아주면서 서로를 보듬고 안아주는 그림책이다.

그림책에 쏟아진 마음 02

자기만의 방식으로 자존감 키우기

"엉킨 실은 스스로 풀지 않는 이상

절대 저절로 풀리지 않는다."

그림을 못 그려도, 그림책을 만들 수 있어

"그림책 창작 동아리가 아니어도 쓰고 싶은 글이 있으면 누구든지 가져오세요. 여러분 모두에게 그림책 한 권씩 만들어주는 게 선생님 꿈이니까!"

교직 생활 8년 차, 교실 속 그림책 창작 프로젝트를 진행한 지 3년째 되던 해였다. 그해 나는 교과전담 교사였는데 3월 첫 수업 시간, 들어가는 반마다 아이들에게 그림책을 만들어주겠다고 호기롭게 외쳤다. 모든 아이들이 나의 말에 열띠게 호응하지는 않았지만, 내가 보내는 신호에 유독 꿈틀꿈틀 반응하는 아이들이 있었다. 혜승이도 그런 아이들 중 한 명이었다. 수업이 끝난 어느 날 오후, 혜승이가 교과전담 교실 문을 빠끔히 열고 조금은 머뭇대면서 나에게 이렇게 물었다.

"선생님, 제가 글은 자주 쓰는데요… 그림을 못 그리거든요. 혹시 그림 못 그려도 그림책 만들 수 있나요?"

나는 긴 망설임 끝에 찾아왔을 혜승이가 기특하고 고마웠다. 혜승이에게 용기를 한껏 북돋워주고 싶었다.

"그럼~ 물론이지!"

이튿날 오후, 혜승이는 자신이 그동안 공들여 쓴 글들을 나에게 수줍게 보여줬다. 나는 혜승이와 함께 공책 구석구석에 끄적여둔 글을 읽느라 오후 내내 시간이 가는 줄도 몰랐다. 선생님이 기꺼이 독자가 되어주는 것이 좋았는지, 이후에도 혜승이는 새 글을 쓰고 나면 공책을 옆구리에 끼고서 내가 있는 교과전담 교실에 들렀다. 나도 시끌벅적한 쉬는 시간이나 점심시간 틈틈이 혜승이의 글을 읽는 재미에 푹 빠졌다. 혜승이의 글은 군더더기 없이 깔끔하면서도 또래 친구들의 고민을 꿰뚫는 매력이 있었다.

성실하고 글 잘 쓰는 혜승이에게 없는 것은 딱 하나, 바로 그림 실력이었다. 혜승이가 써온 글들을 보면 내면에 표현하고 싶은 욕구가 가득하다는 사실을 알 수 있었다. 그런데 그 내용들을 하얀 도화지 위에 표현해보라고 하면 어떻게 시작해야 할지를 몰랐다. 어쩌다 공책에 그린 그림을 보여줄 때면 혜승이는 이런 말을 꼭 덧붙였다.

"아, 이건 망쳤어요. 전 역시 그림에 소질이 없나 봐요."

글 쓰는 재능이 반짝이는 혜승이는 그림을 못 그린다는 생각 때문에 점점 자신감을 잃어갔다. 나는 한 권의 그림책을 완성하는 경험 그 자체를 선물하고 싶은 마음과 더불어서 혜승이가 문제를 해결하는 다양한 방법이 있음을 꼭 몸으로 배우길 바랐다. 자기만의 방법으로 돌파구를 찾아 문제를 해결하는 가운데 자신감을 회복하길 바랐다.

그림책을 만드는 과정을 통해 혜승이의 자신감을 쑥쑥 올려줄 방법이 없을지 고민하는 날들이 이어졌다. 그러던 어느 날, 여느 때처럼 혜승이가 써온 글을 읽다가 한 문장에 마음이 머물렀다.

'겉으로는 괜찮아 보여도 속은 엉켜 있어요.'

혜승이가 써온 글은 자신의 속마음을 엉킨 실에 비유해 쓴 글이었다. 나는 이 구절에 담긴 혜승이만의 이야기를 더 듣고 싶었다.

"혜승아, 이 구절에 담은 마음을 좀 더 글로 풀어내서 그림책을 만들어보면 어떨까? 엉킨 실로 마음을 풀어낼 수 있을 것 같은데?"

"앗, 선생님! 그러고 보니 지난달에 읽어주셨던 그림책 중에서 빨간 털실이 나온 책 있었잖아요. 그 책 제목이…"

나에게 책 제목을 묻던 혜승이는 번뜩 답이 떠올랐다는 표정으로 교실 뒤편 책꽂이로 달려갔다. 그러고는 다비드 칼리가 글을 쓰고 세르주 블로크가 그림을 그린 그림책 『나는 기다립니다』를 꺼내더니 교탁 앞의 나를 향해 번쩍 들어 보였다.

'오호, 바로 그거지!'

내가 혜승이에게 '엉킨 실'이라는 키워드를 던지며 내심 이야기하고 싶었던 그림책이 바로 『나는 기다립니다』였는데, 혜승이가 스스로 그 책을 떠올렸다. 이심전심으로 손발이 척척 맞아 들어가는 순간의 짜릿함이란!

세르주 블로크는 빨간 털실을 재료 삼아 탯줄에서부터 링거 줄에 이르기까지, 인생에서 만나는 수많은 기다림의 순간을 선으로 담아냈다. 빨간 털실과 간단한 펜 선만으로도 이렇게 감각적인 그림책을 펼쳐낼 수 있다니! 혜승이는 참고할 만한 아주 좋은 사례를 눈앞에 두고는 두 눈을 반짝였다.

"오! 선생님, 이렇게 하면 그림 없이도 그림책 만들 수 있겠네요?"

그림을 잘 그려야만 그림책을 만들 수 있는 것은 아니다. 연필선에 자신 없으면 빨간 털실로 표현해도 되고, 드로잉을 못하면 사진을 찍어도 된다. 혜승이는 복잡하게 엉켜 있는 속마음을 털실에 담아 보기로 했다. 털실을 뭉치고, 묶고, 자르는 과정을 사진으로 찍어보면 어떨까? 그 사진으로 멋진 그림책을 만들 수 있지 않을까?

자기만의 방식으로 문제를 해결하면
자신감이 생긴다

수요일 오후, 드디어 혜승이와 그림책 창작 작업을 시작했다. 교실에 털실을 잔뜩 펼쳐놓고 이리저리 시험 삼아 카메라 셔터를 누르는 아이를 바라보다 보니 나도 점점 흥이 오르기 시작했다. 그러나 한껏 들뜬 분위기도 잠시, 첫 구절에서부터 어떻게 표현을 해야 할지 그만 꽉 막혀버렸다.

'오늘 많이 속상했지만 부모님께 괜찮은 척을 했다.'

대체 이 구절은 털실로 어떻게 표현하면 좋을까? 조금 전의 활기는 어디론가 사라지고 혜승이는 금방 울상이 되고 말았다. 이런 추상적인 감정을 털실로 나타내기란 너무 어려웠다. 털실을 이리 만져보고 저리 꼬아보아도 도무지 아이디어가 떠오르지 않았다.

탁월한 표현법을 궁리하며 한참을 교실에서 씨름하는 동안, 시간은 자꾸 흘렀다. 혜승이를 따라왔던 친구는 털실과의 사투를 지켜보다가 이내 지겨워졌는지 몸을 이리저리 배배 꼬기 시작했다. 그것도 지겨워지자 큰 소리로 하품을 쩍 하더니 털실을 가져다가 목도리 뜨개질을 시작했다. 그 모습을 무심코 바라보던 나는 눈을 번쩍 뜨고 소리쳤다.

"혜승아, 저거야! 뜨개질 말이야. 목도리를 짜놓고 보면 겉은 한 땀 한 땀 고르게 보이지만 안쪽은 꼬여 있잖아! 속은 꼬여 있지만 겉으로는 괜찮은 척하는 것처럼 말이야!"

"와, 유레카! 선생님 최고예요!"

혜승이는 친구에게서 부리나케 털실을 낚아채왔다. 우리는 교실 뒤쪽에 커다란 전지를 깔았다. 혜승이는 친구가 금방 짠 목도리와 털실 뭉치를 전지 위에 올려놓고 요리조리 장면을 연출했다. 나는 카메라를 들고 의자 위로 올라갔다. 의자 위에 선 채로 아래쪽을 향해 구도를 잡고 신나게 셔터를 눌렀다. 그렇게 첫 문장에 어울리는 첫 장면을 완성했다.

첫 장면이 풀리니 그다음부터는 아이디어가 술술 쏟아져 나왔다. 상처를 주는 말은 어떻게 표현하면 좋을까? 손가락질과 주먹질로 표현하니 실감났다. 흉터로 남은 상처는 어떻게 표현하면 좋을까? 실을 가위로 자른 다음, 묶었을 때 생기는 매듭으로 표현하니 절묘했다. 그렇게 신나게 다음 장면, 그다음 장면을 착착 연출했다. 털실 뭉치를 과감하게 가위로 잘라보기도 하고, 테이프로 붙여보기도

'오늘 많이 속상했지만 부모님께 괜찮은 척을 했다'라는 추상적인 감정을 뜨개질로 짠 목도리의 겉면과 안쪽 면을 비교하여 사진 촬영한 장면으로 표현해냈다.

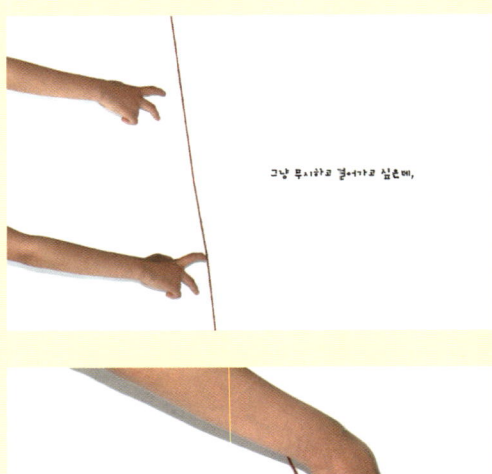

제약은 때때로 창의적인 발상을 불러오기도 한다.
혜승이는 검지와 중지를 두 다리로 표현한 포즈로 '실에 자꾸만 발이 걸린다'라는 구절을 탁월하게 표현했다.

했다. 카메라 앵글에 담기는 피사체는 빨간 털실과 혜승이의 손, 그리고 얼떨결에 출연하게 된 친구의 손이 전부였다.

그림책 만들기에 무아지경으로 빠져든 우리에게 두 번째 문제 상황이 발생했다. 바로 '실에 자꾸만 발이 걸린다'라는 문장이었다. 실에 발이 걸려 넘어지는 장면을 사진으로 찍자니 썩 마땅한 장면이 연출되지 않아 혜승이에게 이 부분만큼은 그림을 그려보자고 제안했다. 그러나 혜승이는 완강했다.

"선생님, 저 그림 그리는 건 정말 싫어요."

혜승이는 그림을 하나도 그리지 않고, 오로지 손가락과 털실만으로 그림책을 완성하고 싶다고 했다. 어느새 작품에 대한 나름의 주관과 고집이 생긴 것일까? 혜승이는 어떻게든 손가락으로 장면을 연출해보려고 안간힘을 썼다.

자신이 세운 새로운 목표를 달성하기 위해 한계 상황 속에서도 끝까지 애쓰는 혜승이가 대견했다. '제약'은 때때로 한계로 작용하기보다 창의력을 불러오기도 한다. 손가락으로 다양한 포즈를 시도해보던 혜승이가 이내 소리쳤다.

"선생님, 이것 보세요! 검지랑 중지를 두 다리라고 보면 어때요? 이렇게 중지를 털실에 걸면, 걸어가다가 발이 걸리는 것 같잖아요!"

옳거니! 신나게 폴짝거리는 혜승이의 손가락을 나는 놓칠세라 카메라 앵글에 담았다. 이윽고 원하는 장면이 카메라에 담기자 나는 오른팔을 번쩍 들고 감격에 찬 나머지 나도 모르게 이렇게 외쳤다.

"오케이, 커트! 다음 장면!"

아이들은 영화감독 같다며 까르르 웃었다. 함께 흥분한 선생님의 모습이 웃겼던 것인지, 자신만의 방식으로 문제를 해결했다는 기쁨이 컸던 것인지 아이들은 하얀 전지 위에 벌러덩 드러누워 데굴데굴 굴러가며 웃었다.

정답 대신 다양함이 존중받는 학교를 꿈꾸며

노란 볕이 드는 수요일 오후면 그날의 따뜻한 장면이 교실 뒤쪽에 아련하게 그려진다. 두 아이가 실내화를 벗어놓고는 빨간 털실을 묶었다가 풀었다가 하면서 하얀 전지 위를 뒹굴고 있다. 선생님은 그 모습을 카메라에 담아보겠다고 치마 차림으로 의자에 올라서서는 엉덩이를 쭉 빼고서 아래쪽을 향해 찰칵찰칵 셔터를 누르고 있다. 내 생애 가장 따뜻한 교실 장면이다. 그렇게 또 한 권의 그림책이 탄생했다.

혜승이는 엉킨 실에 자신의 상처를 담았다. 한 권의 그림책을 만들며 머리를 맞대었던 그 시간이 혜승이의 엉킨 마음을 조금이나마 풀어줄 수 있었을까? 아이들이 자기 앞에 닥친 장애물이나 한계에 주눅 들지 않고 자신만의 방식으로 돌파해나가면서 자신감을 키워나갈 수 있었으면 좋겠다. 학교라는 공간이 정해진 답을 알려주는 곳이 아니라 다양성을 알려주는 공간이 될 수 있기를 바라며.

PART 3

그림책과 통하다
"읽고"

나와 통하는 그림책
_통(通)그림책이란?

　미술관에서 유독 한 작품 앞에 오래 머물 때가 있다. 나에겐 뉴욕현대미술관에서 만난 모네의 〈수련〉 연작이 그런 작품이었다. 캔버스 안에서 일렁이는 색과 빛이 내 마음 깊숙한 곳을 건드렸다. 모네가 그린 것은 꽃잎과 물결이 아니라 공기의 미묘한 움직임이 아닐까 생각했다. 널따란 캔버스를 수없이 눈으로 훑으면서 모네의 붓 자국을 좇았다. 나중엔 의자에 앉아 턱을 괴고서 그가 그린 연못 속에 푹 잠겼다. 많은 작품과 스치듯 만나기보다 하나의 작품과 농밀하게 교감할 때 깊은 여운이 남음을 경험했다.

　일본의 그림책 연구가 나카가와 모토코의 말처럼 '그림책은 작은 미술관'이다. 뉴욕현대미술관에서 그랬던 것처럼 나는 그림책을 읽을 때에도 한 장면에 집중하는 습관이 있다. 책장을 넘기다 보면 마치 라디오 주파수가 딱 맞을 때처럼 나에게 신호를 보내는 장면이 꼭 하나씩 있었다. '다른 장면은 유유히 흘러가는데 왜 이 장면은 내 마음에 달라붙는 걸까?' 하는 생각이 들게 하는 장면 말이다.

그림책 심리학자 신혜은 교수는 '나를 건드리는 장면을 주워 모으다 보면 내 안의 모호했던 감정이나 욕구들이 퍼즐을 맞추듯 조금씩 그 윤곽을 드러내며 선명해진다'라고 했다. 내가 민감하게 반응하는 그림책의 한 장면 속에는 언제나 내 이야기가 담겨 있었다. 나의 고민거리, 내 안에 흐르는 정서가 고스란히 거기 있었다.

나와 마음이 통하는 한 장면을 찾아라!

그림책을 통해 나를 발견하는 기쁨에 흠뻑 빠져들었던 어느 날, 문득 궁금증이 일었다. 나한테 통하는 장면 말고 아이들에게 통하는 장면은 무엇일까? 그림책 창작 수업은 '이 책이 좋은 책이란다'라는 말보다는 '네가 좋아하는 책 이야기를 들려줄래?'로 시작해야 한다고 생각했다. 창작의 과정을 통해서 내가 아이들과 나누고 싶었던 것은 가르침이 아닌 대화, 조언이 아닌 교감이었으므로.

"너는 어떤 그림책을 좋아하니? 너와 마음이 통하는 장면 하나만 보여줄래?"

좋아하는 그림책의 한 장면을 보여달라고 청하면 아이들은 다양한 반응을 보였다.

"이거 오늘 처음 펼쳐본 장면이거든요. 처음 봤는데도 왠지 마음이 끌려요."

"전 어제도 오늘도 무조건 이 그림책이요!"

"아직 못 찾았어요. 조금만 더 기다려주세요."

매일 아침 독서 시간마다 아이들과 함께 좋아하는 그림책 한 장면을 꾸준히 찾았다. 나는 '나와 마음이 통하는 그림책 한 장면'을 간단히 줄여서 '통(通)그림책'이라고 불렀다. 교실에서 통그림책 찾기를 진행한 지도 벌써 4년이 지났다. 매일 아침 아이들은 자신만의 통그림책이 무엇인지 이야기하며 하루를 시작한다.

"선생님, 오늘 아침에는 이 그림책 장면이랑 마음이 통했어요."

"선생님, 오늘 제 통그림책은 이거예요."

선생님의 통그림책은 뭐예요?

아이들이 자신과 통한 그림책 한 장면을 찾는 방법과 속도는 다양했다. 한 장면을 찾기 위해 오랜 시간 고민하는 아이가 있는가 하면, 책을 무심코 툭 펼쳐서 후딱 한 장면을 찾아가지고 오는 아이도 있었다. 어떤 아이는 여러 권의 그림책을 읽고서도 매번 비슷한 장면만 골라오기도 했다. 좋아하는 그림책 한 장면을 금방 꺼내오는 아이도 있었지만, 어떤 그림책을 골라야 할지 몰라서 오래 고민하는 아이도 있었다.

그림책 선택에서부터 콱 막히는 아이가 눈에 띄면 나는 나의 통그림책 이야기를 들려주곤 했다. 아이들은 선생님의 개인적인 이야기에 언제나 눈빛을 반짝이며 귀를 기울이는 사랑스러운 존재들이다.

"얘들아, 선생님과 마음이 통한 그림책 이야기 들려줄까?"

내가 아이들에게 '선생님의 통그림책'이라고 소개하곤 하는 그림책은 제시 클라우스마이어와 이수지 작가가 함께 협업해 만든 『이 작은 책을 펼쳐 봐』다. 이 그림책은 페이지를 넘기면 넘길수록 책장이 점점 작아진다. 반대로 책이 작아질수록 책 속에서 책장을 넘기는 동물의 몸집은 점점 커진다. 이윽고 마지막에 다다르면, 책은 성냥갑만큼 작아진다. 성냥갑만 해진 책장을 넘기는 크고 뭉툭한 손가락의 주인공은 거인이다.

> 거인은 조그만 책을 펼칠 수 없어.
> 왜냐하면……
> 손이 너무 크거든!
> 그래서 친구들이 대신 책을 펼쳐 줘.
> (『이 작은 책을 펼쳐 봐』, 제시 클라우스마이어 글, 이수지 그림,
> 이상희 옮김, 비룡소)

작은 책장에는 거인의 파란 엄지손가락이 그려져 있다. 거인의

커다란 손은 조그만 책장을 넘길 수 없어서 망설인다. 나는 거인의 뭉툭한 엄지손가락이 나 자신처럼 느껴졌다. 힘들어하는 아이의 작은 마음에 가닿을 수 없어서 애태웠던 나, 어렵게 고민을 털어놓은 아이에게 교실에서 해줄 수 있는 것이 없어서 눈물만 흘렸던 나 자신 말이다. 나는 엄지손톱과 검지손톱 끝에 힘을 잔뜩 주고서 조그만 책장을 넘기면서 생각했다.

'그래, 내 커다란 손으로는 결코 해줄 수 없는 일이 있구나. 아이의 작고 연약한 손이 직접 해야만 하는 일이 분명히 있는 거로구나.'

아이들의 마음속에는 부모님의 커다란 손이 만져줄 수 없고 선생님의 뭉툭한 손으로도 대신 넘겨줄 수 없는 그 아이만의 책장이 있다. 어른들이 해줄 수 있는 일은 오직 아이가 자기 몫의 책장을 스스로 넘길 수 있도록 돕는 것뿐이다. 『이 작은 책을 펼쳐 봐』의 거인의 손가락 장면을 만난 뒤로, 나는 내 커다란 손이 아이보다 앞서지 않기 위해 노력한다. 그리고 그 장면을 펼칠 때마다 아이들에게 이렇게 말한다.

"선생님의 뭉툭한 손이 하지 못하는 걸, 너희들의 작은 손이 할 수 있단다. 오직 너희들만이 핀셋처럼 섬세하게 건져 올릴 수 있는 생각이나 감정이 있어. 그걸 놓치지 말고 붙잡아서 표현해보렴. 그건 너희들의 작은 손만이 할 수 있는 거야."

이렇게 이야기를 나누고 나면 아이들은 교실에서 이 책을 발견할 때마다 손을 번쩍 들고 이렇게 말한다.

"엇, 이거 현아샘 통그림책이다!"

"저는 이 그림책 볼 때마다 선생님이 떠올라요."

나 역시 아이들과 한바탕 통그림책 감상 활동을 하고 난 뒤에는 그림책 한 권 한 권이 더욱 특별하게 보인다. 마음과 마음이 통하는 그림책의 힘으로 어느새 우리는 가까워져 있다.

숨겨진 마음, 밖으로 나오다
_한 장면 포스트잇 활동

　그림책을 읽고 나면 무엇이든 표현하고 싶어진다. 특히 '나'를 건드리는 질문에 마음이 반응하기라도 하면 누군가 붙잡고 내 이야기를 조잘조잘 털어놓고 싶어진다. 아이들도 마찬가지다. 좋아하는 그림책 한 장면을 깊게 읽다 보면 하고 싶은 이야기가 절로 생긴다.

　나는 아이들에게 자신과 마음이 통한 그림책 한 장면을 찾아서 그 페이지에 포스트잇을 붙이고, 하고 싶은 이야기나 질문을 적도록 했다. 아이들은 같은 장면을 보아도 저마다 다른 관점으로 감상했다. 유독 많은 아이들이 마음을 준 장면에는 여러 장의 포스트잇이 붙어 있기도 했다. 특히 네덜란드의 그림책 작가 레오 리오니의 『물고기는 물고기야!』의 마지막 장면은 아이들 사이에서 인기 만점이었다.

　연못의 물고기와 올챙이는 친한 친구 사이다. 시간이 지나자 올챙이는 꼬리가 사라지고 다리가 생긴다. 개구리가 된 것이다. 개구리는 물 밖의 세상을 보고 와서 물고기에게 세상의 신기한 것들에 관해 이야기해준다. 물고기도 세상을 구경하고 싶다. 그래서 연못 밖을 나가보기도 하지만, 숨도 잘 쉬어지지 않고 몸을 움직이기도 어렵다. 개구리는 그런 물고기를 연못 속으로 밀어 넣어줬고, 그제야 물고기는 몸을 다시 추스른 뒤 이렇게 이야기한다. "네 말이 맞았어. 물고기는 물고기야!"

이 장면을 보고 채호는 먼저 이렇게 써서 붙였다.

'물고기는 괜히 친구를 부러워하다가 고생만 했다. 물 밖에 나가면 숨도 못 쉬면서 자기 분수도 모르고 무모한 일을 했다. 남을 부러워하지 말고 본인한테 맞는 대로 사는 게 좋다고 생각한다.'

다음 날 아침, 지윤이가 이 그림책을 펼쳐 보다가 고개를 갸웃거렸다. 지윤이는 포스트잇에다가 이렇게 써서 같은 페이지에 붙였다.

'나는 좀 다르게 생각한다. 실패하더라도 물 밖에 나가보는 것은 의미가 있다. 물 밖으로 나가보는 일에 도전했으니까 아무것도 안 한 것보다는 낫다.'

며칠이나 지났을까? 이번엔 형식이가 이 그림책을 보다가 같은 장면에서 멈췄다. 형식이는 친구들이 남긴 글을 읽어보고는 포스트잇에 또 다른 의견을 써서 나란히 붙였다.

'나라면 물 밖으로 안 나갈 것 같다. 굳이 물 밖으로 나가는 것만이 성공은 아니다. 나는 물속에서 잘살 수 있는 방법을 찾을 것이다.'

아이들은 그림책을 읽으면서 자신의 생각과 의견을 포스트잇에

PART 3 그림책과 통하다

아이들은 그림책을 읽으면서 자신의 생각과 의견을
포스트잇에 적어 차곡차곡 붙여나갔다.

적어 차곡차곡 붙여나갔다. 우리 반 학급문고에 있는 그림책들은 아이들이 붙인 포스트잇으로 나날이 두툼해져갔다. 어떤 장면은 포스트잇이 하도 많이 붙어서 지면이 모자랄 지경이 되기도 했다. 같은 페이지에 여러 장의 포스트잇이 붙어 있을 때에는 서로의 생각을 비교해볼 수 있어서 좋았다. 아이들은 그림책 곳곳에서 한 장면을 바라보는 다양한 시각을 경험했다.

친구들이 붙여놓은 포스트잇을 찾아 읽다가 그림책 읽는 재미에 푹 빠져드는 아이도 생겨났다.

"선생님, 저는 그림책보다 친구들이 붙여놓은 포스트잇 내용이 더 재밌어요. 그래서 그림책 고를 때 일부러 포스트잇이 많이 붙어 있는 걸 골라요."

"가끔씩 제가 재밌게 봤던 그림책에 다른 친구들은 어떤 말을 써놨나 궁금해서 펼쳐 봐요."

아이들은 마치 보물찾기를 하듯 그림책 여기저기에서 친구들의 흔적을 찾았다. 나 역시 그 흔적을 짚어나가다 보면 아이들이 어떤 장면에서 멈추고 어떤 장면에 공감하는지 자연스럽게 알 수 있었다.

대화를 통해 확장되는 통그림책 깊이 읽기

한 장면 포스트잇 활동으로 자신의 생각과 느낌을 짤막하게 메모하고 난 뒤에는, 짝과 함께 이야기를 나누는 시간으로 이어졌다. 왜 그 장면과 마음이 통했는지 상대방에게 설명하기 위해서는 책의 줄거리도 언급해야 하고 그 장면을 보다 자세히 들여다봐야 한다. 그 과정에서 '깊이 읽기'가 시작된다.

특히 글 없는 그림책의 경우, 글씨가 있는 그림책보다 더욱 풍성한 이야기 나눔이 가능함을 관찰할 수 있었다. 작가가 써놓은 문장이 때로는 아이들의 생각을 제약할 때가 있는데, 그림만으로 이루어진 그림책은 그로부터 굉장히 자유로웠다. 글 없는 그림책 중 단연 아이들의 눈길을 사로잡은 그림책은 류재수 작가의 『노란 우산』이었다. 『노란 우산』은 비가 내리는 잿빛 거리를 수놓은 컬러풀한 우산들의 행렬이 인상적인 그림책이다.

민지는 『노란 우산』의 한 페이지에 이런 포스트잇을 붙여놓았다.

주황 우산이 꼭 나 같다.
나는 멀찍이 서서 혼자 빗소리를 듣는다.
가끔 이렇게 혼자 있고 싶을 때가 있다.

민지가 쓴 포스트잇 내용은 짝꿍과의 대화를 통해 더욱 넓고 깊게 확장됐다.

🐻 여기 주황 우산이 따로 떨어져 있잖아. 다른 사람들이 보면

글 없는 그림책은 글씨가 있는 그림책보다
더욱 많은 이야기를 이끌어낸다.
사진은 민지가 그림책 『노란 우산』에서
마음이 통한 한 장면에 포스트잇을 붙인 모습.

😄 애들이랑 잘 못 어울린다고 생각할 수 있는데, 사실 그거 아니다?
😄 그래? 친구들이랑 같이 가도 될 텐데… 왜 혼자 떨어져서 가는 거야?
🐻 혼자 있고 싶으니까. 방해받기 싫거든. 일부러 귀에 이어폰도 꽂고 있어.
😄 그렇구나. 음악 듣고 있는 거야?
🐻 아니. 귀에 이어폰을 꽂고 있기는 한데 사실은 음악 소리 안 켜고 있었어.
😄 음악도 안 들으면서 왜 이어폰을 꽂고 있어?
🐻 빗소리 듣고 싶어서. 이어폰 꽂고 있으면 애들이 말 안 걸잖아. 가끔씩 애들이랑 떨어져서 혼자 있고 싶을 때가 있거든.

아이들도 어른들만큼이나 자기만의 시간을 필요로 한다는 사실을 나는 민지의 한 장면 포스트잇 활동을 통해 알게 됐다. 평소에는 전혀 알 수 없었던 아이의 마음을 그림책 한 장면을 통해 새삼 들여다보게 된다. 그림책 한 장면을 통로로 자신을 꺼내고 표현하면서 아이들은 마음의 숨을 깊게 내쉰다. 그 숨소리에 귀를 기울이다보면 내 마음도 덩달아 시원해졌다.

포스트잇 한 장에서 시작된 갑론을박
_한 장면으로 토론하기

    한 장면 포스트잇 활동의 결과물은 국어 수업 시간에도 빛을 발한다. 5학년 국어 시간 토론 단원을 공부할 때였다. 아이들은 스스로 그림책에서 토론 주제를 찾아가지고 왔다.
    "선생님, 이번엔 이 책으로 토론하면 안 돼요?"
    "물론이지. 선생님이 정한 주제가 아니라 더 의미가 있겠네."
    아이들이 꺼내 들고 온 그림책은 배빗 콜의 『따로 따로 행복하게』였다. 이 그림책에 나오는 엄마와 아빠는 같이 살면 살수록 점점 더 서로를 미워한다. 고민 끝에 남매는 부모님의 결혼을 끝내는 '끝혼식'을 시켜드리기로 한다. 우리 식으로 말하면 졸혼식이라고 해야 할까? 엄마 아빠가 각자 비행기를 타고 끝혼여행을 다녀오는 동안 두 아이는 온 가족이 함께 살던 집을 싹 밀어버리고 두 채의 집을 새로 짓는다. 한 채는 엄마 집, 한 채는 아빠 집이다. 그리고 두 집 사이에는 남매 둘만 지나다닐 수 있는 조그만 비밀 통로도 만든다. 제목처럼 '따로 따로 행복하게' 살 방법을 궁리해낸 것이다.

이 그림책은 '부모의 이혼'이라는 무거운 주제를 위트 있는 시선으로 승화시켜 담아낸 수작이다. 책 속에서 남매는 매일 다투는 부모님 때문에 고민하다가 '엄마 아빠 때문에 골치 아픈 사람 탈의실로 모여라'라고 적은 종이를 학교에 써 붙인다. 탈의실에는 비슷한 문제로 고민하는 아이들이 구름처럼 모여든다. 아이들에게 부모는 매우 중요한 환경이다. 그만큼 엄마 아빠의 다툼에 아이들은 민감하게 반응한다. 우리 반 아이들도 이 장면에 가장 많은 포스트잇을 붙였다.

'부모님이 싸울 때, 어떻게 하면 좋을까?'

'대체 사람은 왜 싸울까?'

나는 그중에서도 보람이의 질문에 유독 눈길이 머물렀다.

'매일 싸우는 부모님이 따로 따로 살면 행복할까?'

우리는 포스트잇에 적힌 여러 질문들 가운데에서 이 질문을 국어 수업 시간에 가지고 들어와서 토론을 펼치기로 했다.

한 번쯤 엄마 아빠의 싸우는 모습을 보지 않은 아이는 없었을 터. 아이들은 그 어느 때보다 치열하게 자기 의견을 내놓았다.

"따로 사는 것이 오히려 더 행복할 수 있다고 생각해요. 같이 살면서 부모님이 맨날 싸우는 걸 보면 너무 불안하고 스트레스도 쌓이거든요."

"헤어진다는 건 슬프지만 엄마 입장에서 생각해보면… 따로 사는 것이 더 행복할 것 같아요."

"아무리 싸워도 같이 사는 것이 더 행복해요. 따로 살면 부모님은 편할지 모르겠지만 아이들은 너무 힘들어요."

"엄마랑 아빠 사이를 왔다 갔다 하다 보면 정신적으로 우울해져요. 엄마랑 살면 아빠 생각이 나고, 아빠랑 살면 엄마 생각이 나서 마음이 편하지 않아요."

"같이 살아야지 화해할 수 있는 가능성도 있잖아요. 싸우고 화해하면서 사랑이 더 깊어지기도 하고요."

아이들은 그림책을 통해서 평소에 하지 못했던 속 이야기를 고스란히 펼쳐냈다. 서로 주장하는 바는 제각각이었지만, 부모의 다툼이 아이들에게 불안과 심리적 위축을 가져온다는 사실을 절절히 확인할 수 있었다. 더불어서 자유로운 토론을 통해 아이들이 제시한 저마다의 해결책을 그림 한 장에 담아 시각적으로 표현해보면 좋겠다는 생각이 들었다.

토론한 내용을 글과 그림으로 표현하기

"얘들아, 우리 이렇게 책을 읽고 토론하면서 떠오른 생각과 감정들을 말이야. 그걸 짧은 글과 그림 한 장에 담아서 표현해보면 어떨까?"

주장 : 아무리 싸워도 같이 있어야 한다.
이유 : 한글의 자음과 모음처럼 하나가 되지 않으면 하나의 가족이 되지 않기 때문이다.

눈이 2개있어야 잘볼수있고 귀가 2개 있어야 잘들을수 있다.

주장 : 아무리 싸워도 같이 있는게 낫다.
왜냐하면 싸워도 언제 가는 다시 화해할 것 같기때문이다.

현우가 그린 자음과 모음 그림(위)과 석현이가 그린 눈과 귀 그림(아래).
글자로 쓰면 '화해'라는 한 단어로 압축되는 해결책을 그림으로 그려보게 하니
아이들마다 자기만의 창의적인 방식으로 표현해냈다.

글자로 쓰면 '화해'라는 한 단어로 압축되는 해결책을 그림으로 그려보게 하니 아이들마다 자기만의 창의적인 방식으로 신통방통하게 표현해냈다.

현우는 가족들이 옹기종기 함께 어울려 사는 모습에서 한글의 자음과 모음을 떠올렸다.

'아무리 싸워도 같이 있어야 한다. 한글의 자음과 모음처럼 하나가 되지 않으면 하나의 가족이 되지 않기 때문이다.'

석현이도 하나와 하나가 모여 짝을 이루는 성질에 주목했다.

'눈이 2개가 있어야 잘 볼 수 있고, 귀가 2개 있어야 잘 들을 수 있다. 아무리 싸워도 같이 있는 게 낫다. 왜냐하면 싸워도 언젠가는 다시 화해할 것 같기 때문이다.'

지영이는 이렇게 덧붙였다.

'떨어지지 마라, 젓가락처럼. 젓가락은 둘이 하나가 되어야 힘을 발휘한다.'

이 모든 이야기의 시작은 바로 그림책에 붙어 있던 한 장의 포스트잇이었다. 이러니 그림책 구석구석에서 아이들의 포스트잇을 만나면 흙 속에서 산삼을 발견한 듯 귀하게 여길 수밖에!

글과 그림의 이중주
_그림책 읽고 시와 그림으로 표현하기

　라디오에서 흘러나오는 왈츠를 듣다가 그림책의 리듬을 느낀 적이 있다. 쇼스타코비치의 '플루트, 클라리넷과 피아노를 위한 왈츠 3번'을 들을 때였다. 그림책의 표지가 열리듯 피아노가 먼저 운을 떼면 플루트와 클라리넷이 세 박자의 왈츠를 추듯 각자의 선율을 주고받았다. 플루트가 비워놓은 지점을 클라리넷이 절묘한 리듬으로 채우기도 하고, 두 악기가 한데 합쳐져서 독특한 화음을 이루기도 했다.

　그림책도 마찬가지다. 글과 그림이 대화하듯 주거니 받거니 이중주를 연주한다. 그림이 비워놓은 지점을 글이 절묘하게 채우고, 글이 말하지 않는 내용을 그림이 보여주면서 시각적 리듬을 만들어낸다.

　순간 이런 생각이 머릿속을 스쳐 지나갔다. '그림책에서 글과 그림이 주고받는 절묘한 리듬을 꺼내어 시로 써보면 어떨까?' 그날 이후 나는 아이들과 함께 그림책 한 장면을 붙잡고서 시를 쓰는 활동을 시작했다. 특히 그림책을 읽고 시 쓰기 활동을 할 때 나는 아이들에게 '짧은 글을 자유롭게 쓰라'고 강조한다. 그림책을 읽고 자기표현을 할 때 중요한 지점은 시의 형식을 갖추는 것보다 표현하는 기쁨을 느껴보는 것이기 때문이다.

세상을 '처음의 눈'으로 바라본다는 점에서 아이들은 시인과 같았다. 시인이 아무도 들여다본 적 없는 바위틈에서 작은 꽃 한 송이를 찾아내어 그 심상을 한 편의 시로 풀어내듯이, 아이들은 그림책 속에서 자기만의 심상을 건져 올렸다.

한편, 어떤 아이들은 단어와 문장에 담기지 않는 추상적이고 모호한 감정에 집중하면서 이렇게 이야기하기도 했다.

"선생님, 이 기분은 도저히 글로는 설명할 수가 없어요. 아무리 고쳐 써도 제가 원하는 그 느낌이 안 담겨요."

언어로 명확하게 표현되지 않는 심상은 색과 선, 질감에 담아 그림으로 표현하게 했다. 그러자 글만으로는 혹은 그림만으로는 충분히 담기지 않는 정서가 글과 그림 그 사이의 공간에 담겼다.

통그림책 함께 읽고 이야기 나누기

그림책의 한 장면을 읽고서 시를 창작하기 전에, 우선 친구가 좋아하는 그림책 한 장면을 함께 감상하는 시간을 가졌다. 그림책의 한 장면을 친구들과 같이 감상하면서 아이들은 자기 안에 담긴 이야기를 더욱 풍성하게 꺼내놓았다. 이날은 재준이가 소개한 『파란파도』를 가지고 친구들과 이야기를 나눠보기로 했다.

유준재 작가의 『파란파도』는 커다란 판형, 시원한 색감과 과감한 드로잉 선이 눈길을 사로잡는 그림책이다. 『파란파도』에는 파란 말이 등장한다. 온몸이 파랗게 태어난 말은 앞으로 달리는 법과 싸우는 법, 이기는 법만 익히면서 강력한 군마로 자란다. 사람들은 갈기를 휘날리면서 빠르게 달리는 이 파란 말을 '파란파도'라고 불렀다. 파란파도는 군주의 명을 따라 움직이면서 거의 매번 전쟁을 승리로 이끌었다. 그렇게 거침없이 달리던 어느 날, 파란파도는 어디선가 날아온 화살에 맞아 휘청대다가 등에 타고 있던 군주를 떨어뜨리고 만다. 그 일로 군주에게 버림받게 된 파란파도는 힘이 빠진 채 어두운 마구간에 갇히지만 노병의 도움으로 다시 파란빛을 되찾는다.

재준이는 바로 이 장면에 주목했다. 마구간에 갇혀 있던 파란파도가 성문을 박차고 나오면서 원래의 파란 털빛을 드러내는 장면이다. 재준이는 이 장면을 친구들에게 보여주면서 이렇게 발표했다.

"나는 이 장면이 좋아. 파란파도가 마구간에 갇혀 있을 때 온몸이 하얗게 변하는데 밖으로 나와서 다시 달리면 파란빛으로 변하잖아. 이 장면을 보면 막 힘이 나는 것 같아. 나도 지금은 하얗고 초라하지만 원래 모습은 당당한 파란색이거든. 나도 파란파도처럼 내 원래 색깔을 되찾을 거야."

그리고 친구들에게 이렇게 질문했다.

"나는 지금 마구간에서 절반 정도만 밖으로 나온 것 같아. 만약 너희들이 이 파란파도라면 지금 어디까지 밖으로 나와 있니?"

시와 그림으로 한 장면의 느낌 표현하기

이처럼 한 친구가 자신의 통그림책 한 장면으로 질문을 던지고 나면, 친구들은 그 질문에 따라 본격적으로 시를 쓰고 그림을 그렸다. 행과 연의 형식에 얽매이지 않고 자유롭게 떠오르는 심상을 짧은 글로 쓰게 하니, 아이들은 시라는 장르에 부담을 느끼지 않고 있는 그대로의 마음을 툭 꺼내어 살아 있는 말을 뱉어냈다.

그림은 어떻게 그리게 하는 것이 좋을까? 나는 아이들이 글을 쓸 때처럼 그림을 그릴 때에도 좀 더 자신감을 가지고 날것 그대로의 감정을 쏟아내기를 바랐다. 여러 가지 시도 끝에 붓 이외에 막대기, 손가락 등 도구를 폭넓게 사용하는 방법을 택했다. 미술 학원에 다녔거나 어렸을 때부터 그림을 배운 아이들은 수채화 붓을 자신감 있게 사용했지만, 그렇지 않은 아이들은 자꾸 번지고 뭉개지는 수채화 붓질을 부담스러워했기 때문이다. 일부의 아이들에게만 익숙한 도구를 사용하면 그림을 못 그리는 아이가 생기지만, 모두에게 낯선 도구를 사용하면 잘 그리는 아이, 못 그리는 아이의 경계가 사라진다. 붓 대신 막대기나 손가락으로 색칠하기도 하면서 아이들은 한결 자유롭게 자기를 표현했다.

이날 통그림책 발표의 주인공이었던 재준이는 그림 그리는 것이 부담스러웠는지 자꾸만 이렇게 물었다.

"선생님, 꼭 밑그림을 그려야 돼요? 그냥 색으로 느낌만 표현하면 안 돼요?"

"물론 그렇게 해도 되지. 이 작품의 주인공은 누구? 바로 너!"

선생님의 대답에 용기를 얻은 재준이는 교실 뒤편의 미술 도구를 모아놓은 상자에서 아이스크림 막대기를 가져와서 은색 아크릴 물감을 꾸덕꾸덕 칠하기 시작했다. 아이스크림 막대기는 우리 교실에서 채색을 할 때, 나이프 대신 활용하는 미술 도구다. 아이들은 다양한 도구를 활용하면서 구상(현실 세계에 존재하여 눈에 보이는 여러 대상을 사실대로 묘사하는 것)에서 비구상(추상)까지 그 어떤 틀에도 갇히지 않고 마음껏 그림을 그렸다. 재준이는 은색으로는 갇힌 느낌을 표현하고, 본래 자신이 가진 빛은 파란색으로 표현하겠다고 말했다.

저마다 펼쳐낸 마음 깊숙한 곳의 이야기

아이들은 같은 장면을 보고서도 저마다 다르게 느끼고 다르게 표현했다. 먼저 기용이는 밖으로 나가야 하나 말아야 하나 당설였다.

재준이는 그림책 『파란파도』의 주인공 파란파도가 성문을 박차고
성 밖으로 나가는 장면(위)을 자신과 마음이 통한 장면으로 선택했다.
그 장면을 보고, 아이가 자신의 생각과 느낌을 표현해본 그림(아래).

온 세상이 물에 젖어 있다고 느꼈기 때문이다.

겨우 한쪽 발을
내딛었다

어라, 그런데
비가 왔나?

온 세상이
젖어 있다

물이 묻을까 봐
멈칫

나가야 하나
말아야 하나

기용이는 온 세상이 비에 젖어 있는 느낌을 수채화로 번지듯이 표현했다.

다음으로 지민이는 같은 자리를 계속 빙빙 맴돌고 있는 모습을 그렸다. 특히나 지민이는 방향에 주목했다. 머리가 향하는 방향과 몸이 향하는 방향을 다르게 표현한 것이다. 지민이는 머리와 몸이 향하는 쪽이 다르다 보니 자꾸만 뒤돌아보고 제자리를 맴돈다.

> 아
> 오늘도 나는 제자리를
> 빙빙 맴돈다
> 왔다 갔다 서성인다
> 나는
> 몸이 향하는 쪽과
> 얼굴이 향하는 쪽이
> 다른 말

한편, 기호는 밖으로 나가고 싶지 않단다. 다른 친구들이 그린 말은 모두 바깥세상을 향하고 있는데 기호의 말은 뒤돌아서 왼쪽을 향해 있다. 말머리의 방향에 자기 이야기를 담은 것이다. 기호는 마구간 안이 훨씬 편하다.

> 마구간 밖으로 나가고 싶지 않다. 안에 있는 게 편하다.
> 나는 집에서 누구의 간섭도 없이 혼자 컴퓨터 할 때가 좋다.
> 전혀 안 답답한데 굳이 왜 나가야 하나?
> 나는 평생 뒷다리와 꼬리 정도만 밖으로 내밀고 살고 싶다.

마지막으로 경진이의 그림은 배경 색깔의 비율만 보아도 감정을 예상할 수 있다. 경진이는 회색 부분보다 파란색 부분을 더 넓게 칠했다. 어둡고 답답했던 적도 있었지만 이제 그 터널을 거의 다 빠져나왔기 때문이다.

거의 다 나왔다.
이제 뒷다리만 나오면 된다.
오래 걸렸다.

단 세 문장으로 이루어진 시와 휘갈기듯 그려낸 그림이 한데 만나자 강렬한 울림을 주는 작품으로 탄생했다.

아이들과 함께 그림책 속의 한 장면을 보고 자신만의 느낌이나 생각을 시와 그림을 쓰고 그리는 수업을 진행해보니, 아이들은 내면 깊숙한 곳에 각자의 고유한 이야기를 품고 있었음을 새삼 발견할 수 있었다. 아이들의 이야기를 들으면서 나는 자꾸만 이런 생각이 들었다.

'어쩌면 이야기는 '만드는' 것이 아니라 이미 존재하던 것을 발견해서 고스란히 그물에 담아 '건져 올리는' 것이 아닐까?'

바다처럼 출렁이는 아이들의 가슴에 그림책이라는 촘촘한 그물이 던져졌다. 그 그물로 건져 올린 싱싱한 이야기들이 햇살에 반짝이는 은빛 갈치처럼 눈부셨다.

겨우 한쪽 발을
내딛었다

어라, 그런데
비가 왔나?

온 세상이
젖어 있다

물이 묻을까 봐
멈칫

나가야 하나
말아야 하나

아
오늘도 나는 제자리를
빙빙 맴돈다
왔다 갔다 서성인다
나는
몸이 향하는 쪽과
얼굴이 향하는 쪽이
다른 말

마구간 밖으로 나가고 싶지 않다. 안에 있는 게 편하다. 나는 집에서 누구의 간섭도 없이 혼자 컴퓨터 할 때가 좋다. 전혀 안 답답한데 굳이 왜 나가야 하나?
나는 평생 뒷다리와 꼬리 정도만 밖으로 내밀고 살고 싶다.

거의 다 나왔다.
이제 뒷다리만 나오면 된다.
오래 걸렸다.

그림책과 교육연극의 만남
_한 장면 타블로 활동

    그림책의 한 장면을 읽고 시와 그림으로 자신만의 감상을 표현해보는 활동을 하면서 나는 새로운 고민과 마주쳤다. 어떤 형식도 강제하지 않고 자유롭게 표현해보게 했지만, '글'과 '그림'이라는 표현 방식에 전혀 익숙해지지 않는 아이들이 분명 있었다. 생각 끝에 나는 몸을 통해 자기표현을 한다면, 보다 넓은 범주의 아이들을 포함할 수 있겠다는 결론에 이르렀다.

    특히 신체를 활용해 자신을 표현하는 다양한 활동 가운데에서도 교육연극의 타블로(Tableau) 활동을 적극 활용했다. 타블로 활동은 연극의 한 장면을 정지 동작으로 보여주는 활동으로 상황을 압축적으로 재현할 수 있을 뿐만 아니라 발표를 주저하는 아이들도 쉽고 재미있게 참여할 수 있는 방법이다.

    타블로 활동을 할 때 나는 '끈'을 중점적으로 활용했다. 같은 공간이라도 끈 하나가 더해지면 경계와 분할 지점이 생겨서 공간을 보다 입체적으로 활용할 수 있기 때문이다. 그림책 『파란파도』를 읽고 타블로 활동을 할 때에는 주로 파란 리본을 활용했다. 리본의 길이와 방향, 리본을 가지고 취하는 자세로 다양한 은유적 표현을 할 수 있었다.

하나, 둘, 셋, 타블로!

타블로 활동을 하기 전에 먼저 마음이 통하는 그림책 한 장면을 찾아내는 데에 집중했다. 그다음 한 장면을 통해 생각해봄직한 질문을 끌어내고, 질문에 답할 때에는 연극의 한 장면을 보여주듯 몸으로 표현하게 했다. 곧장 몸으로 표현하게 할 때보다 앞에서 이야기했던 통그림책 활동 과정을 모두 거친 후 자연스럽게 타블로 활동으로 연결할 때 아이들은 보다 풍성하게 표현을 만들어냈다. 수업은 이런 식으로 진행됐다.

"만약 네가 그림책 『파란파도』의 주인공이라면 어떨까? 지금 마구간에서 어디까지 밖으로 나와 있는지 그림과 짧은 글로 한번 표현해볼까?"

국준이는 이 질문을 듣고 이렇게 짧은 글을 썼다.

'난 마구간에서 코만 밖으로 나와 있다. 왜냐하면 월요일부터 금요일까지 매일 학원에 가기 때문이다. 그나마 토요일과 일요일에는 숨을 쉴 수 있으니 코만 밖으로 나와 있다고 생각한다.'

이런 식으로 아이들이 저마다 자신이 그린 그림과 짧은 글을 발표하고 나면, 나는 다음과 같이 질문을 던졌다.

"당신은 자유로우신가요? 파란 리본으로 표현해주세요!"

내 말이 끝나기가 무섭게 아이들은 친구를 향해 크게 외쳤다.

"하나, 둘, 셋, 타블로!"

친구들의 지시가 끝나자 발표의 주인공인 국준이는 "나는 코만 밖으로 나왔어요"라고 말하면서, 파란 리본을 세로로 가로지르면서 코만 빠끔히 내놓는 동작을 취하고 멈췄다.

발표의 주인공이 타블로 동작에 멈춰 있을 때, 친구들은 다양한 질문을 던질 수 있다. 질문은 과거, 현재, 미래로 시제를 나누어서 다각도로 던져볼 수 있다. 정지 동작 이전에 어떤 일이 있었는지, 그리고 현재 왜 이런 상태로 있는지, 마지막으로 이후에는 어떤 일이 일어날지 질문할 수 있다. 국준이에게는 이런 질문이 쏟아졌다.

"지금 이 동작 이전에는 어떤 일이 있었나요?"

"지난달까지는 토요일과 일요일에도 학원에 갔었거든요. 그래서 아예 숨 쉴 틈이 없었는데, 그나마 주말에 학원을 쉬게 되면서 이제 코가 밖으로 나온 거예요."

이처럼 즉흥적으로 질문을 주고받으면서 아이들은 현재 자신의 상황을 어떻게 느끼고 있는지 친구들과 자연스럽게 이야기 나눌 수 있었다.

국준이 다음으로는 시현이 차례였다.

"당신은 자유로우신가요? 파란 리본으로 표현해주세요! 하나, 둘, 셋, 타블로!"

시현이는 친구에게 파란 리본 두 개를 양쪽 손에 들고 마구 흔들면서 자유의 바람을 표현해달라고 부탁했다. 그리고 그 앞에 미동도 않고 가만히 서 있었다. 자신은 그 바람 앞에서도 끄떡하지 않는 바위라고 했다.

"밖에서 아무리 자유의 바람이 불어와도 엄마의 잔소리라는 돌이 나를 막고 있어요."

미동도 하지 않는 시현이에게 이런 질문이 던져졌다.

"왜 이런 상태로 있는 건가요?"

"엄마가 저 잘되라고 잔소리하는 건 알겠는데 너무 답답해요. 이제 나도 많이 컸다고요!"

몸으로 발산하며 느끼는 카타르시스

마지막 발표자 민주는 이런 짧은 시를 써냈다.

'나는 완전한 자유다. 엄마가 잔소리를 할 때 낙타가 모래바람을 피하는 방법을 쓰면 되니까!'

친구들이 고개를 갸우뚱하면서 물었다.

"낙타가 모래바람을 피하는 방법이라니? 그게 어떤 방법인데?"

"그건 바로… 귀를 닫는 방법이지!"

민주의 대답에 모두가 깔깔대며 웃었다. 그림 속에서 민주는 파란 세상에서 너무도 행복한 표정으로 자유를 만끽하고 있었다. 민주의 타블로가 기대됐다.

"당신은 자유로우신가요? 파란 리본으로 표현해주세요! 하나, 둘, 셋, 타블로!"

민주는 마치 리본체조를 하듯이 파란 리본을 빙그르르 돌리면서 춤추는 장면을 표현했다.

"자, 이제 이 장면 다음에는 어떤 일이 일어날까요?"

"엄마가 나를 못 따라오게 훨훨 날아갈 거예요!"

민주는 마치 요술 봉을 휘두르듯 파란 리본을 돌리면서 날갯짓을 했다. 민주의 긍정 에너지에 학급 친구들 모두는 자유를 만끽하듯 시원하게 웃어 젖혔다.

이렇게 한바탕 몸을 쓰면서 신나게 이야기를 쏟아놓고 나면 교실 분위기가 후끈 달아올랐다. 아이들에게 파란 리본 타블로 활동을 통해서 어떤 점을 느꼈는지 질문했더니 대답도 제각각이다. 파란 리본 너머로 코만 내밀었던 국준이의 대답은 이랬다.

"아이들이 '하나, 둘, 셋 타블로!' 했을 때 순간 코가 간질간질했어요. 스물 네 명의 눈이 모두 내 코만 바라보고 있었잖아요!"

자유의 바람을 막고 서 있던 바위를 표현한 시현이는 "집에서는 답답하다고 말 못했는데, 이번 기회에 선생님이랑 친구들한테 이야기할 수 있어서 좋았어요"라고, 빙그르르 리본 춤을 췄던 민주는 "평소에 나한테 자유가 있나 없나 별로 생각해본 적이 없었는데, 오늘 수업하다 보니까 내가 좀 자유롭긴 하구나 깨달았어요!"라고 말했다.

혼자서만 간직하기엔 너무 아까운 이야기들이 이렇게 아이들의 내면에서 꿈틀대고 있었다. 책상에 앉아 자기 안의 이야기를 끄집어내는 활동도 의미가 있었지만, 몸을 움직여 자기표현을 할 때 아이들은 한층 더 깊은 카타르시스를 느끼며 내면의 응어리지고 답답했던 마음을 해소했다.

무한 경쟁 시대, 낙오될까 봐 두려운 아이들

"더 열심히 할 수 있는데
기회조차 주지 않고 뽑아내어 버리다니…"

작고 약한 새싹처럼 솎아질까 봐 두려워요

"선생님, 저 실과 시간에 솎아내기 배울 때 충격받았어요. 뽑혀 나가는 약한 새싹이 꼭 저 같아서요."

실과 수업이 끝나고 난 쉬는 시간, 혜빈이가 슬쩍 다가와서 이렇게 털어놓았다. 혜빈이는 솎아내기가 잔인하다고 했다. 실과 교과서에서 이런 구절을 읽었기 때문이다. '솎아내기란? 튼튼한 작물이 더 잘 자라도록 약한 작물을 솎아내는 일.'

"튼튼한 새싹을 위해서 약한 새싹을 솎아내는 건 좀 억울하다는 생각이 들었어요. 사실 나중에 누가 더 클지는 아무도 모르는 거잖아요. 지금 작다는 이유로 성장할 기회조차 주지 않는 건 너무 야속해요."

혜빈이는 솎아내기에서 경쟁적인 사회구조를 떠올린 모양이었다. 이따금 뉴스에서 취업이 어렵다는 소식을 듣거나 성적 때문에 힘들어하는 중학교 선배 언니를 볼 때마다 불안한 생각이 들었기 때문이다.

'나도 입시 경쟁에 밀려서 대학에 가지 못하는 건 아닐까?'

'취업이 어렵다는데 나도 일자리를 못 구하는 건 아닐까?'

'일자리를 얻어도 구조조정 때문에 회사에서 솎아내어지면 어떡하지?'

뽑혀나가지 않기 위해서 몸부림치는 아이들

그림책 창작의 씨앗은 그림 실력도 글짓기 실력도 아닌 '사려 깊은 눈'이다. 수많은 아이들이 실과 교과서를 펼쳐 보지만, 솎아내기를 배우면서 우리 사회의 약한 사람들을 떠올린 아이는 혜빈이가 처음이었다. 경쟁에서 낙오되어 갈 곳을 잃어버린 사람들에 대한 안타까움, '우리는 식물이 아니라 사람'이므로 약한 사람과 강한 사람이 함께 어울려서 살아갔으면 좋겠다는 바람이 담긴 교실 속 창작 그림책 『솎아내기』는 한 아이의 깊고 아름다운 시선에서 시작됐다.

그림책 창작 수업은 한 권의 창작 그림책을 완성하는 데에서 그치지 않는다. 교실에서 감상과 창작은 언제나 선순환하며 이어졌다. 친구의 그림책을 다양한 관점에서 감상하고 그 감상을 나름의 방식으로 표현해내는 과정에서 또 다른 통찰을 담은 작품이 탄생했다.

혜빈이의 그림책 『솎아내기』를 읽으면서 친구들은 무엇을 느꼈을까? 많은 아이들이 혜빈이의 시선에 깊이 공감하며 경쟁에서 낙오될까 봐 두려운 심정을 시로 표현했다. 여기에서 한 발 더 나아가 좀 더 솔직하게 자신의 마음을 털어놓은 아이도 있었다.

내 옆에 있던 아이들이
하나둘 없어진다.
무섭기도 하지만

혜빈이는 실과 수업 시간에 배운 '솎아내기'의 개념에서 경쟁적인 사회구조를 떠올렸고, 이 같은 문제의식은 교실 속 창작 그림책 『솎아내기』의 바탕이 됐다.

이따금 신난다.
내가 살아남았기 때문이다.

내가 조금이라도 못하면
조금이라도 약하면
바로 솎아낼 테니까

다행이다

　동준이는 약한 새싹이 되어서 뽑혀지기보다는 강한 새싹으로 살아남고 싶은 욕구를 시에 담았다. 자기 주변의 친구들이 하나둘 사라지는 현실이 무섭기도 하지만, 어쨌든 자신은 살아남았다는 사실에 안도하게 되는 마음. '불행의 당사자가 내가 아니라 다행이다' 하는 마음. 어딘지 낯설지 않은, 우리 어른들 마음 한구석에도 똬리를 틀고 있는 그 마음. 우리는 이 아이의 마음을 과연 이기적이라고 말할 수 있을까? 동준이가 털어놓기 쉽지 않았을 마음을 꾸밈없이 꺼내어 보여준 시에도 많은 친구들이 공감했다.

뿌리를 지켜줄 수 있는 어른을 꿈꾸며

혜빈이와 함께 『솎아내기』를 만들면서, 나는 무한 경쟁 시대의 문제점과 공존의 가치를 통찰해낸 아이의 시선에 깊이 감탄했다. 그런가 하면 때때로 마음 한구석이 돌덩이를 얹은 것처럼 무겁게 내려앉았다. 엄혹한 현실에 두려움을 느끼는 아이들에게 나는 교사로서 어떤 가르침을 줘야 할지 고민스러웠다. 아무런 대책 없이 그저 말랑한 위로만 건네고 싶지는 않았다.

답은 멀리 있지 않았다. 『솎아내기』를 읽고 아이들이 감상을 적어낸 시의 한 구절 속에서 내가 가야 할 방향을 찾았다.

약한 새싹은 비참하게
뽑힌다.
그럴 때마다
다른 화분에
옮겨주면
좋을 것 같은데
그런 생각은 하지 않는다.

솎아내어졌다고 슬퍼하지 마
넌 뿌리가 있기 때문에

무한 경쟁 시대의 문제점과 공존의 가치를 통찰해낸 혜빈이의
깊고 아름다운 시선에 나는 깊이 감탄했다.

다른 곳에 가서
다시 크면 되는 거야.
다른 화분으로 들어가면
너는 거기서
제일 커.
(6학년 지영이의 시)

솎아내어지더라도 뿌리만 꺾이지 않으면 다른 화분에서 다시 클 수 있다는 지영이의 생각에 나는 '그렇지!' 하며 무릎을 쳤다. 교육은 아이들의 뿌리를 지켜주는 일이었다. 다른 화분에 옮겨 심기게 되더라도 능히 살아낼 수 있는 단단한 뿌리를 키워줄 사람이 지금 우리 아이들에게 절실했다.

작고 약한 새싹처럼 뽑혀버릴까 봐 두려워하는 아이들을 위해 어른들이 할 수 있는 일은 교육이라는 이름으로 아이 고유의 뿌리를 꺾어버리지 않는 것이 아닐까? 아이들이 저마다의 고유한 잠재력을 펼칠 수 있도록 더욱 넓은 세상을 만날 기회를 열어주고 싶다. 자기 본연의 뿌리를 건강하게 지켜낸 아이는 자신에게 맞는 토양을 만났을 때 그 가능성을 자유롭게 펼쳐 나갈 수 있을 테니 말이다.

PART 4

그림책으로 나를 표현하다
"쓰고"

나를 투영한 하나의 사물 찾기
_'은유 거울'을 통한 자기표현

종업식을 하고 아이들이 떠난 휑한 교실에 혼자 남아 있던 날이었다. 텅 빈 책상을 둘러보는데 선영이 자리에 편지가 놓여 있었다.

선생님, 저에게 선생님은 흰색 물감이에요.
저는 빨간색이었는데 선생님을 만나서 분홍색이 된 것 같아요.
감사합니다.

선영이는 분노조절장애 증상으로 5학년 담임을 맡았던 1년 내내 나를 가장 힘들게 했던 아이였다. 그랬던 선영이가 써준 세 문장에 그동안 함께 울었던 아픈 시간이 흰 눈 녹듯 녹아내렸다.
그날 이후로 흰색 물감을 볼 때마다 선영이 생각이 났다. 이따금 힘들 땐 선영이가 건네준 말을 잊지 않으려고 일부러 교탁 위에 흰색 물감을 올려놓고서 '나는 누군가에게 흰색 물감 같은 존재다' 라고 되뇌기도 했다. 이처럼 나를 투영한 하나의 사물은 구구절절한 말보다 훨씬 인상적으로 다가왔다. 아이들과 함께 하나의 사물에 나를 비춰보기 시작한 것은 그때부터였다.

내 마음을 비춰주는 '은유 거울'

사람은 누구나 자기만의 고유한 느낌과 성정을 가지고 있다. 그것을 하나의 사물에 빗대어 보여주는 거울이 있다면 어떨까? 나를 비춰서 하나의 사물로 보여주는 거울에 나는 '은유 거울'이라는 이름을 붙였다. 은유 거울에 나를 투영하면 장황한 설명 대신, 하나의 함축적인 시각 이미지로 나를 표현할 수 있었다. 그림책 창작 수업은 바로 이 은유 거울에 나를 비춰보는 데에서 시작됐다. 그림책 창작 수업에서 가장 중요한 과정은 나의 내면을 들여다보는 일이었기 때문이다. 나는 아이들에게 이런 질문들을 던졌다.

"나를 하나의 사물에 빗대어 소개해보자. 나를 나타낼 수 있는 사물은 무엇이 있을까?"

"나와 닮은 동물이나 색깔을 떠올려볼까?"

"나의 성격이나 특징을 보여주는 물건이 있을까?"

"나를 하나의 이미지로 표현한다면 어떻게 그려볼 수 있을까?"

나만이 가진 특징과 성격, 좋아하는 것을 떠올리다 보면 자연스레 나와 공통점을 가진 하나의 사물을 연상할 수 있었다.

남휘는 곧장 블랙홀을 떠올렸다.

"선생님, 저는 블랙홀이에요. 제가 왜 블랙홀인지 아세요?"

"어디 보자… 우리 남휘는 친구들을 홀딱 빠져들게 하는 매력이 있잖아. 그래서 블랙홀 같은데?"

"아니에요. 저는 위장이 블랙홀이에요. 음식을 몽땅 빨아들이거든요. 아무리 먹어도 자꾸 배가 고파요."

남휘의 예상치 못한 반전 대답에 교실은 웃음 블랙홀로 빠져들었다. 아이들은 소화기, 물병, 시간표, 숟가락 등 다양한 사물을 떠올리면서 재기발랄하게 자신을 표현했다. 활기찬 모습으로 자신을 은유했던 여느 아이들과는 달리 현서는 자신이 다른 친구들과 조금 다르다고 느꼈다.

"선생님, 저는 어둠이에요. 그런데요, 어둡기 때문에 볼 수 있는 게 있어요."

"어둡기 때문에 볼 수 있는 것이라… 그게 뭘까?"

"별이요. 낮엔 별빛을 볼 수 없잖아요. 햇빛이 너무 강하니까요."

"맞아, 현서야. 조용할 때만 들리는 풀벌레 소리처럼, 어두울 때만 보이는 것들이 분명히 있어."

"선생님, 어둠 속에서 별을 볼 수 있으면요. 그 사람은 우주의 빛깔을 발견한 거예요."

"아…!"

삶의 이면을 통찰해낸 현서의 말에 내 입에선 절로 깊은 탄식이 흘러나왔다. 어둠에 대해 깊이 생각해본 사람만이 할 수 있는 이야기였다. 현서는 자신을 '어둠'이라고 소개하면서 다음과 같은 글을 썼다. 이 내용은 이후에 『어둠, 그리고 우주』라는 교실 속 창작 그림책의 씨앗이 됐다.

나는 어둠이다.
남들보다
화려하지도, 밝지도 않지만
언뜻 보아서는
아무런 쓸모가 없어 보이기도 하지만
어둠은
밤의 색깔을 가졌다.
우주의 빛깔을 가졌다.
나는 어둠이기에
그 누구보다도 밝은 별을 볼 수 있다.
어둠은 꿈을 꾼다.

흐느적흐느적 미역이 된 래연이의 속사정

아이들이 자기 자신을 비유한 사물들을 들어보면, 대략 어떤 까닭으로 그 사물에 자신을 비유했는지 짐작이 되곤 했다. 그렇지만 아이들은 언제나 예상을 뛰어넘는 존재들이기도 했다. 어떤 아이들은 도무지 짐작할 수 없는 사물에 자신을 비유하기도 했다. 처음에는 고개를 갸우뚱했다가, 까닭을 들으면 무릎을 탁 치게 되는 사연들이었다. 그중에 단연 압권은 흐늘거리는 미역을 그린 래연이였다.

"선생님, 저는 미역이에요."

"왜 미역일까? 아, 알았다. 래연이는 미역국을 좋아하는구나?"

"에이, 그게 아니고요. 제가 미역처럼 좀 흐느적거리거든요. 친구가 말하면 이쪽으로 흐느적, 엄마가 말하면 또 저쪽으로 흐느적."

"오호, 그렇다면 해파리는 어때? 해파리도 흐느적거리잖아?"

"음… 해파리는 안 돼요."

"해파리는 왜 안 되는 거야?"

"뿌리가 없잖아요."

"오호!"

"제가 한번 고집을 부리면 또 끝까지 가거든요. 미역 보세요. 흐느적거려도 딱 뿌리가 있잖아요. 그러니까 저는 미역이 더 맞아요."

래연이는 자기 나름대로 뿌리가 있으면서도 흐느적거리는 존재를 찾아낸 것이다. 래연이가 자신을 미역에 비유한 까닭을 설명하며 나에게 들려준 이야기는 고스란히 창작 그림책의 서사로 연결됐다. 『나의 친구 미역 할머니』는 그렇게 만들어졌다. 래연이의 그림책 속에서 할머니가 된 미역은 작은 물고기와 이런 이야기를 나눈다.

"할머니는 왜 이렇게 흐느적거리시나요?"
"물살을 타고 의지하는 것이란다."
"할머니는 왜 계속 마음이 움직이시나요?"
"다른 생각도 들어봐야 귀가 열린단다."
"할머니는 왜 계속 그곳에만 계세요? 답답하잖아요."
"이곳에서 나의 소원이 이루어지길 기다리는 것이란다."

어디에 내놓아도 손색없는 탄탄한 이야기를 가진 이 그림책의 시작은 '나는 미역이다'라는 하나의 생각 조각이었다. 자기만의 이유를 가진 그 생각 조각이 꿈틀거리면서 한 편의 어엿한 서사와 그림으로 성장했다. 그것이 가능했던 이유는 딱 하나. 이 미역은 그냥 미역이 아니기 때문이었다. 이 미역으로 말할 것 같으면, 흐느적거리지만 뿌리 깊은 래연이만의 미역이었으니까. 자기만의 이야기는 이렇게 힘이 세다.

래연이가 쓰고 그린 그림책
『나의 친구 미역 할머니』는
은유 거울 활동을 하며 떠올린
'나는 미역이다'라는 생각에서 시작됐다.

은유 거울을 통한 자기표현 활동 시 유의할 점

은유 거울을 통해 아이들로부터 자기표현을 이끌어낼 때 유의할 점이 두 가지 있다.

첫째, 은유 거울에 내 마음을 비출 때에는 깊고 무겁게 생각하기보다는 즉흥적으로 떠오르는 사물이나 이미지에 주목하는 것이 중요하다. 은유 거울의 목적은 '지금 이 순간의 나'를 상징과 은유를 통해 들여다보기 위함이다. 아이들에게도 어제와 오늘, 지난달과 이번 달의 은유 거울은 자연스럽게 달라질 수 있으므로 하나의 사물에 자신의 모든 삶을 담으려고 할 필요는 없다고 이야기해주자. 아이들이 스스로도 몰랐던 오늘의 자신을 새롭게 발견할 수 있도록 가볍게 표현을 시작하게끔 독려하는 것이 중요하다.

둘째, 구체적인 상황을 부여해 디테일하게 표현하도록 가이드를 해주는 것이 좋다. 가령 아이가 '나는 우산입니다'라고 표현하는 데에서 그친다면, 이 우산은 진공상태에 홀로 붕 떠 있는 것처럼 아무런 상황이나 장면을 갖지 못한다. 이럴 때 아이가 구체적인 상황을 떠올릴 수 있도록 질문을 던져주어야 한다.

"이 우산은 어디에 있을까?
"지금 비가 오는 상황일까?"
"이 우산은 펼쳐져 있을까 아니면 접혀 있을까?"

이런 질문을 통해서 우산에 구체적인 상황이 생기면, 아이는 자신을 이런 식으로 표현할 수 있다.

'나는 비오는 날 찢어진 채 나무 밑에 버려져 있는 우산입니다.'

눈앞에 하나의 장면이 그려지지 않는가? 이야기는 여기에서 시작된다. 이 우산은 왜 비오는 날에 찢어진 채 버려졌을까? 왜 하필 나무 밑에 버려졌을까? 이 우산만이 갖고 있는 이야기가 궁금해진다.

은유 거울 활동을 통해서 다양한 상징과 은유를 사용해 자기를 표현할 때, 아이들은 스스로에 대한 탐구를 본격적으로 시작할 수 있다. 아이들은 자신을 투영한 하나의 이미지를 토대로 자기만의 고유한 글감을 찾고 창작의 실마리를 발견할 수 있다. 그 속에는 그 아이만의 생각과 감정이 담겨 있다.

숫자, 음계, 색깔 등으로
나를 표현하기

하나의 사물에 자신을 비추면서 그림책의 글감을 찾아나가는 아이들이 있는가 하면, 자기표현이 어려워서 쩔쩔매는 아이들도 적지 않았다.

"선생님, 저는 머릿속에 떠오르는 게 아무것도 없어요."

"저를 어떻게 표현해야 할지 도무지 모르겠어요."

어디에서부터 이야기를 시작해야 할지 몰라 막막해하는 아이들은 범위를 좁혀주면 훨씬 쉽게 접근했다. 색깔이나 숫자, 음계와 같이 비교적 구체적인 범주 안에서 자신과 비슷한 것을 선택하도록 일러주면 막연해하던 아이들도 눈을 반짝였다.

숫자로 나를 표현하기

먼저 숫자를 가지고 이야기를 나눴다.

"나를 하나의 숫자로 표현해보면 어떨까? 나를 나타낼 수 있는 숫자는 무엇일까?"

시후는 자신을 101이라는 숫자로 표현했다.

나는 숫자 101이다. 과욕을 부리다가 항상 하나가 넘친다.

"저는 100이 되고 싶어요. 그런데 욕심 때문에 꼭 하나가 넘쳐요."

"우리 시후가 의욕이 많아서 그렇지. 오호, 그런데 시후 그림을 보니까 101의 그림자를 100으로 그렸구나!"

"가끔 넘치긴 해도 제 원래 모습은 100이거든요. 그래서 그림자에는 100이 나타나게 그렸어요."

지연이는 '김지연다움'을 숫자로 표현했다.

어떤 수를 곱해도 0은 0이다.
많은 역할이 있지만 나는 나다.

"선생님 저는 0이에요."

"보자… 0이라면 비움을 의미하는 걸까? 아니면 동그라미를 말하는 걸까?"

"0은 12를 곱해도 0이고, 34를 곱해도 0이잖아요."

"응, 그렇지."

"저도 학급 회장, 친구, 첫째 딸, 언니… 많은 역할이 있지만 제가 '김지연'이라는 사실은 변하지 않잖아요. 그래서 숫자 0이 떠올랐어요."

"우와, 우리 지연이가 벌써 그걸 깨닫다니!"

지연이와 이야기를 나누면서 나는 다니카와 슌타로의 글에 초신타가 그림을 그린 그림책 『나』가 떠올랐다. 이 그림책은 나에 대해서 이렇게 정의한다. 오빠가 보면 여동생, 엄마가 보면 딸 유리, 삼촌이 보면 조카 유리, 개가 보면 사람, 개미가 보면 거인, 서양인이 보면 동양인, 우주인이 보면 지구인.

한편, 수경이가 자신과 같다고 여긴 숫자는 바로 96. 수경이는 한번 마음먹은 것은 절대로 바꾸지 않는 굳은 심지를 가진 친구다.

거꾸로 돌려도 96은 다시 96이 된다.
나도 한번 마음먹은 것은
절대 바꾸지 않는다.

"이것 보세요, 선생님. 종이에 96을 쓴 다음에 한 바퀴 빙 돌려 봐도 여전히 96이에요!"

PART 4 그림책으로 나를 표현하다

자신을 어떻게 표현하면
좋을지 잘 모르던 아이들도
숫자로 자신을 표현하게 하면
좀 더 쉽게 자기 안의 이야기를
솔직하게 꺼내놓았다.

그런가 하면 호찬이는 유독 소수에 애착을 보였다. 그 이유는 무엇일까?

나를 표현하는 수는 7, 11, 13 같은 소수가 적당하다.
1과 자신 이외에 다른 약수가 없는 소수처럼
나도 나 자신만 바라본다.

"선생님, 저를 표현하는 숫자라면 7, 11, 13이 적당해요."

"7과 11, 그리고 13이라… 이거 소수 말하는 거로구나. 1과 자기 자신만으로 나누어 떨어지는 수."

"오, 선생님 금방 알아차리셨네요. 저는 소수가 끌려요. 좀 매력 있잖아요."

"어떤 점에서?"

"소수는 1과 자신 말고는 다른 약수가 없잖아요. 저도 저 자신만 바라보거든요. 다른 사람한테는 별로 관심 없어요. 혼자가 좋아요."

숫자를 통해 아이들의 마음을 재발견하는 기쁨에 시간 가는 줄 몰랐다. 아이들은 숫자 하나에 무궁무진한 이야기를 담아냈다. 아이들의 이야기를 듣다 보면 하나의 숫자와 그것을 고른 아이가 묘하게도 어울렸다. 숫자, 음계, 색깔 등 다양한 범주 안에 아이들의 마음을 비춰보는 동안 이야기는 점점 무르익어갔다.

음계로 나를 표현하기

음계를 활용하면 보다 창의적으로 자신을 소개할 수 있다.

"얘들아, '도레미파솔라시도' 음계 중에서 나를 닮은 음은 뭐가 있을까?"

시후는 곧장 '솔'을 골랐다.

"선생님, 저는 '솔'인 것 같아요. 솔은 '도미솔' 할 때도 잘 어울리고, '시레솔' 할 때도 잘 어울리잖아요. 솔이랑 저랑 닮았어요."

시후는 어떤 친구와 만나도 스스럼없이 잘 어울린다. 그런 자신을 어느 음과도 잘 어우러져 화음을 만들어내는 '솔'에 빗대어 표현했다.

한편, 진주는 피아노를 칠 때 '시' 소리를 들으면 꼭 자기처럼 느껴진다고 했다. 어떤 일을 할 때 꼭 한 가지를 실수하거나 빼먹을까 봐 불안하기 때문이란다.

"생각해보세요, 선생님. '시'라는 음을 들으면 한 칸 모자란 느낌이 들잖아요. '도'보다 왠지 불안하고요. 저는 '시'랑 닮은 것 같아요. 꼭 하나씩 실수하고 빼먹을까 봐 걱정하거든요."

지현이는 검은 건반 이야기를 들려주었다.

"선생님, 저를 음계로 표현한다면 검은 건반으로 쳐야 하는 플랫이나 샵이 적당할 것 같아요."

"오호, 플랫이나 샵이라?"

"저는 반음 정도 엇나간 음이 좋거든요. 검은 건반이 내는 소리에 왠지 끌려요. 흰 건반은 다른 사람들도 많이 선택하니까 괜히 고르기 싫고요."

이처럼 은유와 상징을 통해 이야기를 풀어내다 보면 아이들의 자기표현 욕구가 해소되는 지점이 분명 있었다. 음과 음 사이, 숫자와 숫자 사이 그 어디쯤에서 가슴속에 품고 있던 이야기를 슬며시 꺼내는 아이를 만날 때마다 나는 아무도 밟지 않은 땅을 발견해낸 것처럼 마냥 기뻤다.

글쓰기를 어려워하는 아이들을 위한 처방

"선생님, 이제 저 혼자 그림책 한 권을 제대로 써보고 싶어요."
"제 글이랑 그림이 어떻게 그림책이 될 수 있을지 막연하고 궁금하기만 했는데, 이제 감을 좀 잡았어요."

은유 거울을 통해 아이들은 자기도 미처 모르고 있었던 자기 안의 서사를 발견해내고 난 뒤, 그림책 창작을 향한 뜨거운 마음을 지피우기 시작했다. 그뿐만 아니라, 꼭 쓰고 싶은 이야기가 있었다면서 마음속 깊은 곳에 감춰뒀던 창작 본능을 점점 겉으로 발산하기 시작했다.

그런 아이들을 만나면 나는 이른 아침 재빠르게 발견하지 않으면 금방 햇볕에 말라버리는, 나뭇잎에 매달린 이슬방울을 발견한 것처럼 반가웠다. 그만큼 이제 막 피어나는 중인 아이들의 창작열을 기성 그림책의 문법이나 틀에 가두지 않기 위해 노력했다.

"애들아, 어른들이 써놓은 동화의 틀을 흉내 내어서 하나의 그럴 듯한 이야기를 지어낼 필요는 없어. 그런 책은 이미 서점에도 많잖아. 선생님은 너희 안에 잠재된 진짜 이야기를 듣고 싶어."

그렇게 나의 신호에 감응하여 꼼지락대며 자기 세계를 펼쳐내는 아이가 있는가 하면, 여전히 빈 종이를 보면 머리가 하얘진다고 말하는 아이도 있었다.

"선생님, 저는 흰 종이를 보면 정말 아무 생각도 안 나요."

창작의 욕구는 가득 했지만 이야기의 물꼬를 트지 못해 답답해하는 아이들이 적지 않았다. 가슴속에는 이야기가 꽉 들어찼는데 어디에서부터 글로 풀어내야 할지 몰라서 애태우는 아이들이 많았다. 이런 아이들을 위한 쓰기 처방이 필요했다.

'여섯 조각 이야기'로 물꼬를 트다

빈 종이의 침묵을 두려워하는 아이들은 이야기의 틀을 제시해 줄 때에 오히려 안도했다. 우선 틀이 뭔지를 알아야 깰 수도 있는 법이다. 소설가이자 다큐멘터리 제작자이기도 했던 로널드 B. 토비아스는 『인간의 마음을 사로잡는 스무 가지 플롯』에서 『돈키호테』부터 『파우스트』에 이르는 방대한 명작들을 스무 가지의 플롯으로 분류했다. 토비아스는 플롯이란 '이야기의 방향을 잡아주는 나침반'이자

'이야기의 모든 요소를 엮는 힘'이라고 정의했다. 그 어떤 방대한 이야기라도 서사의 군더더기를 모두 덜어내면 궁극에는 플롯만 남는다. 이 책을 읽고 나니 플롯이라는 나침반을 제시해주면 빈 종이를 두려워하던 아이들도 자연스럽게 인물과 사건을 꺼내어 그림책의 서사를 써나갈 수 있겠다는 생각이 들었다.

그렇다면 아이들이 가진 이야기의 방향을 잡아줄 도구로는 무엇이 적절할까? 미국의 연극치료 연구자 데이비드 리드 존슨이 공저자로 쓴 『연극치료의 진단평가』를 비롯한 다양한 책을 들춰본 끝에 나는 교육연극에서 활용하는 진단기법인 '여섯 조각 이야기(Six-Piece Story-Making)'에 주목했다. 여섯 조각 이야기는 이스라엘의 심리학자이자 연극치료사인 물리 라하드가 소개한 연극치료의 진단기법으로, 여섯 개의 주어진 틀에 따라 즉흥적으로 그림을 그리면서 이야기를 만들어나가는 방법이다. 라하드는 전쟁으로 상처받은 학생들의 외상 후 스트레스 장애 회복에 대해 연구하면서 여섯 조각 이야기 이론을 구축했다. 그림책 글쓰기의 단계에서 여섯 조각 이야기를 활용하면 자연스럽게 서사를 가진 한 편의 글을 쓸 수 있다.

여섯 조각 이야기는 한 장의 종이에 여섯 개의 공간을 만들고 그 안에 그림을 그리면서 이야기를 만들어나가는 방식으로 진행된다. 선생님이나 부모님이 미리 구성해놓은 여섯 개의 틀에 따라 이야기를 들려주면 아이는 여섯 칸의 종이에 즉흥적으로 그림을 그려나간다.

먼저 한 장의 종이를 여섯 칸이 되도록 나누어 접는다. 각각의 칸에는 순서대로 다음의 여섯 개의 이야기를 담아낸다.

① **주인공**
② **주인공이 하고 싶은 것 / 해야 할 일**
③ **주인공을 방해하는 것**
④ **주인공을 도와주는 것**
⑤ **주인공이 문제를 해결하는 과정**
⑥ **결말**

나는 이렇게 이야기를 시작했다.
"얘들아, 지금부터 여섯 조각 이야기 활동을 해보려고 해. 선생님의 이야기를 듣다 보면 너희들 머릿속에 저마다 떠오르는 장면이 있을 거야. 그걸 여섯 칸의 종이에 차례대로 그려보자. 그리고 종이의 뒷면에는 장면에 대한 설명을 한 문장으로 간단히 써보는 거야."

아이들은 내가 들려주는 여섯 조각 이야기를 따라서 차례대로 여섯 개의 빈칸을 그림으로 채워나갔다. 교육연극에서 진단을 목적으로 여섯 조각 이야기를 활용할 때에는 주로 간단하게 그림만 그린다. 하지만 나는 그림책 글쓰기를 위해 여섯 조각 이야기를 수업에 활용하는 상황이었으므로, 아이들에게 각 장면의 내용을 그림과 함께 한 문장으로 쓰도록 지도했다. 그렇게 여섯 조각 이야기를 따라가며 문장을 완성해내는 가운데 물 흐르듯 자연스럽게 한 편의 이야기가 탄생했다.

'여섯 조각 이야기'의 실제

① 주인공

👧 지금부터 이야기의 주인공을 그려보자. 주인공이 살고 있는 장소가 잘 드러나도록 배경도 자세히 그려줘. 이 주인공은 무중력 상태의 허공에 붕 떠 있는 게 아니라 구체적인 장소에 살고 있어. 주인공은 사람일 수도 있고 사물일 수도 있어. 물론 동물이나 식물, 곤충, 자연, 무생물일 수도 있지.

👦 저는 우산이 떠올랐어요. 숲속에 버려진 우산이에요.

만일 여섯 조각 이야기를 진행할 때 첫 번째 단계인 주인공 설정에서부터 꽉 막히는 아이가 있다면, 앞에서 이야기했던 은유 거울에 나를 비춰 표현했던 하나의 사물이나 색깔, 숫자를 자연스럽게 주인공으로 가져오면 도움이 된다. 다른 누군가가 아닌 나 자신을 주인공으로 삼았을 때 더욱 생생한 이야기를 펼쳐낼 수 있다.

아이가 자신을 투영한 사물을 주인공으로 가져오는 것도 어려워한다면 앞에서 이야기했던 '나의 단점, 캐릭터로 만들기' 활동을 활용해보자(132쪽 참조). 자신의 단점을 캐릭터로 만든 후에 그것을 그림책의 주인공으로 삼으면 충분히 매력적인 서사를 만들어낼 수 있다. 실제로 '나의 단점, 캐릭터로 만들기' 활동을 하면서 자신을 '까칠이'라는 캐릭터로 소개했던 석현이는 이야기를 더 구체적으로 풀어서 『까칠이의 하루』라는 재미난 교실 속 창작 그림책을 만들기도 했다.

② 주인공이 하고 싶은 것 / 해야 할 일

- 이 주인공은 이야기 속에서 해야 할 일이 있어. 자신이 이루고 싶은 일을 해낼 수도 있고 누군가를 도와줄 수도 있지. 싸울 수도 있고, 무모한 목표에 도전할 수도 있고, 변신도 가능해. 내가 그린 주인공은 무엇을 해야 할까?

- 이 우산은 다른 사람에게 도움을 주고 싶어요. 버려진 우산이다 보니까 누군가 자기를 써주면 좋겠다는 간절한 소망이 있거든요.

③ 주인공을 방해하는 것

🧑 주인공이 하고 싶은 일을 하지 못하게 방해하는 존재도 있어. 주인공을 방해하는 건 사람일 수도 있고 아닐 수도 있어. 주인공이 가진 어떤 성격일 수도 있고, 강력한 외부의 힘일 수도 있지. 주인공을 누가, 어떻게 방해할까?

🧒 사람들이 버려진 우산을 보고 '저걸 어떻게 쓰냐'라고 말하면서 발로 차고 지나가요. 그럴 때 우산은 힘이 쭉 빠질 것 같아요.

④ 주인공을 도와주는 것

🧑 반면에 주인공이 하고 싶은 일을 해낼 수 있도록 도와주는 존재도 있어. 주인공을 방해하는 존재와 마찬가지로 사람일 수도 있고 형체가 없는 것일 수도 있지. 친구일 수도 있지만 햇빛이나 바람일 수도 있고. 어쩌면 주인공 그 자신일 수도 있어. 혹은 아무에게도 도움을 못 받았을 수도 있고 말이야. 주인공을 누가, 어떻게 도와줄까?

🧒 버려진 우산에게는 다른 무엇보다 용기를 주는 따뜻한 말 한 마

디가 도움이 될 거예요.

⑤ 주인공이 문제를 해결하는 과정

주인공은 하고 싶은 일을 해낼까, 아니면 해내지 못할까? 주인공을 돕는 존재와 힘을 합쳐서 해낼 수도 있고 주인공을 방해하는 존재를 응징할 수도 있어. 주인공이 문제를 해결하는 과정을 그려보자.

가만히 있으면 문제가 해결이 안 될 것 같아요. 비가 오는데 우산도 없이 걸어가는 사람을 보면 그 사람에게 용기 내서 뛰어갈 거예요. '비 맞으면서 가지 말고 나를 써주세요'라고 먼저 다가가서 말할 거예요.

⑥ 결말

마지막으로 그 이야기가 어떻게 끝나는지 결말을 그려보자. 목표 달성에 성공했는지 아닌지 모를 수도 있고, 완전히 실패했을 수도 있어. 행복한 결말일 수도 있고, 아쉽지만 다음을 기약하며 끝맺을 수도 있지.

🧒 우산 없이 비를 맞던 사람이 결국 이 우산을 쓰고 비를 피해요. 우산이 드디어 다른 사람을 도울 수 있어서 기뻐하는 모습으로 끝낼 거예요.

서윤이는 여섯 조각 이야기의 흐름을 따라 여섯 컷의 그림을 그리면서 다음과 같이 여섯 개의 문장을 썼다. 그 결과, 버려진 우산이 다른 사람을 돕기 위해 용기를 내는 이야기가 완성됐다.

① 주인공은 숲속에 버려진 우산이다.
② 이 우산은 다른 사람에게 도움을 주고 싶다.
③ 사람들이 '저걸 어떻게 쓰냐'라고 말하면서 발로 차고 지나가자 우산은 힘이 쭉 빠진다.
④ 우산은 용기를 주는 따뜻한 말 한 마디에 힘을 낸다.
⑤ 비가 오는데 우산도 없이 걸어가는 사람에게 용기를 내서 뛰어가서 자신을 써달라고 말한다.
⑥ 우산은 다른 사람을 도울 수 있어서 기쁘다.

빈 종이를 어떻게 채워야 할지 막막해하던 아이들도 여섯 조각 이야기 활동을 거치면 한결 편안하게 이야기를 풀어내며 그림책 서

여섯 조각 이야기 활동을 통해 아이들은 한결 편안하게
그림책 서사의 뼈대를 튼튼하게 잡아나갔다.
위의 그림은 서윤이가 쓰고 그린 그림책
『버려진 우산』의 여섯 조각 이야기다.

사의 탄탄한 뼈대를 잡아나갔다. 신기한 것은 이 뼈대를 그대로 지켜 가면서 그림책을 창작하는 아이가 거의 없다는 사실이다. 그림책을 창작해나가는 과정 중에 아이들은 수없이 주인공을 바꾸고, 서사를 비틀고, 새로운 인물을 등장시킨다. 틀을 배우고 돌아서서 곧장 그 틀을 깨지 않고는 못 배기는 존재, 그것이 바로 우리 아이들이다.

'이너보이스 활동'으로 스토리텔링하기

글을 쓰다가 아이디어가 떠오르지 않을 때 내가 종종 쓰는 방법이 있다. 바로 책장에 꽂힌 화집을 손이 닿는 대로 꺼내 뒤적이거나, 새로 산 시집 속의 단어들을 살피는 일이다. 책을 툭 펼쳐서 산책하듯 편안한 마음으로 그림과 단어를 좇아가다 보면 마치 신선한 공기를 들이마신 듯이 새로운 힌트를 얻곤 했다. 비슷한 분야의 책보다는 전혀 생소한 분야의 책을 펼쳤을 때, 글이 빽빽한 책보다는 감각적인 사진이나 그림이 많은 책을 펼쳤을 때 신선한 공기는 더욱 많이 불어왔다.

글을 쓰다가 막히는 아이들을 돕기 위해서 나는 그림이나 사진을 활용해 다양한 방법으로 주의를 환기시키곤 했다. 전혀 예상치 않은 자극을 통해 글쓰기를 진전시킬 단서를 건네주고 싶었기 때문이다. 그중 내가 추천하고 싶은 방법은 '이너보이스(Innervoice)' 스토리텔링 보드게임 카드를 활용하는 방법이다.

이너보이스는 디자이너 이동훈과 그림책 작가 박정섭이 만든 감성 스토리텔링 보드게임이다. 카드에 그려진 추상적인 그림을 이용해 게임을 해나가면서 물 흐르듯 즉흥적이고 자연스럽게 이야기를 만들어갈 수 있다. 이너보이스 카드는 총 54장인데 각각의 카드에는 추상적인 형태의 다양한 점이 그려져 있다. 여기에 나무로 만들어진 17개의 컴포넌트까지 더해져 있어 게임에 활용할 수 있다. 컴포넌트에는 비행기, 자동차, 나무, 왕관, 열쇠, 구름 등 여러 가지 형태가 있다.

카드에 그려져 있는 54가지의 추상적이고 모호한 그림은 아이들이 스토리텔링을 할 때 어떤 단서를 제시하는 역할을 한다. 이야기를 전개해나갈 때 아이디어를 던져주거나 뜻밖의 힌트를 주는 것이다. 내가 이너보이스 카드를 활용해서 하는 대표적인 활동은 두 가지이다.

'고민을 말해봐, 4컷으로 답해봐' 활동

첫 번째는 '고민을 말해봐, 4컷으로 답해봐' 활동이다. 모둠원 중 한 명이 고민을 말하면 나머지 친구들이 무작위로 네 장의 카드를 뽑아서 고민에 답하는 방식으로 진행한다. 먼저 한 친구가 고민을 말하고 나면 나머지 친구들은 총 54장의 카드 중에서 각각 무작위로 4장씩 뽑는다. 그다음 자신이 뽑은 카드를 펼쳐놓고 보면서 즉흥적으로 떠오르는 생각을 토대로 친구의 고민에 대해 자신의 해결 방안을 들려준다.

4학년 아이들은 이 활동을 하면서 이런 고민을 털어놓았다.

"저녁에 잠을 자야 하는데, 동생들이 잠을 안 자서 아침에 피곤합니다."

"주말에 오빠 방에 들어가서 뭘 하는지 보려고 하면, 들어오지 말라고 합니다."

"친구에게 상처받은 것이 도무지 치유가 안 됩니다."

엉뚱한 고민도 있었지만 진솔하고 묵직한 고민도 많았다. 고민을 털어놓는 아이도, 해결책을 제시하는 아이들도 사뭇 진지한 태도로 이 활동에 임한다.

'고민을 말해봐, 4컷으로 답해봐' 활동의 실제

① 모둠원 중 한 명이 고민을 말한다.
② 나머지 친구들은 무작위로 카드를 각각 4장씩 뽑는다.
③ 뽑은 카드에 그려진 그림을 보면서 친구의 고민을 해결해줄 방법에 대해 즉흥적으로 이야기를 만들어서 들려준다.
④ 고민을 말했던 한 명은 친구들에게 감사의 대답을 건넨다. 이를

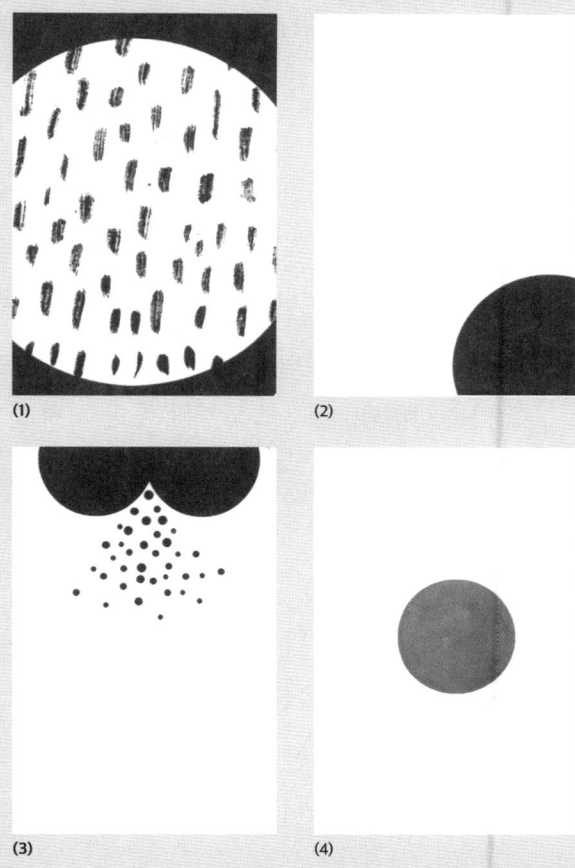

모둠원 중 한 명이 "요즘 시험 성적이 떨어질 때마다 우리 집 강아지인 똘망이보다 못하다고 비교를 당해요"라고 고민을 털어놓자, 아이들은 이너보이스 카드를 뽑은 뒤 해당 카드의 그림을 보고 떠오른 생각을 바탕으로 즉흥적으로 이야기를 만들어서 친구의 고민에 응답했다.

(1) 강아지한테 비교를 당했다니 눈물 났겠어요.
(2) 방구석에 처박힌 기분이 들기도 했겠죠.
(3) 그럴 땐 시원하게 방귀를 뀌는 것처럼 엄마한테 이렇게 말해보세요.
(4) "엄마, 나는 이 세상에 딱 하나뿐인 존재라고요!"

테면 "내 고민을 시원하게 뚫어준 현철이에게 파랑새 한 마리를 선물로 줄게. 고마워"라고 말하는 식이다.

여기까지 마치면 이번에는 왼쪽에 앉은 친구가 자신의 고민을 말할 차례다. 이번에도 이너보이스 카드를 걷어서 잘 섞은 후 중앙에 놓은 뒤 ①~④의 과정을 반복한다. 모둠원 모두가 자신의 고민을 이야기했다면 이 활동은 끝이 난다.

'고민을 말해봐, 4컷으로 답해봐' 활동을 하고 난 뒤, 아이들은 이런 피드백을 건넸다.

"친구들이 생각보다 훨씬 더 진지하게 내 고민을 들어줘서 고마웠어요."

"내 고민에 대해서 다른 친구들이 뭐라고 말할지 진짜 궁금했는데, 다양한 해결책을 들을 수 있어서 좋았어요."

"갑자기 친구의 고민에 답을 해주려니까 막막했는데, 카드에 그려진 그림을 보면서 더듬더듬 말을 이어갔더니 신기하게도 이야기가 만들어졌어요."

아이들은 자신의 고민이 해결된 것에 대해 커다란 만족과 해방감을 느꼈다. 더불어서 카드에 그려진 그림을 보면서 이야기를 이어갔더니 아이디어가 떠올랐다는 사실에 깊이 공감했다. 친구의 고민을 듣고서 어떤 대답을 해줘야 할지 몰라 당황스러웠을 때, 추상적으로 그려진 그림을 보면서 이야기를 펼쳐나갈 힌트를 얻었던 것이다.

'8컷으로 시작하는 그림책 창작' 활동

두 번째 활동은 '8컷으로 시작하는 그림책 창작' 활동이다. '고민을 말해봐, 4컷으로 답해봐' 활동은 이 활동을 위한 워밍업이다. 그림책 창작을 위한 본격적인 스토리텔링은 '8컷으로 시작하는 그림책 창작' 활동을 통해 이뤄진다.

먼저 54장의 카드 중에서 8장의 카드를 뽑는다. 카드를 뽑을 때에는 그림을 보지 않고 무작위로 뽑는 것이 핵심이다. 8장의 카드를 뽑았으면 이제 카드를 쭉 늘어놓고서 떠오르는 대로 즉흥적으로 이야기를 풀어낼 차례다. 이야기를 펼쳐낼 때 핵심은 그림과 이야기의 연관성을 논리적으로 따지거나 오래 고민하지 않는 것이다.

어떤 이야기든 자유롭게 꺼낼 수 있도록 하고, 카드의 순서를 바꾸거나 카드를 가로세로 위아래로 돌려서 방향을 바꾸는 것도 얼마든지 허용한다. 카드의 그림을 보면서 흘러가는 대로 툭 이야기를 펼치다 보면 생각지 못했던 소재나 이야기 전개 방식과 만날 수 있다. 카드에 그려진 그림이 어떤 단서가 되어서 아이 안에 잠재되어 있던 이야기의 씨앗을 건드려주면 무궁무진한 스토리텔링이 시작된다.

'8컷으로 시작하는 그림책 창작' 활동의 실제

① 54장의 카드에서 8장의 카드를 무작위로 뽑는다.
② 8장의 카드를 늘어놓고서 즉흥적으로 이야기를 쓴다.
③ 그림을 왼쪽, 글을 오른쪽에 오도록 배치하여, 총 16쪽의 미니북을 만든다.

이너보이스 카드를 활용해 이야기를 만들어낼 때마다 나는 매번 신기하단 생각을 한다. 무작위로 뽑은 카드로부터 어쩌면 이렇게 절묘하게 맞아 떨어지는 이야기가 만들어지는지!

예서는 평소에 일기를 쓰거나 점심시간에 내 곁에 와서 조잘거릴 때 주로 많이 하는 이야기가 있다. 바로 동생 이야기다. 아니나 다를까. 예서가 이너보이스 카드에 그려진 그림을 보면서 풀어낸 이야기에는 동생과 싸웠던 경험이 고스란히 담겨 있었다. 아이들도 나와 비슷한 심정을 느낀 듯했다.

"점을 보면서 흘러가는 대로 썼는데, 그게 하나의 이야기로 이어지니까 신기했어요."

"그림을 보면서 이야기를 떠올리니까 아이디어가 술술 나오더라고요. 내가 이렇게 이야기를 잘 만드는구나 생각했어요."

"그림책은 만들고 싶은데 그림을 못 그려서 고민이었거든요. 그런데 이렇게 카드에 그려져 있는 그림을 보면서 이야기만 만드는 건

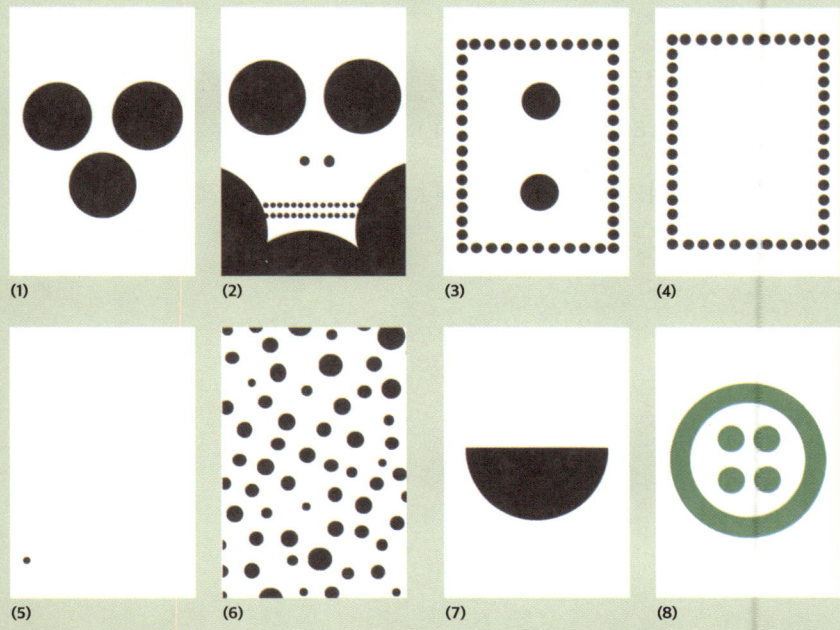

아이들은 이너보이스 카드를 뽑은 뒤 해당 카드에 그려진 그림을 보고 떠오른 생각을 바탕으로 즉흥적으로 이야기를 만들었다.
다음은 예서가 만든 이야기다.

(1) 오늘도 동생은 나에게 소리를 빽 질렀다.
(2) 나도 표정이 일그러졌다.
(3) 거실에는 침묵이 가득했다. 나와 동생만 남은 상태였다.
(4) 하지만 금방 방으로 들어간 우리… 거실엔 아무도 없다.
(5) 그런데 방으로 들어가자 눈물 한 방울이 떨어졌다.
(6) 이내 우두둑 떨어졌다.
(7) 바구니 하나에 담길 듯 많이 쏟아졌다.
(8) 내가 우는 소리를 듣고 아빠, 엄마, 동생이 찾아와 나를 꼭 안아줬다. 더 이상 눈물이 나오지 않았다.

부담스럽지 않아서 좋아요."

그림을 잘 그리지 못하거나 빈 종이를 보면 막막해하는 아이들도 이너보이스 카드를 활용하면 자연스럽게 스토리텔링을 하면서 쉽게 자신만의 이야기를 풀어낼 수 있다. 아이들이 유연하게 스토리텔링 할 수 있도록 돕는 좋은 방법이다.

아이들이 많이 쓰는 이야기 구조 세 가지

"선생님, 주인공을 바꿔도 돼요?"

"선생님, 이야기 흐름을 확 바꾸고 싶은데 그래도 돼요?"

그림책의 이야기를 본격적으로 써나가다 보면, 이른바 '해도 돼요?' 질문으로 교실이 왁자지껄해진다. 물론 내 대답은 한결같다.

"그래도 되지. 이 그림책의 작가는 바로 너잖아."

"이거 네 작품이야. 네가 표현하고 싶은 대로 해도 돼."

이렇게 말해주면 아이들 눈동자에 반짝 생기가 돈다. 온전한 작가로 인정받는다는 안도감과 함께, 일종의 사명감 또는 책임감 같은 후끈한 감정이 생겨나 눈동자가 일렁이는 아이도 보였다.

교실 속 그림책 창작 프로젝트를 진행해오면서 지금까지 200여 권이 넘는 그림책을 아이들과 함께 쓰고 그렸다. 아이들이 창작한 그림책들은 한 권 한 권 저마다 의미가 있었지만, 전체를 두고 봤을 때에도 큰 맥락의 의미가 있었다. 꽤 많은 창작 그림책이 쌓이자 아이들이 이야기를 만들 때 주로 어떤 소재를 사용하는지, 어떤 식으로 이야기를 전개하는지 자연스럽게 그 경향성을 파악할 수 있었기 때문이다. 아이들이 창작해낸 그림책들을 분석해보니, 아이들은 크게 세 가지의 이야기 구조를 활용해 서사를 만들었다. '수수께끼를 던지는 구조', '고정관념에 의문을 제기하는 구조', 마지막으로 '반복되는 좌절과 도전의 구조'가 그것이다.

놀이하듯 독자에게 수수께끼를 던지는 구조

그림책을 읽으면서 책장을 넘길 때, 앞 장면과 다음 장면 사이에 생기는 짧은 틈을 '페이지 브레이크(Page break)'라고 한다. 아이들은 이 페이지 브레이크를 자연스럽게 활용하면서 마치 놀이를 하듯 이야기를 만들어냈다.

『여우의 꿈』을 쓰고 그린 근우는 페이지 브레이크를 활용해 독자들에게 수수께끼를 냈다. 이 책의 주인공인 여우는 산을 찾아 모험을 떠난다. 길을 걷다가 뾰족한 것을 발견하면 여우는 이렇게 외친다.

"산이다!"

독자는 책장을 넘기는 짧은 시간 동안 알쏭달쏭 고민한다.

'이게 과연 산일까, 아닐까?'

그리고 다음 장면에서 전체 그림을 확인하면서 비로소 깨닫는다.

'아하, 이건 산이 아니라 비행기 날개였구나.'

『스프리의 여행』을 쓰고 그린 주희도 페이지 브레이크를 활용해서 독자에게 수수께끼 같은 질문을 던졌다. 『스프리의 여행』에서 주인공 '스프리'는 자기가 상상하는 대로 물건을 변신시키는 능력을 지닌 스프링인데, 이 변신이 형태의 유사성을 토대로 한다는 점이 흥미롭다. 금붕어를 스프링에 튕기면 붕어빵이 생겨나고, 나팔꽃을 스프링에 튕기면 나팔이 생겨나는 식이다. 갑자기 비가 와서 우산이 필요하면 우산이끼를 스프링에 튕기면 되고, 자동차가 필요하면 딱정벌레를 스프링에 튕기면 된다.

이 책을 넘기다 보면 옷가게 아저씨가 주인공에게 이렇게 말하는 장면이 나온다.

"에휴, 우리 옷가게엔 글쎄 나비넥타이가 없다네."

책장을 넘기는 동안 독자는 이런 수수께끼와 같은 질문을 받게 된다.

'스프리가 이번엔 무엇을 가지고 나비넥타이를 만들까?'

그리고 다음 장면으로 넘어가면서 비로소 무릎을 탁 치게 된다.

'아하, 노랑나비를 잡아서 스프링에 튕기면 나비넥타이를 만들 수 있구나!'

근우와 주희는 반복되는 패턴의 이야기 구조를 가지고 독자에게 질문을 던졌다. 한 장면으로 묻고 그다음 장면으로 대답하면서 놀이를 하듯이 이야기를 전개해나갔다. 독자는 장면 간의 틈새를 연결하기 위해 숨겨진 이야기를 상상하면서 알쏭달쏭 유쾌하게 책장을 넘긴다.

고정관념에 의문을 제기하는 구조

아이들은 세상을 바라볼 때, 익숙한 눈으로 무료하게 보지 않는다. 식물을 보아도 처음의 눈으로 들여다보고, 모기를 보아도 신선한 눈으로 살펴본다. 아이들은 어른이 무심코 당연하게 여기는 지점을 파고들어 의심하고 비튼다. 그 과정에서 미처 생각하지 못했던 새로운 질문을 발견해내기도 한다.

"선생님은 '산타' 하면 뭐가 떠오르세요?"

"산타라면… 선물 보따리를 어깨에 메고 인자하게 웃는 할아버지가 떠오르는데?"

"에이, 선생님. 아마 산타 할아버지는 찡그리고 있을 거예요. 그 많은 선물을 하룻밤 사이에 전 세계로 당일배송 해줘야 하잖아요. 얼마나 힘들겠어요."

"오호, 당일배송이라… 산타 할아버지도 나름대로 업무의 고충이 있겠구나!"

"게다가 겨우 사슴 한 마리만 데리고 그 많은 배송을 처리해야 하잖아요. 지금쯤 지쳐서 투덜거리고 있을지도 몰라요."

진혁이는 산타의 입장에서 크리스마스를 바라보았다. 진혁이의 생각처럼 하룻밤 사이에 전 세계 어린이들에게 선물을 당일배송 해줘야 하는 산타는 어쩌면 자신의 일에 지쳤을지도 모른다. 과연 산타라고 해서 항상 자기 일에 보람을 느낄까? 진혁이는 교실 속 창작 그림책 『크리스마스에서』를 창작하면서 이렇게 질문했다.

"산타는 과연 자신의 직업을 좋아할까요?"

한편, 범규는 하회탈 이야기를 들려주었다.

"선생님, 우리 가족들은 저를 하회탈이라고 불러요."

"오호 그렇구나! 맞아, 범규는 하회탈처럼 환하게 잘 웃잖아."

"저, 그런데… 가족들이 이건 좀 알아줬으면 좋겠어요."

"어떤 걸?"

"저도 가끔은 웃고 싶지 않을 때도 있다는 거요."

범규는 웃고 싶지 않은 순간에도 억지로 웃을 때가 많았다고 털어놨다. 자신을 '하회탈'이라고 부르는 가족들을 실망시키고 싶지 않았기 때문이란다. 겉으로 보이는 표정만으로는 그 사람의 속을 알 수 없다. 남들 앞에서 웃고 있는 사람도 사실 가슴속에는 슬픈 얼굴을 감추고 있는지 모른다. 범규는 교실 속 창작 그림책 『하회탈의 진실』을 통해서 이런 질문을 던졌다.

"하회탈이라고 웃고만 싶을까요?"

아이들이 던지는 화두를 유심히 들여다볼 때마다 나는 이런 생각이 들었다.

'아이들은 질문에 빗대어서, 그동안 미처 하지 못했던 이야기를 꺼내놓는구나.'

아이들은 세상이 당연하다고 말하는 것들을 말랑말랑한 시선으로 낯설게 비틀어보고 의심해본다. 15도 정도 살짝 기울어진 눈으로 세상을 바라보면 흥미로운 이야깃거리가 가득함을 아이들을 통해 배운다.

반복되는 좌절과 도전의 구조

아이들이 쓰고 그린 그림책 속에서 주인공은 자주 여행이나 모험을 떠난다. 모험을 시작한 주인공이 겪는 좌절과 상처는 그림책의 단골 소재다. 주인공은 반복되는 역경에도 끝까지 포기하지 않고 도전하면서 삶의 새로운 의미를 발견해나간다. 이런 서사 구조의 그림책인 경우, 대개 아이가 품고 있는 하나의 고민으로부터 이야기가 시작된다.

도현이는 이런 고민을 했다.

'내가 있어야 할 자리는 어디일까?'

도현이가 만든 교실 속 창작 그림책 『Lost Dream』의 주인공은 민들레 홀씨다. 민들레 홀씨는 꽃피울 자리를 찾기 위해 여행을 떠난다. 그러나 번번이 좌절한다. 화단은 편안하지만 민들레 홀씨는 자신이 거기에 있어야 할 특별한 이유가 느껴지지 않는다. 나무 아래는 시원하지만 그늘이 너무 커서 햇빛을 가려버린다. 울퉁불퉁한 땅은 연약한 뿌리가 파고들 수 없고, 파도는 작은 씨앗을 휩쓸어간다. 그 어디에도 자신이 존재할 곳이 없다고 느껴질 무렵, 민들레 홀씨는 벽이 갈라진 담을 만난다. 그리고 외로운 담장과 함께 있어주고 싶은 마음에 갈라진 벽 틈으로 들어가 그곳에 힘껏 뿌리를 내린다. 마침내 꽃을 피워낸 민들레는 다시 홀씨가 되어 또 다른 여행을 시작한다.

한편, 이헌이는 이런 고민을 했다.

'나는 왜 이렇게 못나고 평범한 걸까?'

이헌이가 창작한 교실 속 창작 그림책 『별가사리』의 주인공은 깜깜한 바위 절벽에서 외롭게 지내는 불가사리다. 이 불가사리는 반짝이는 별이 되고 싶은 꿈을 품고 모험을 시작한다. 고래, 상어, 복어, 거북 등 바닷속 친구들을 찾아다니면서 도움을 구했지만 도두들 별가사리의 꿈을 짓밟고 무시했다.

"불가사리는 별이 될 수 없단다."

불가사리는 거북이 내뱉은 가시 박힌 말에 깊은 상처를 받는다.

'모두가 안 된다고만 말한다면 내가 직접 올라가보겠어.'

불가사리는 포기하지 않고 뚜벅뚜벅 절벽을 올랐다. 그러나 정상을 눈앞에 두고 바위가 부서져 아래로 굴러 떨어지고 만다. 이대로 모든 것이 끝인 걸까?

정신을 차리고 보니 다행히도 불가사리의 손끝에 별빛이 내려앉았다. 불가사리는 이제 어두운 바닷속에서도 별처럼 빛난다. 불가사리는 자신의 빛으로 어둡고 차가운 깊은 바닷속을 환히 비춘다.

아이들은 크는 동안 끊임없이 성장통을 겪는다. 그 좌절과 상처, 주저앉지 않으려는 몸부림이 고스란히 그림책에 담겼다. 그런 아이들의 이야기를 읽다 보면 내 마음에는 고마움이 가득 차올랐다. 아픔을 끌어안고 이렇게 고민해줘서, 포기하지 않으려고 발버둥 쳐줘서, 그리고 그 이야기를 꺼내어 나에게 보여줘서… 얘들아, 고마워, 고마워, 고마워!

아이들이 선호하는 이야기 구조가 담긴 그림책

▶ 수수께끼를 던지는 구조의 그림책

『뭐든 될 수 있어』
요시타케 신스케 지음, 스콜라

책 속에서 아이와 엄마는 몸짓으로 사물을 흉내 내고 답을 맞히는 게임을 한다. 먼저 아이가 보여주는 몸짓을 통해 저자는 독자들에게 수수께끼 하듯 질문을 던진다. 한 장을 넘기면 뒷면에서 아이가 의도한 답을 확인할 수 있다. 주전자와 빨래집게에서부터 바지락과 선풍기에 이르기까지 다양한 사물을 흉내 내는 아이의 모습이 사랑스러운 그림책이다.

『누구게?』『또 누구게?』
최정선 글, 이혜리 그림, 보림

나뭇잎으로 얼굴을 가린 동물이 질문을 던진다. "알아맞혀 봐. 누구게?" 다음 장을 넘기면 공룡, 사자, 고양이 등 다양한 동물들이 등장한다. 두 명의 화자가 묻고 답하는 문답 놀이 형식으로 진행되는 재미있는 그림책이다.

▶ 수수께끼를 던지는 구조로 쓰인 교실 속 창작 그림책

『여우의 꿈』

『스프리의 여행』

▶ 고정관념에 의문을 제기하는 구조의 그림책

『이게 정말 사과일까?』
요시타케 신스케 지음, 주니어김영사

책상 위에 놓인 사과 하나가 혹시 사과가 아니라 커다란 체리라면? 사과한테도 감정이 있다면? 사물에 대한 고정관념에서 벗어나 마음대로 상상하고 질문해볼 수 있는 그림책이다.

『치마를 입어야지, 아멜리아 블루머!』
섀너 코리 글, 체슬리 맥라렌 그림, 미래엔아이세움

왜 여자들은 꼭 무거운 드레스를 입어야 할까? 거추장스러운 긴 치마를 자르고 그 아래 바지를 입어보면 어떨까? 여성의 활동을 제약하는 복장

에 의문을 품고 여성의 권리를 찾기 위해 힘썼던 실존 인물 아멜리아 블루머의 이야기를 담은 그림책이다.

『꽃을 좋아하는 소 페르디난드』
먼로 리프 글, 로버트 로슨 그림, 비룡소

왜 꼭 소는 싸우기 좋아하고 빠를 것이라고 생각할까? 나무 아래 가만히 앉아서 조용히 꽃향기 맡는 것을 좋아하는 소가 있다면 어떨까? 투우 시합에 선발되어 나간 페르디난드는 조용히 앉아 아가씨들의 머리에 꽂힌 꽃 내음만 맡고 있는데… 우스꽝스러운 상황을 통해 고정관념과 편견에 대해 생각해볼 수 있는 그림책이다.

▶ 고정관념에 의문을 제기하는 교실 속 창작 그림책

『크리스마스에서』

『하회탈의 진실』

▶ **반복되는 좌절과 도전의 구조를 보여주는 그림책**

『빨간 열매』
이지은 지음, 사계절

곰은 빨간 열매를 찾아 나무를 오르고 또 오르지만 번번이 애벌레와 다람쥐, 벌집이 나타나서 곰의 여정을 좌절시키고 만다. 반복되는 좌절을 딛고 결국 곰이 만난 빨간 열매는 무엇일까? 곰이 펼쳐내는 천진난만한 모험을 따라 나만의 빨간 열매를 찾아볼 수 있는 그림책이다.

『작은 벽돌』
조슈아 데이비드 스타인 글, 줄리아 로스먼 그림, 그레이트북스

자기에게 맞는 자리를 찾기 위해 작은 벽돌은 길을 떠난다. 사방이 벽으로 둘러싸인 성, 아름다운 사원, 가족이 사는 집… 다양한 건축물을 보면서 자신에게 맞는 자리를 찾아 헤매는 작은 벽돌. '나는 도대체 뭐가 될 수 있을까?', '아무것도 되지 못하는 것은 아닐까?' 좌절을 딛고 일어서는 작은 벽돌과 함께 자신의 자리를 찾아볼 수 있는 그림책이다.

『별이 되고 싶은 가로등』
하마다 히로스케 글, 시마다 시호 그림, 이마주

밤하늘의 별처럼 빛나고 싶은 소원을 가진 가로등. 하지만 작은 벌레들조차도 가로등을 비웃는다. 별처럼 보이지 않아도 좋다고, 그냥 조용히 빛나고만 있어도 된다고 마음을 바꾸자 가로등 앞에 마법 같은 일이 벌어지는데… 하늘의 별처럼 빛나지 않더라도 누구나 골목길의 가로등 같은 존재로 충분히 빛날 수 있다고 말해주는 그림책이다.

▶ **반복되는 좌절과 도전의 구조로 쓰인 교실 속 창작 그림책**

『Lost Dream』

『별가사리』

그림책에
쏟아진 마음
04

내 삶의 온전한 주인이 된다는 것

"반짝이는 별들을 품을 수 있는 나,
나는 어둠, 그리고 우주.
그것으로 되었습니다."

자의식에 눈을 뜨는 순간

삶의 어느 순간, 아이들은 스스로에게 이렇게 묻는다. '나는 왜 이곳에 태어났을까? 나는 무엇을 위해 사는 걸까?' 자기 자신이 존재한다는 것에 대한 이해, 이른바 '자의식'에 눈을 뜨는 순간이다.

어느 날 문득 자신의 존재를 의식한 아이는 깨닫는다. 자신을 둘러싼 이 세계의 꽤 많은 부분들이 스스로의 선택이 아니라는 사실을 말이다. 나를 세상에 태어나게 해준 부모님도 자신이 선택한 것이 아니며, 매일 아침 등교하는 학교도 나의 선택이라기보다는 부모님의 선택에 가깝다. 쌍꺼풀 없는 눈부터 굵은 종아리까지 나를 이루는 많은 부분들이 내 선택의 권한 밖에서 이미 만들어져서 나에게 주어졌다. 그리고 그렇게 내 선택이 아닌 것들로 이루어진 내 모습은 매우 낯설 뿐만 아니라 남들과 매우 다르다.

현서의 이야기는 이런 어두운 자의식에서부터 시작됐다. 현서는 은유 거울을 통한 자기표현 활동을 할 때, 쾌활한 정서의 다른 아이들과는 달리 자신을 '어둠'이라고 표현해서 내 시선을 잡아끌었던 아이다. 현서가 자신을 어둠에 비유한 뒤 써낸 시(196쪽 참조)를 읽자마자 나는 이미 한 권의 그림책이 되기에 충분한 서사를 가졌다고 직감했다.

현서는 그림책의 첫 문장을 이렇게 썼다.

**눈을 떴습니다.
내가 누구인지,
여기서 무얼 하고 있는 건지
잘 알 수가 없습니다.**

나의 직감은 빗나가지 않았다. 현서가 쓴 첫 문장을 읽었을 때, 내 팔에는 소름이 쫙 돋았다. 그 순간을 아직도 잊기 어렵다. 이토록 생생하고 감각적인 도입이라니! 작가들이 글을 쓸 때 가장 어려워하면서도 또 가장 공들이는 문장은 무엇일까? 두말할 것 없이 첫 문장이다. '눈을 떴습니다'는 '나는 어둠입니다'보다 훨씬 극적이고 실감나는 표현이었다. 현서가 쓴 첫 문장을 읽으면서 나는 앞으로 펼쳐질 문장의 깊이와 밀도가 기대됐다.

첫 문장과 조응하는 첫 장면을 그릴 때, 현서는 검정색 붓펜으로 어둠을 표현하면서 구멍 두 개를 남겼다. 까맣게 칠한 바탕에 두 개의 구멍이 생기자 마치 어둠이 두 눈을 뜬 것처럼 생명력이 생겼다. 이후 현서는 이 구멍을 열고 닫으면서 눈의 은유로서 그림책의 서사를 이어갔다.

다섯 개의 시퀀스, 다섯 개의 리듬

『어둠, 그리고 우주』의 그림을 잘 살펴보면 아이디어의 덩어리가 드러나는 연속 장면이 있다. 이렇게 하나의 이야기가 시작해서 끝나는 연속 장면을 '시퀀스(Sequence)'라고 부른다. 『어둠, 그리고 우주』에서는 다섯 개의 시퀀스 덩어리를 발견할 수 있는데, 각 시퀀스마다 독특한 시각적 리듬과 흐름이 느껴진다. 현서의 그림책은 내용도 내용이지만, 형식과 구성적인 측면에서도 기성 작가 못지않은 내공이 느껴졌다.

첫 번째 시퀀스에서 어둠은 자신이 세상에 존재하는 이유를 찾고 싶어서 길을 떠난다. 현서는 본인이 표현한 이 어둠이 어쩌면 정체가 없거나 넓은 우주에서 슬며시 떨어져 나온 파편일지도 모른다고 말했다. 자신만 빼놓고 모두가 알록달록해 보이는 세상에서 어둠은 스스로가 초라하게 느껴진다.

이런 나도 쓸모 있는 구석이 있을까요?

어둠은 존재의 이유를 찾고 싶어서 길을 떠난다.

첫 번째 시퀀스가
시작되는 장면.
어둠이 눈을 뜨고
자신의 존재 이유를
묻는다.

눈을 떴습니다.
내가 누구인지,
여기서 무엇 하고 있는 건지
잘 알 수가 없습니다.

두 번째 시퀀스가
시작되는 장면.
어둠이 존재의 이유를
찾아 길을 떠나면서
친구를 찾아 헤맨다.

이곳은, 그때, 아름다운 꽃밭입니다. 알록달록한 이 곳에는 나와 같은 어둠이 없습니다.
나는 다시 길을 떠납니다.

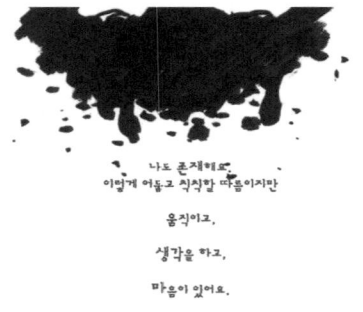

세 번째 시퀀스의
하이라이트.
어둠이 깊이를 알 수
없는 슬픔에 울부짖는다.

나도 존재해요.
이렇게 어둡고 식식할 따름이지만
움직이고,
생각을 하고,
마음이 있어요.

공감과 위로를 찾아 떠난 여정, 그리고 슬픔

두 번째 시퀀스로 이어지면서 어둠은 친구를 찾아 헤맨다. 아름다운 숲속, 단단한 바위산을 둘러보지만 그 어디에서도 공감받지 못한다. 상처받은 어둠은 무지개처럼 화려한 존재에게는 자신과 같은 어두운 면이 있으리라고 기대조차 하지 않는다. 그런 눈부신 행복은 자신과 동떨어져 있기 때문이다. 그렇다면 우울하고 생기 없는 도시는 어떨까? 그곳에서 위로받기를 기대해보지만 이번에도 어둠은 실망감에 절망한다.

세 번째 시퀀스에 이르자 어둠은 좌절하듯 울부짖는다.

나도 존재해요.
이렇게 어둡고 칙칙할 따름이지만
움직이고,
생각을 하고,
마음이 있어요.

어둠은 스스로 살아 있음을 자각하면서 슬픔을 느낀다. 깊이를 알 수 없는 고독, 웅덩이에 풍덩 빠진 것만 같은 감정. 어둠이 느끼는 이 감정은 분명 슬픔이다.

어둠을 아는 이에게만 보이는 진실

　네 번째 시퀀스에서 슬픔에 빠져 있던 어둠은 한 가지 사실을 깨닫는다. 빛에 가려진 것들은 어두울 때 비로소 드러난다는 사실이다. 반딧불은 땅거미가 내려앉은 어슴푸레한 숲에서만 그 빛을 드러낸다. 달빛은 전등이 없는 어두컴컴한 마을에서 비로소 그 존재를 드러낸다. 별은 하루 종일 그 자리에 떠 있지만 어둠을 만나고 나서야 비로소 제 빛을 낸다.
　자신은 왜 남들처럼 밝지 않은지, 왜 다른 존재들과 다른지 고민하던 어둠은 비로소 깨닫는다. 밝거나 화려하지 않지만 어두울 때에만 드러나는 존재를 볼 수 있다는 사실을 말이다. 현서 역시 이 그림책을 만들면서 자신이 명랑한 친구들이 갖지 못한 섬세한 감성을 가졌고, 또래 친구들이 하지 못하는 깊은 사색을 할 수 있다는 사실을 깨달았으리라.
　'어두울 때에만 보이는 것이 분명히 있구나. 그렇다면 반짝이는 별을 품은 우주는 분명 나와 같은 색이야.'
　마침내 자기 안에서 우주를 발견한 어둠은 더 이상 외롭지 않다. 비로소 존재의 의미를 찾았기 때문이다.

네 번째 시퀀스가
시작되는 장면.

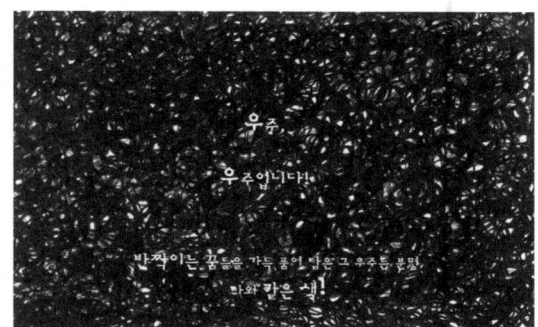

네 번째 시퀀스의
마지막 장면.
어둠이 새로운 깨달음 끝에
자기 안의 우주를 발견하며
깊은 슬픔에서 벗어난다.

다섯 번째 시퀀스의
마지막 장면.
어둠은 자기 존재를
수용하고 자족하면서
비로소 자기만의
별을 품는다.

내 안의 우주를 발견했을 때 할 수 있는 말

다섯 번째 시퀀스에 이르러 어둠은 자기 안에서 광활한 우주를 발견하고, 비로소 자신의 별을 품는다. 이 그림책의 마지막 문장은 이렇게 끝맺는다.

그것으로 되었습니다.

이 문장은 내가 지금껏 아이들 곁에서 만났던 문장들 중에서 단연 첫 번째로 꼽는 아름다운 문장이다. 첫 문장도 그리 인상적으로 쓰더니, 마지막 문장까지 어쩌면 이렇게 담백하면서도 여운을 남기게 썼을까? 현서는 무언가를 다짐하거나 힘주어 외치면서 글을 맺지 않았다. 더 이상을 원하지 않을 만큼, 자신의 존재에 충분히 만족했다. 있는 그대로 자신을 받아들이고 자족할 때, 우리는 스스로에게 너그러운 사람이 될 수 있다.

현서는 작가의 글을 통해서 이렇게 말했다. 자신과 같은 생각을 하는 사람들, 아니 어쩌면 스스로를 위로하고 싶어서 이런 그림책을 쓴 것 같다고. 그리고 독자들에게 이런 위안을 건넨다.

**여러분은 사실 썩 괜찮은 구석을
많이 가지고 있을 겁니다.**

그러니까 걱정할 것 없이,
그냥 그렇게 있어도 괜찮습니다.

인간은 자기를 표현할 때에만 채워지는 마음의 공간이 있다. 현서는 그림책을 통해서 자기 안의 어둠을 드러냈고, 그 과정에서 삶의 의미를 발견했다. 현서가 쓰고 그린 그림책의 내용처럼 저마다 자기만의 우주를 발견했다면, 우리는 이미 삶의 온전한 주인이다. 현서가 건네는 묵직한 위로를 가슴에 품었던 날, 나는 큰 위안과 심리적 포만감을 느꼈다. 나 역시 그것으로 되었다.

★ 현서가 쓰고 그린 『어둠, 그리고 우주』는 그 작품성을 인정받아, 어린이 그림책을 꾸준히 출간해온 출판사(찰리북)에서 정식 출간됐다. 정식 출간이 되면서 저자의 수정 및 편집 과정이 추가되어 새로운 작품으로 활짝 피어났다.

PART 5

그림책으로 예술하다
"만들고"

그림책만의 특징 짚어주기

그림책의 서사를 완성했다면, 그다음 단계는 이야기에 걸맞은 이미지를 만들 차례다. 이때 바로 그림 그리기에 들어가기보다는 그림책만이 가지고 있는 특징을 짚어주는 과정이 필요하다. 그림책은 글과 그림이 상호작용하며 새로운 의미를 만들어내는 재미가 있다는 사실, 그림책의 크기와 판형, 그리고 책장을 넘기는 방식을 잘 활용하면 독자의 시선을 사로잡는 그림책을 만들 수 있다는 점을 아이들에게 꼭 알려주자.

글과 그림이 만들어내는 이중주의 리듬

그림책은 글과 그림이 조화롭게 결합된 예술이다. 이때 그림책의 글과 그림은 그 내용이 서로 중복되지 않는다. 글에서 설명되지 않은 부분은 그림이 채워주고, 그림이 보여주지 않은 장면은 글로 설명되면서 서로 보완한다. 따라서 '그림책을 읽는다'는 것은 글로 설명된 내용과 그림이 보여주는 장면을 읽고 보는 동시에, 글과 그림이 함께 만들어낸 이중주의 리듬을 읽어냄을 의미한다.

본격적으로 그림책의 스토리보드(Story board)를 그리기 전, 나는 아이들과 함께 글과 그림의 이중주가 잘 드러난 그림책들을 함께 살펴봤다.

글이 말해주지 않는 것을 그림이 보여주는 그림책, 『월요일 아침에』

글이 말해주지 않는 내용을 그림으로서 독자들에게 알려주는 그림책으로 대표적인 작품은 폴란드의 그림책 작가 유리 슐레비츠가 쓰고 그린 『월요일 아침에』다. 이 그림책은 마치 왈츠의 리듬을 타듯 3박자의 반복되는 구조로 이야기가 전개된다. 그림책 연구가 김난령은 『월요일 아침에』를 3박자 왈츠의 리듬으로 읽는 방법을 제시했다.

첫 박자에서는 매번 왕과 왕비와 어린 왕자가 누군가를 데리고 소년을 찾아온다. 두 번째 박자에서는 매번 소년이 집에 없다. 그리고 세 번째 박자에 이르면 어린 왕자는 매번 내일 다시 오겠다고 말한다. 그리고 다음 날이 되면 어린 왕자는 왕과 왕비 외의 또 다른 일행을 더해 다시 소년의 집을 찾아온다. 이 리듬이 월요일부터 일요일에 이르기까지 지속적으로 반복된다.

이 그림책에서 글과 그림의 이중주가 나타나는 지점은 바로 두 번째 박자에서다. 저자는 소년의 상황을 글로 써놓지는 않았지만, 그림으로 낱낱이 그려놓았다. 글과 그림이 서로 다른 이야기를 하고 있기에 독자는 글과 그림을 함께 봐야만 소년의 상황을 제대로 이해할 수 있다. 『월요일 아침에』를 읽어주기 전에 나는 아이들에게 이런 당부를 한다.

"얘들아, 선생님이 이 그림책을 읽어줄 거야. 그런데 중간에 '그러나 나는 집에 없었어'라는 구절이 여섯 번 나올 거야. 그때마다 소년이 어디에서 무얼 하고 있는지 알려줄래? 글로는 알 수 없지만, 그림을 보면 알 수 있단다."

특별한 미션을 부탁한 덕분일까? 아이들은 평소보다 더 눈빛을 반짝이며 나의 그림책 낭독에 귀를 기울인다. 나는 목소리를 가다듬고 책장을 한 장 한 장 넘겨가며 아이들에게 그림책을 읽어준다.

"그러나 나는 집에 없었어."

"월요일엔 소년이 버스정류장에 혼자 서 있느라 집에 없는 거예요. 시무룩한 표정으로 바닥을 보고 서 있어요."

"그러나 나는 집에 없었어."

"엇, 화요일에는 소년이 지하철에 앉아 있느라 집에 없었거요."

『월요일 아침에』는 글이 말해주지 않는 내용을
그림을 통해 발견해내는 묘미가 가득한 그림책이다.

"그러나 나는 집에 없었어."

"수요일엔 세탁소를 들르느라 집에 없었어요. 그래서 자꾸만 손님들이랑 못 만나는 거예요."

아이들은 글이 설명해주지 않는 내용을 그림을 통해서 읽어내고는 내게 그 장면을 설명해줬다. 만일 이 그림책을 오디오북으로 들었다면 어땠을까? 소년이 처한 상황을 제대로 이해할 수 없었을 뿐만 아니라, 이 그림책의 묘미를 한껏 감상할 수 없었을 것이다.

글과 그림이 서로 딴청을 피우는 그림책, 『로지의 산책』

『월요일 아침에』와는 정반대인 그림책도 있다. 글과 그림이 내용을 상호보완해주는 관계가 아니라, 서로 다른 이야기를 하는 그림책이다. 글과 그림이 서로 딴청을 피우는 그림책의 대표적인 작품으로는 영국의 그림책 작가 팻 허친스의 『로지의 산책』이 있다. 나는 이 책을 아이들에게 읽어줄 때, 표지도 보여주지 않고 우선 글만 읽어준다. 그림책인데 그림을 보여주지 않고 글만 읽어준다니 무슨 소리인가 싶을 것이다. 그런데 그럴 만한 이유가 있다.

"얘들아, 선생님이 지금부터 그림책의 그림은 보여주지 않고 글만 읽어줄 거야. 자, 귀로 이야기를 듣기만 하면서 장면을 상상해서 그림으로 그려보자!"

줄거리를 그림으로 그려야 하니 선생님이 들려주는 한 마디도 놓칠 수 없는 법! 이번엔 아이들이 귀를 쫑긋 세운다. 그림책의 줄거리는 제목 그대로 암탉 로지의 산책 여정을 담고 있다. 글 속에서 로지는 마당을 가로지르고, 연못을 빙 돌고, 건초 더미를 넘어서, 방앗간을 지나, 울타리를 빠져 나온 뒤, 저녁밥을 먹을 시간에 맞춰 집으로 돌아온다. 아이들은 저마다 상상의 나래를 펼치면서 귀로 들은 로지의 산책 여정을 도화지에 그려나갔다.

아이들이 그림을 다 그렸다면, 이제는 그림책의 그림을 보여주며 책을 다시 읽어줄 차례다. 아이들에게 그림책의 표지를 보여주자마자 여기저기에서 웅성거리는 소리가 들린다.

"엇, 선생님! 이 그림책에 로지만 나오는 거 아니었어요? 여우가 저렇게 로지를 호시탐탐 노리고 있을 줄은 몰랐어요."

"이럴 수가! 선생님이 읽어주실 때 '여우'라는 단어는 한 번도 안 나왔는데… 이렇게 그림 속에다가 여우 이야기를 숨겨놓다니!"

"선생님, 근데 여우가 암탉을 잡아먹으려고 하다가 자꾸 사고가 나는 게 너무 웃겨요!"

아이들의 말처럼 『로지의 산책』에는 암탉 로지 외에 또 다른 등장인물이 존재한다. 바로 암탉 로지를 잡아먹기 위해 로지의 뒤를 밟으며 따라가는 여우다. 여우는 로지를 뒤따라가는 동안 연못에 빠지거나, 건초 더미에 파묻히거나, 밀가루 세례를 받는 등 곤란한 상황

PART 5 그림책으로 예술하다

암탉 로지가 산책을 나갔어요.

『로지의 산책』에는 글에서 한 번도 언급되지 않았던 등장인물이 존재한다. 그림책의 글과 그림이 말하는 내용이 서로 다를 때, 독자는 그 어긋남에서 재미를 느낀다.

에 처한다. 이 사실을 아는지 모르는지 로지는 무표정한 얼굴로 산책을 이어간다. 이처럼 글로는 설명되지 않는 여우의 우스꽝스러운 상황이 그림으로 표현될 때, 독자들은 이 책을 읽으며 큰 웃음을 터트리게 된다.

『그림책의 모든 것』을 쓴 마틴 솔즈베리와 모랙 스타일스는 '글이 말하는 것과 그림이 보여주는 것 사이의 공간과 긴장으로 인해 생겨난 읽기의 빈자리(Readerly gap)를 이해하기 위해 어린이들이 정성을 기울인다'라고 한 바 있다. 그림책의 글이 말하는 내용과 그림이 말하는 내용이 서로 다를 때, 아이들은 그 어긋난 관계에서 재미를 느낀다. 다양한 그림책을 참고하면서 글과 그림이 만들어내는 리듬을 느껴보는 경험이 늘어날수록 아이들의 스토리보드도 더욱 풍성해진다.

'판형'과 '책장을 넘기는 방향'도
그림책의 중요한 요소

스토리보드를 그리기 전에 미리 염두에 두고 있어야 할 또 다른 한 가지는 바로 판형과 책장을 넘기는 방향이다. 그림책은 낱장이 아닌 연속된 그림에 이야기를 담고 있기 때문에 필연적으로 넘기는 방향이 존재한다.

그림책의 판형과 책장을 넘기는 방향에 대한 이야기를 할 때, 절대 빼놓을 수 없는 책들이 있다. 바로 이수지 작가의 '경계 그림책 3부작'인 『파도야 놀자』, 『그림자놀이』, 『거울속으로』다. 이 세 권의 그림책은 크기가 모두 동일하다. 그러나 넘기는 방향은 모두 제각각이다.

『파도야 놀자』는 가로로 긴 판형으로 오른쪽에서 왼쪽으로 책장을 넘긴다. 『그림자놀이』는 『파도야 놀자』처럼 가로로 긴 판형이지만, 마치 탁상달력을 넘기듯이 아래에서 위로 책장을 넘긴다. 한편 『거울속으로』는 세로로 긴 판형으로, 오른쪽에서 왼쪽으로 책장을 넘기게끔 만들어졌다.

작가는 제본 선이 만들어내는 경계와 책을 넘기는 방식까지도 텍스트의 일부로 활용하면서 현실과 환상을 넘나든다. 책을 읽을 때 '없는 셈 치고' 보는, 종이와 종이가 묶이면서 만들어진 제본 선을 이야기의 일부로 적극적으로 활용한 것이다. 나는 아이들에게 이 세 권의 그림책을 보여주면서 작가의 의도가 무엇이었을지 생각해보자는 질문을 던졌다.

"얘들아, 작가는 왜 이런 판형과 페이지 넘김을 사용했을까?"

"『파도야 놀자』를 보면 파도가 오른쪽에서 왼쪽으로 밀려들어 오잖아요. 그러니까 파도가 밀려오는 방향대로 오른쪽에서 왼쪽으로 넘기도록 만든 것 같아요."

"『거울속으로』는 아이가 춤을 추다가 페이지와 페이지 사이로

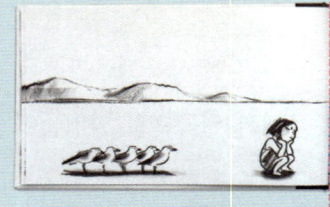

이수지 작가의 '경계 그림책 3부작', 『파도야 놀자』, 『그림자놀이』, 『거울속으로』는 크기는 모두 동일하지만, 책장을 넘기는 방향은 모두 제각각이다.
이수지 작가는 제본 선이 만들어내는 경계를 이야기의 일부로 적극적으로 활용했다.

들어가기도 하거든요. 거울을 세워놓고 혼자서 장난치는 느낌이 들어요. 작가가 길쭉한 전신 거울 모양을 본 따서 책으로 만든 것 같아요."

"『그림자놀이』는 아래에서 위로 펼치게 되어 있잖아요. 책을 직각으로 펼쳐서 세워놓으면 바닥에 진짜 그림자가 있는 것처럼 보여요."

"저는 『그림자놀이』를 거꾸로 돌려서 보는 게 더 재미있어요. 그림자가 위쪽으로 가도록 방향을 돌려놓고 보면요, 새로운 세상이 보여요."

작가의 의도를 짐작해보는 예비 어린이작가들의 시선은 예리하고도 신선했다. 그렇다면 실제로 이수지 작가는 어떤 의도를 가지고 그와 같은 판형과 페이지 넘김을 사용했을까?

'경계 그림책 3부작'의 작업 노트이자 이수지 작가의 작품 세계를 엿볼 수 있는 에세이인 『이수지의 그림책』에서 작가가 귀띔한 바에 따르면, 『그림자놀이』의 경우에는 '가로로 긴 판형, 페이지를 위로 넘기는 방식'이라는 형식을 먼저 정해놓고서 그림책을 구상했다고 한다.

세로 판형의 장점을 살린 창작 그림책, 『스프리의 여행』

어린이작가가 쓰고 그린 창작 그림책 중에서도 판형과 책장을 넘기는 방향을 잘 살린 그림책이 한 권 있다. 앞에서도 한 번 언급한 바 있는 『스프리의 여행』이다.

"선생님, 이 그림책은요, 아래에서 위로 튕겨 올라가는 스프링이 주인공인 만큼 꼭 세로로 길쭉한 판형이면 좋겠어요. 글씨를 읽는 방향도 아래에서 위로 읽어 올라가도록 해야 하고요. 책 역시 오른쪽에서 왼쪽으로 넘기기보다는 아래에서 위로 넘기면서 볼 수 있게 해야 해요. 그래야 책을 넘길 때마다 친구들이 주인공 '스프리'가 움직이는 방향을 그대로 느낄 수 있으니까요."

"그래, 주희야 세로로 긴 판형으로 만들어보자. 그런데 왜 글씨는 아래에서 위로 읽어 올라가도록 넣는 거야?"

"주인공이 스프링이잖아요. 스프링이 아래에서 위로 튕겨져 올라가면서 말하는 거니까 글씨도 스프링이 움직이는 방향 그대로 넣어야 맞지 않겠어요?"

"오호, 그렇구나!"

『스프리의 여행』은 독특한 판형과 구성이 주는 즐거움 때문에 친구들 사이에서도 인기 만점인 그림책이다. 그림책은 책의 물성 자체를 적극적으로 활용하여 메시지를 전달할 수 있는 장르다. 스토리보드를 그리기 전, 아이들이 다채로운 판형과 책장을 넘기는 다양한 방식을 가진 그림책들을 직접 만져보면서 책이 가진 물성 자체를 충분히 느낄 수 있도록 해주자. 한 권의 그림책을 만들기 위해서는 이야기를 만드는 능력 외에도 다양한 감각을 활용해 표현할 줄 아는 능력이 필요하기 때문이다.

판형이나 책장을 넘기는 방향이 독특한 그림책

『나무, 춤춘다』
배유정 지음, 반달

세로로 길게 펼쳐지고, 앞표지와 뒤표지가 이어지지 않은 그림책. 마치 병풍처럼 길게 이어진 종이를 펼치다 보면 나무를 타고 오르내리며 춤추는 기분이 든다.

『구덩이에서 어떻게 나가지?』
기무라 유이치 글, 다카바타케 준 그림, 북뱅크

세로로 긴 직사각형 판형의 그림책. 책장을 아래에서 위로 넘기면서 구덩이 속에 갇힌 주인공들의 여정을 따라가볼 수 있다.

『버스』
남윤잎 지음, 시공주니어

가로로 긴 직사각형 판형의 그림책. 버스 창문처럼 네모난 구멍을 뚫은 케이스에서 책을 빼고 넣으면 마치 버스가 움직이는 것처럼 느껴지도록 만들었다.

『버스 안』
남윤잎 지음, 시공주니어

입체 커팅 북으로 버스 안의 풍경을 보여주는 그림책. 책장을 넘기면 승객의 실루엣 모양대로 한 장 한 장 커팅한 입체적인 장면을 만날 수 있다. 같은 작가의 그림책인 『버스』와 비교하며 읽으면 더욱 재미있다.

『연어』
김주현 글, 김주희 그림, 고래뱃속

페이지를 모두 펼치면 총 3미터에 이르는 아코디언 그림책. 연어의 생애가 파노라마처럼 펼쳐지는 인상적인 그림책이다.

『오누이』
허정윤 글, 주리 그림, 킨더랜드

페이지가 양쪽으로 펼쳐지는 그림책. 조선시대의 문사로 유명했던 허난설헌과 허균 남매가 서로 시와 글을 나누며 글벗이 되어준 모습을 그림책으로 담아냈다.

『도토리시간』
이진희 지음, 글로연

아래에서 위로 책장을 넘기는 그림책. 마치 도토리의 뚜껑을 여는 듯한 느낌이 든다. 혼자서 마냥 쉬고 싶은 날 펼쳐 들면 색연필의 포근한 색감이 마음을 감싸주는 그림책이다.

『울음소리』
하수정 지음, 웅진주니어

마지막 장면에 이르러 그림책 뒷면을 활짝 펼치면 반전의 결말이 기다리고 있는 그림책. 책을 모두 펼치면 포스터처럼 커다란 그림을 볼 수 있는, 독특한 구조를 가진 그림책이다.

스토리보드 그리기

    그림책만이 가진 특징에 대해서 짚어주고 나면, 이제 본격적으로 그림책의 스토리보드를 그려볼 차례다. 그림책 창작 수업 강의를 할 때, 선생님들이 이 단계에서 많이 던지는 질문이 있다.

    "선생님, 아이들이 그림책에 들어갈 그림을 그릴 때 보면요. 인물의 위치와 자세는 똑같이 그려놓고 말풍선 속 대사만 다르게 써넣는 아이들이 꽤 많더라고요. 이런 경우에는 어떻게 지도하면 좋을까요?"

    이 질문에 대한 답은 스토리보드 그리기의 거의 전부라고 해도 과언이 아니다. 아이들이 인물의 위치와 자세를 똑같이 그린 뒤에 대사만 다르게 써넣는 이유는, 고정된 시점으로 사물을 바라보기 때문이다. 사물을 바라보는 다양한 시선을 경험하지 않고 곧장 스토리보드를 그리면, 마치 카메라를 삼각대에 고정해놓고 장면을 촬영한 것처럼 모든 장면을 같은 구도로 그리게 된다. 나는 어떻게 하면 아이들이 좀 더 역동적으로 장면을 그릴 수 있을지 고민했다.

『시간 상자』, 『내가 잡았어!』 등 이미지들의 연결만으로도 한 편의 서사를 완성해내는 그림책 작가 데이비드 위즈너는 '영화의 좋은 앵글을 잡는다는 생각으로 그림책의 그림에 접근한다'라고 이야기한 바 있다. 영화감독이 영화를 만들 때 카메라의 앵글을 잡는 것처럼 그림책의 그림을 그릴 때에도 화면을 입체적으로 구성할 줄 아는 연출의 감각이 필요하다.

데이비드 위즈너처럼 그림책 한 장면을 영화의 한 장면이라고 생각하면 어떨까? 그러면 화면의 움직임을 좀 더 실감나게 상상해볼 수 있다. 영화를 찍을 때 카메라를 삼각대에 고정해놓고 시작부터 끝까지 같은 구도로 촬영한다고 생각해보자. 얼마나 지루하고 단조롭게 느껴지겠는가? 영화에서 입체적인 장면을 연출하기 위해서는 뷰파인더를 능동적으로 움직여야 한다. 뷰파인더를 자유자재로 움직이려면 어떻게 해야 할까? 먼저 다양한 시선으로 사물을 바라보는 경험이 필요하다. 나는 아이들 손에 카메라를 들려주고, 교실과 운동장에서 다양한 화면을 연출해보도록 지도했다.

교실에서:
하나의 사물을 다양한 위치와 각도에서 찍어보기

먼저 교실에서 책상을 모두 뒤로 밀고 의자 하나를 가운데에 놓

앉다. 하나의 사물을 다양한 위치에서 바라보기 위해서였다. 이 수업을 하기 전, 아이들에게 카메라를 가져오라고 미리 이야기해두었더니 아이들은 저마다 손에 핸드폰, 디지털 카메라 등을 들고서는 '우리 선생님이 오늘은 무슨 재미있는 활동을 하시려나' 하는 눈빛으로 나를 쳐다봤다.

"얘들아, 지금부터 우리가 이 의자를 다양한 위치와 각도에서 찍어볼 거야. 자, 모두 카메라 준비됐지?"

내 말이 떨어지기가 무섭게 아이들은 다양한 포즈로 사진을 찍어댔다. 지윤이는 바닥에 앉아서 의자의 등받이를 찍었고, 규도는 책상 위에 올라서서 의자를 내려다보듯이 찍었다. 지철이는 아예 교실 바닥에 드러누워서 의자 다리 아래로 기어 들어가서 사진을 찍기도 했다. 수업이 아니라 놀이 같았는지, 아이들은 깔깔대면서 한참 동안 촬영 삼매경에 빠졌다.

그렇게 한동안 자유롭게 사진을 찍게 한 뒤, 아이들이 찍은 사진을 모두 모아서 보여줬다. 그러자 아이들 눈이 휘둥그레졌다. 같은 의자를 촬영했지만, 각기 다른 위치와 각도에서 바라봤더니 전혀 다른 장면이 찍혀 있었다.

"선생님, 이게 전부 다 같은 의자 맞아요?"

"친구들이 다른 위치에서 찍은 사진을 보니까 의자가 완전 새롭게 보여요!"

운동장에서:
하나의 장면을 다양한 구도로 찍어보기

이제는 카메라를 들고 운동장 밖으로 아이들을 데리고 나갈 차례다. 교실을 나서기 전에 한 가지 사전 활동을 한다.

"이번에는 각자 한 장면을 정해서 세 가지 이상의 구도로 찍어볼 거야. 어떤 장면을 찍어보면 좋을까?"

서희가 손을 번쩍 들고 말했다.

"선생님, 저는 철봉에서 턱걸이 시합하는 장면을 찍어보고 싶어요!"

"얘들아, 서희가 말한 턱걸이 시합을 그림책 장면으로 그린다면 어떻게 그려볼 수 있을까? 밖으로 나가기 전에 종이에 간단하게 한 번 그려볼까?"

내 말이 떨어지자마자 아이들은 쓱쓱 그림을 그리기 시작했다. 교실을 한 바퀴 빙 둘러보니, 대부분의 아이들이 철봉에 두 아이가 매달려 있는 장면을 멀리서 바라본 구도로 그렸다.

"자, 이 그림은 잠시 후 다시 보기로 하고, 이제 직접 카메라를 들고 밖으로 나가볼까?"

사진 촬영이 재미있었는지 아이들은 카메라를 들고 후다닥 운동장으로 나갔다. 발 빠른 현우와 성진이가 얼른 철봉으로 달려가서 매달렸다. 턱걸이 시합이 시작되자 아이들은 "현우 이겨라", "성진이 이겨라" 하며 목이 터져라 응원했다. 서희는 멀찌감치 서서 두 친구가 철봉에 매달려 있는 모습을 프레임 전체에 담아 찍었다.

"와, 현우 좀 봐. 얼굴이 엄청 빨개졌어!"

아이들의 아우성에 서희는 현우 얼굴을 향해 카메라를 줌인했다. 벌겋게 달아오른 현우의 얼굴을 찍고, 부들부들 떨면서 안간힘을 주고 있는 성진이의 팔뚝도 찍었다. 그렇게 요리조리 사진을 찍고 있는데 열심히 응원하던 아이들이 서희를 불렀다.

"서희야, 이쪽도 좀 찍어줘!"

서희가 이번에는 뷰파인더를 반대로 돌렸다. 손을 번쩍 들고 카메라를 향해 손을 흔드는 아이들, 두 친구를 응원하면서 폴짝폴짝 뛰고 있는 아이들이 서희의 카메라에 생생하게 담겼다.

"오케이, 철봉 신 촬영 끝!"

서희가 카메라를 번쩍 들고 외치자 모두들 함성을 지르며 크게 박수를 쳤다.

이제 모두가 운동장 이곳저곳으로 흩어졌다. 아이들은 운동장을 누비며 저마다 다양한 장면을 연출하고 촬영했다. 나는 수업을 놀이처럼 즐기는 아이들 모습을 바라보며, 과연 어떤 사진들이 나올지 내심 기대에 부풀었다.

내 머릿속의 카메라 렌즈

교실로 다시 돌아와서 아이들이 찍은 사진을 화면에 띄워놓고 함께 보았다. 아이들은 특히 턱걸이 시합 사진에 열광했다. 운동장으로 나가기 전에 그렸던 그림과 확연히 차이가 났기 때문이다.

"얘들아, 서희가 찍은 사진 보니까 턱걸이 시합 장면이 생생하게 담겼지? 그림책 장면을 그릴 때에도 마찬가지야. 멀리서 전체를 바라보고 그릴 수도 있고, 이렇게 얼굴 표정만 클로즈업할 수도 있어. 화면을 반대로 돌려보면 어떨까? 이렇게 응원하는 모습도 담을 수 있겠지?"

"선생님, 아까는 그냥 멀리서 바라본 장면만 떠올랐는데 나가서 실컷 사진 찍고 오니까 머릿속에 카메라 렌즈가 생긴 것 같아요."

"진짜 3D 입체 안경을 낀 것처럼 생생해졌어요!"

카메라로 다양한 시점에서 사진을 찍어본 경험 덕분이었을까? 이후에 아이들이 그리는 그림들은 특정한 시점에 고정되지 않고, 한결 다채로워졌다. 아이들은 머릿속 카메라 렌즈를 요리조리 돌려가며 훨씬 역동적인 그림을 그려냈다.

섬네일 스케치와 시퀀스:
그림책 전체를 바라보는 눈

장면을 입체적으로 바라볼 줄 아는 눈을 훈련했다면, 그다음에는 전체적인 흐름을 살펴볼 차례다. 연속된 장면의 흐름을 한눈에 보려면 어떻게 해야 할까? 하늘을 나는 새처럼 내려다보면 된다. 숲길 안으로 들어가서 걸을 때에는 나무만 보이지만, 멀찌감치 하늘 위에서 숲을 내려다보면 숲 전체가 보이는 것과 같은 이치다. 그림책의 모든 페이지를 축소해서 한 장의 종이 위에 쭉 늘어놓고 내려다보면, 그림책의 전반적인 흐름이 한눈에 들어온다.

그림책은 연속되는 그림으로 이야기를 전개하므로, 아이디어의 덩어리를 생각하여 창작해야 한다. 이렇게 아이디어의 덩어리가 드러나는 연속 장면을 시퀀스라고 한다. 시퀀스는 하나의 에피소드를 담고 있는 단위로서 하나의 이야기가 시작해서 끝나는 연속 장면이다.

앞에서 언급했던, 현서가 만든 교실 속 창작 그림책 『어둠, 그리고 우주』에서는 다섯 개의 시퀀스 덩어리를 발견할 수 있었다 (242~251쪽 참조). 각각의 시퀀스에는 독특한 시각적 리듬과 흐름이 존재한다. 스토리보드를 그리기 전, 아이들에게 시퀀스의 개념을 설명해주면 아이들은 낱장의 그림을 열심히 그리는 것을 넘어서 그림책 전체의 연결된 흐름을 고려하며 그림을 그릴 수 있게 된다.

그림책 전체의 흐름을 엄지손톱 크기의 연속된 화면에 가볍게 그린 그림을 '섬네일 스케치(Thumbnail sketch)'라고 한다. 스토리보드를 본격적으로 그리기 전에 섬네일 스케치를 그리면, 그림책의 전체적인 흐름을 구상해볼 수 있다.

아이들과 섬네일 스케치를 그릴 때에는 16컷이나 32컷의 칸에 전체적인 흐름을 그려보게 했다. 이때 핵심은 디테일하게 장면을 묘사하지 않고, 하늘에서 내려다보듯 전체를 조망하면서 간략하게 그리는 것이다. 섬네일 스케치를 그리다 보면 어느 부분에 힘을 주고 어디에서 힘을 뺄 것인지, 어떻게 조화로움을 만들어낼지 생각하며 책의 전체적인 리듬을 구상할 수 있다.

스토리보드로 본격적으로 펼쳐내기

그림책 전체를 바라보는 눈까지 키웠다면, 이제 본격적으로 스토리보드를 그릴 차례다. 스토리보드는 영화나 애니메이션 등을 만들기 전에 주요 장면을 그려놓은 문서를 말한다. 폴란드의 그림책 작가이자 일러스트레이터인 유리 슐레비츠는 『그림으로 글쓰기』에서 스토리보드의 주된 목적을 '이야기를 시각화하는 것'이라고 했다. 전체적인 아이디어와 핵심이 되는 시각적 요소를 스토리보드에 담으면서 그림책의 맥락을 잡아갈 수 있다.

스토리보드를 직접 살펴볼 수 있는 기성 그림책이 있을까? 물론

도연이가 쓰고 그린 그림책 『자유시간을 찾아서』의 섬네일 스케치.

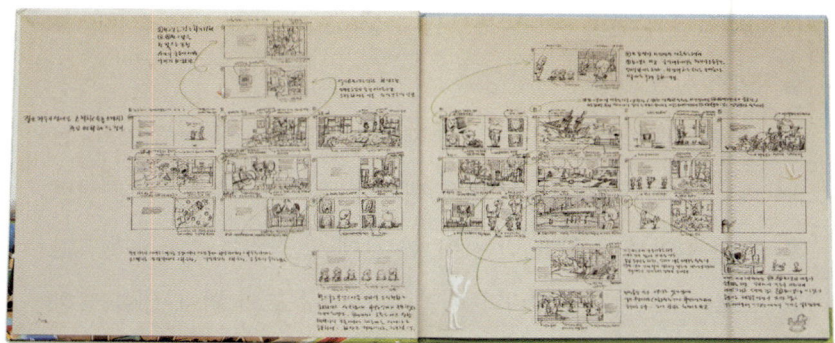

『집 안 치우기』처럼 앞뒤 면지에 스토리보드를 인쇄하여 밑그림을 비롯해 작업을 수정하고 보완하는 과정을 고스란히 담아낸 그림책들도 있다.

있다. 고대영 작가가 글을 쓰고 김영진 작가가 그림을 그린 생활 그림책 '지원이와 병관이 시리즈' 중에서 『집 안 치우기』, 『거짓말』, 『먹는 이야기』 등을 보면 앞면지와 뒷면지에 스토리보드가 인쇄되어 있다. 이 스토리보드에는 밑그림은 물론이고, 작업을 수정하고 보완하는 과정과 책의 형태를 갖춰가는 과정이 고스란히 담겨 있다. 주인공 캐릭터의 다양한 포즈와 표정을 여러 번 스케치한 흔적도 그대로 볼 수 있어 흥미롭다.

"우와! 작가들은 곧장 그림을 뚝딱 그리는 줄 알았는데, 이렇게 수정하고 또 수정하는 거였어요?"

"선생님, 이거 꼭 설계도 같아요."

아이들과 함께 스토리보드와 그림책 장면을 하나씩 비교하면서 그림책이 만들어지는 과정을 살펴봤다. 즐겁게 떠드는 와중에 어느

새 아이들은 본인의 스토리보드를 구상하느라 연필 끝을 꿈틀꿈틀 움직이기 시작했다.

아이들과 스토리보드를 그릴 때에는 별도의 틀을 만들기보다는 A4 용지를 그대로 활용하는 편을 택했다. 종이를 가로로 한 번 세로로 한 번 접어서 네 칸을 만든 뒤, 한 칸에 한 장면씩 간편하게 그렸다. 스토리보드에는 밑그림과 화면 구성, 텍스트의 위치, 원화 표현 방법 등 그림책 완성을 위한 디테일한 내용을 충실히 담았다. 이 스토리보드는 글과 그림의 배치와 그림책의 전반적인 흐름을 짚는 기본 토대가 됐다.

마틴 솔즈베리와 모랙 스타일스는 『그림책의 모든 것』에서 스토리보드에 대해 '글과 그림이 균형을 잘 맞추고 있는지 알기 위해서 반드시 거쳐야 하는 과정'이라고 말했다. 그러나 때로는 매우 기본적인 드로잉만 해야 할 수도 있다고 귀띔했다. 그래야 작업의 매력과 생기가 이후에도 계속 유지될 수 있고, 최종 그림 작업이 무덤덤한 단순 복제에 빠지지 않을 수 있기 때문이라고 한다. 스토리보드는 그림책을 만들기 위한 탄탄한 기본 토대이지만, 이후 과정에서 얼마든지 유동적으로 변형되고 보완될 수 있음을 기억하자.

PART 5 그림책으로 예술하다

예빈이가 쓰고 그린 그림책 『기린의 날개』의
스토리보드(위)와 이를 바탕으로 실제 완성된 그림책(아래).

다양한 재료와 방법으로 원화 그리기
_예술적 선택의 폭 넓히기

섬네일 스케치와 스토리보드를 통해 그림책 그리기의 전체적인 토대를 잡고 나면, 본격적으로 원화를 그릴 차례다. 이 단계에서는 예술적 선택의 폭을 넓혀주는 데 가장 중점을 두었다. 쉽게 말해 아이가 물감과 붓이라는 전통적인 채색 도구를 사용해 그림을 그리고 색칠하는 것 외에 다양한 재료와 다채로운 방식으로 그림을 그릴 수 있도록 지도했다.

유리 슐레비츠처럼 고민하기

동트기 전 새벽, 물안개가 그윽하게 피어오르는 장면을 표현하려면 어떤 미술 재료가 적절할까? 그림책 『새벽』을 쓰고 그린 유리 슐레비츠의 말을 빌려오자면 이렇다.

'새벽 시간은 물체의 윤곽이 뭉개져 보이기 때문에 펜화로 그려서는 안 된다는 것을 깨달았다. 나는 붓을 사용해 수채화로 그리기로 마음먹었다.'

실제로 『새벽』의 앞부분을 펼쳐보면 번진 수채 물감 사이로 새벽 공기의 질감과 습도가 고스란히 느껴진다.

아이들과 원화를 그릴 때, 나는 유리 슐레비츠처럼 고민했다.

'이 그림책을 가장 잘 살릴 수 있는 표현 방법은 무엇일까? 이 재료는 어떤 느낌을 담아낼 수 있을까?'

아이로부터 풍성한 표현을 이끌어내기 위해서는 무엇보다 우선 예술적 경험의 폭을 넓혀줘야만 했다. 꺼내 쓸 수 있는 도구가 많아져야 자신이 원하는 느낌을 적합한 재료를 활용해 표현할 수 있기 때문이다. 나는 본격적으로 원화를 그리기 전, 아이들에게 다양한 재료로 표현을 시도해보도록 유도했다.

먼저 아이들이 그린 스토리보드에서 각각 4개의 장면을 고르게 했다. 그리고 각 장면마다 각기 다른 재료로 표현해보자고 했다. 첫 번째 표현 재료로는 붓펜을 사용했다. 붓펜을 사용하면 아이들이 즉흥적으로 그려내는 선을 있는 그대로 담아볼 수 있었다. 하지만 많은 아이들이 흰 종이 위에 붓펜으로 획획 그림을 그리는 것에 부담을 느꼈다. 이유는 딱 하나. 그림을 망칠까 봐.

"선생님, 연필로 먼저 밑그림 그려놓고 붓펜으로 덮어도 돼요?

망치면 어떡해요."

　평소라면 아이들의 그 어떤 질문에도 "그래도 된다"라고 말하는 나였지만, 이번엔 좀 달랐다.

　"선생님이 붓펜으로 그려보자고 한 이유는 너희들이 망쳤다고 생각하는 그 선을 도화지에 담아주고 싶어서야. 망쳐도 되니까 붓펜으로 과감하게 휙휙 그려보자."

　아이들에게 자신감을 심어주기 위해 나는 이쯤에서 한 권의 그림책을 펼쳐든다. 바로 유주연 작가의 『어느 날』이다. 수묵그림책 『어느 날』은 자유분방한 붓놀림과 과감한 터치, 우연한 먹의 번짐을 그대로 느낄 수 있는 그림책이다. 서세옥 화백의 『즐거운 비』도 빼놓을 수 없다. 거칠게 휙휙 그은 먹물선 한 줄에서도 손끝의 기세가 느껴지고, 먹의 농담과 같은 요소가 그림책 전반에 고스란히 담겨 있다.

　두 권의 책을 보여주며 독려하자 붓펜을 쥐고 손을 덜덜 떨던 아이들도 어느새 쓱쓱 선을 그려보기 시작했다. 본인이 그려낸 거침없는 선을 보고 흠칫 놀라는 아이도 있었다.

　"오, 선생님! 이거 제가 그린 거 맞나요? 왜 이렇게 멋진 거죠?"

　"자꾸 그리다 보니 붓을 마구 휘갈겨서 그리는 게 재미있어요."

　붓펜 그리기에 이어서 두 번째 장면은 콜라주로 종이를 찢어 붙여봤고, 세 번째 장면은 나이프를 사용해서 아크릴 물감으로 그려봤다. 네 번째 장면은 색연필을 사용해서 색칠했다. 이렇게 다양한 표현 방법을 시도해본 뒤, 아이들은 자신이 만들 그림책의 주제와 내용을 잘 살릴 수 있는 재료를 찬찬히 선택했다.

다시 한 번 힘주어 이야기하지만, 원화를 그릴 때 가장 중요한 지점은 아이들이 자신의 이야기를 풀어내면서 '어떤 예술적 선택을 할 것인지' 고민하는 과정이다. 미술 수업을 하다 보면 아이들이 이번 시간에 수업하는 이 활동이 무엇을 위한 것인지 모른 채, 그저 디테일한 실기 활동을 익히는 데에만 몰두할 때가 있다. 예컨대 판화 수업을 할 때, 자신이 왜 판화를 해야 하는지 모른 채 그저 도안을 그리고 고무를 파서 잉크를 찍는 행위만 반복하는 것이다. 이런 경우, 판화 한 점을 완성해냈다고 할지라도 그 작품이 아이에게 예술적인 의미를 갖기는 어렵다.

그러나 내가 창작하는 그림책의 그림을 표현하기 위해서 스스로 예술적 선택을 하여 판화 작업을 했다면 그 작업은 아이에게 의미를 가지게 된다. 그런 까닭에서 그림책을 창작하는 시간만큼은 선생인 내가 표현의 방식을 결정해주지 않고, 아이들 저마다가 스스로 표현 방법을 찾아나가도록 했다.

"선생님, 제 그림책에는 같은 집이 여러 번 나오거든요. 그 부분은 판화로 찍어서 표현해보면 좋겠어요."

"저는 엉켜 있는 마음을 표현하기 위해서 꼭 털실을 꼬아보고 잘라봐야겠어요."

"제가 표현하고 싶은 우주는 광활하고 캄캄하거든요. 그래서 까만 목탄을 써볼 거예요."

아이들은 저마다의 이유를 가지고 스스로 재료와 표현 방법을 선택하면서 자신이 창작한 그림책의 예술적 의미를 찾아나갔다.

혜빈이가 도화지에 아크릴 물감을 뿌린 이유

앞에서도 언급한 바 있는 교실 속 창작 그림책 『솎아내기』를 기억하는가? 『솎아내기』의 표지를 잘 살펴보면 배경에 물감이 흩뿌려진 모습을 발견할 수 있다(182쪽). 이 표현 방식은 단순히 인상적으로 보이고 싶어서, 하얀 배경을 채우려고 선택한 표현 방식이 아니다.

"선생님, 저는 새싹을 그리고 싶은데 어떻게 표현해야 할지 모르겠어요."

"음, 혜빈이가 떠올리는 새싹은 어떤 느낌일까? 텃밭에 핀 새싹일까, 아니면 화분에 핀 새싹일까?"

"화분 말고 텃밭의 새싹이요. 저희 집 텃밭에서 상추를 키운 적 있거든요. 봄에 새싹이 땅에서 막 올라온 걸 봤을 때 땅에 연두색 물감을 뿌려놓은 것 같다고 생각한 적이 있어요."

"오호, 연두색 물감을 뿌려놓은 느낌이라… 그럼 혜빈아 물감을 직접 뿌려보면 어때? 네가 느꼈던 그대로 말이야."

"오, 물감 뿌려봐도 돼요?"

혜빈이는 이야기를 마치자마자 교실 바닥에 신문지를 깔고서 종이 위에 신나게 물감을 뿌렸다. 수채 물감을 칫솔 끝에 묻혀서 뿌려보기도 하고, 아크릴 물감을 나이프 끝에 묻혀서 뿌려보기도 했다. 요리조리 다양한 방법을 시도하던 혜빈이가 드디어 종이 한 장을 번쩍 들고 이렇게 말했다.

"선생님, 드디어 제가 원하는 느낌이 담겼어요."

"오호, 어떤 느낌?"

"새싹 표면을 보면 매끈하잖아요. 그 반질반질한 느낌을 담고 싶었거든요."

"어떤 재료를 썼을 때 그 느낌이 담겼을까?"

"수채 물감을 뿌리면 번지고 퍼져서 그 느낌이 안 살아났거든요. 그런데 아크릴 물감을 뿌려놓은 게 마르니까 불투명하고 매끈한 느낌으로 굳었어요. 이게 딱 그때 제가 느낀 새싹 느낌이에요!"

여러 시도 끝에 혜빈이는 갓 피어난 새싹의 반질반질한 느낌을 표현하기 위해서 아크릴 물감을 뿌리는 방법을 선택했다. 녹색 계열의 아크릴 물감을 늘어놓고 마구 뿌려가면서 자신이 표현하고 싶은 그 느낌을 종이 위에 담아낸 것이다.

재료의 선택이 또 다른 이야기를 만들어내다

특별한 재료를 선택해 표현함으로써 그림책에 한 겹의 서사가 더 만들어지기도 했다. 민경이가 교실 속 창작 그림책 『검은 바다의 눈물』을 만들 때의 일이다. 이 책은 삼성 1호-허베이 스피리트 호 원유 유출 사고를 소재로 했다.

"선생님, 사회 수업 시간에 삼성 1호-허베이 스피리트 호 원유 유출 사고에 대해 말씀해주셨잖아요. 그게 생각나서 유튜브에서 영상을 찾아봤거든요. 실제로 기름이 바다에 퍼져 있는 모습 보는데, 진짜 충격적이었어요."

민경이는 기름 유출 사고를 어떻게 그림으로 표현하면 좋을지 고민하다가 마블링 물감에 주목했다. 마블링 물감은 기름으로 만들어져서 물과 섞이지 않고 독특한 무늬를 만들어내기 때문에 민경이가 창작하려던 그림책의 주제와도 자연스럽게 연결되는 지점이 있는 재료였다.

그림책의 주제와 딱 맞는 재료를 찾아낸 민경이는 신나게 세숫대야에 물을 붓고 마블링 물감을 풀었다. 그러자 물 위에 둥둥 뜬 물감이 다양한 무늬를 만들어냈다. 민경이는 물과 기름이 만들어낸 다양한 무늬를 종이 위에 찍어내어 그림책을 완성했다. 민경이는 그림책 창작을 마친 뒤 작가 노트에 이렇게 적었다.

그림책 원화를 그리면서 마블링 물감이 이렇게나 찐득찐득하고 독한 냄새를 가지고 있다는 걸 처음 알았다. 손에 묻으면 잘 지워지지도 않고 기름 냄새가 진동했다. 이렇게 지독한 기름이 태안 앞바다

의 백사장과 바위, 물고기를 뒤덮었다니… 흡습제로 기름을 하나하나 닦아냈던 자원봉사자들은 얼마나 고생이 많았을까.

민경이는 마블링 물감을 사용하면서 기름의 위력을 실감했다. 재료에 대한 새로운 이해는 그림책에 또 다른 이야기를 더해줬다.

이렇게 아이들은 자기 나름의 이유를 가지고 재료와 표현 방법을 선택해나갔다. 이야기는 재료를 선택하는 밑바탕이 됐고, 그렇게 선택한 재료는 그림책 바깥에 또 하나의 이야기를 만들어냈다. 꼬리에 꼬리를 무는 창작의 순환이 재료와 이야기 사이에서도 일어났다.

망쳐서 버린 그림, 그림책 속에 들어가다

그런데 민경이가 창작한 『검은 바다의 눈물』에는 마블링 물감으로 그린 그림만 들어가지 않았다. 마커를 사용해서 기름 떼가 바다를 뒤덮는 장면을 표현한 그림도 그림책 속에 들어갔다. 마블링 물감이라는 재료를 찾아내기 전에 민경이는 붓펜, 마커, 수채 물감 등 다양한 재료를 사용해서 기름 떼가 바다를 뒤덮는 장면을 수차례 그렸다. 그런데 무엇이 마음에 들지 않았는지 민경이는 그 그림들을 모두 폐휴지함에 버렸다.

"민경아, 아까 마커로 그렸던 그림은 어디 있니?"

민경이가 쓰고 그린 그림책 『검은 바다의 눈물』은
마블링 물감을 주재료로 하여 기름 유출 사고라는
그림책의 주제를 한결 더 탁월하게 표현했다.
한편, 망쳤다고 생각해서 아이가 버렸던 그림을
다시 가져와 그림책의 한 장면으로도 활용했다(가운데).

"그거 망친 거라서 그냥 버렸는데요?"

아이들은 자신의 작품을 쉽게 망쳤다고 단정했다. 아이들은 어떤 기준으로 자신의 작품을 판단하는 것일까? 나는 아이들에게 망쳤다고 생각한 그림이 결코 망친 그림이 아니라는 사실을 알려주고 싶었다. 나는 폐휴지함을 뒤져서 민경이가 그린 그림들을 다시 주워왔다. 그리고 주워온 그림을 스캔하고 일부를 확대해서 민경이에게 다시 보여줬다.

"민경아, 이 장면 어때? 마블링 물감도 좋지만 이렇게 선으로 거칠게 표현한 장면도 중간에 들어가면 좋을 것 같은데…"

"오, 너무 멋져요. 이거 선생님이 그리신 거예요?"

"아니. 이거 민경이 그림이야. 선생님이 폐휴지함에서 주워왔어."

"네에? 이걸 제가 그렸다고요?"

"그럼. 이것 봐. 네가 그린 그림을 그대로 스캔해서 크게 확대하기만 한 거야."

함께 이야기를 듣던 친구들도 눈이 휘둥그레졌다.

"이거 진짜 바닷물에 검정 기름이 막 쏟아지는 느낌이 들어요."

"그림을 확대하기만 했는데도 완전 다른 느낌이 나는데요?"

아이가 망쳤다고 생각해서 버린 그림도 다시 주워와서 들여다보면 생각지 못했던 장면을 발견해낼 수 있다. 아이들이 구겨버린 그림에도 작품의 씨앗이 숨어 있음을 잊지 말자. 그것을 다시 볼 수 있도록 짚어주면 아이들은 그림을 바라보는 새로운 시선을 갖게 된다.

제한으로 표현력 끌어내기

　미국의 그림책 작가 닥터 수스는 50개의 단어만으로 그림책 『Green Eggs and Ham』을 썼다. 랜덤하우스 출판사의 설립자인 베네트 서프가 닥터 수스에게 이런 내기를 걸었기 때문이다.

　"50개의 단어만을 사용해서 책 한 권을 쓰면, 자네에게 50달러를 주겠네!"

　50개라는 제한된 단어로 이야기를 전개하려면 어떻게 해야 할까? 닥터 수스는 같은 패턴의 문장이 반복되게끔 하고, 단어의 각운을 맞춰 자연스럽게 운율이 생겨나도록 했다. 이 책을 소리 내어 읽으면 경쾌한 리듬이 느껴진다. 미국 아이들은 이 책을 노래하듯 재미있게 읽었다. 닥터 수스는 내기에서 이겼고, 책은 베스트셀러가 됐다.

　이처럼 제한은 독창성을 이끌어낸다. 아이들과 함께 그림책 원화를 그릴 때에도 점과 선, 색과 같은 제한된 요소로만 장면을 그리게 하면, 기발하고 감각적인 표현을 끌어낼 수 있었다.

점과 선으로 그리기

간단한 점과 선만으로 공원을 그릴 수 있을까? 하늘을 나는 새의 시선으로 바라보면 가능하다. 니겔 피크의 그림책 『In the city』를 보면 점과 선만으로 도시 구석구석의 모습을 그렸다. 하늘에서 공원을 내려다보면 복잡한 요소들은 모두 사라지고 초록색 점 같은 나무와 갈색 선 같은 길만 남는다. 그림 그리기에 자신이 없어서 내내 걱정하던 민규는 이 장면을 보고 눈을 번쩍 떴다.

"선생님, 점과 선 두 가지밖에 없는데도 새가 됐다고 상상하면서 보니까 나무랑 길이 보여요!"

"우와, 선생님! 이렇게 단순하게 그려도 되는 거였어요?"

드로잉 자체를 겁내는 아이들은 이런 단순한 표현에 더욱 관심을 보였다. 장면을 구체적으로 묘사하기는 어려워도, 이렇게 점과 선으로만 그린다면 부담 없이 그림을 그려볼 수 있었기 때문이다.

간결한 선을 잘 쓰는 그림책 작가라면 프랑스의 그림책 작가 세르주 블로크를 빼놓을 수 없다. 그는 '바이올리니스트가 네 가닥의 줄로 여러 음악을 표현하듯 나에겐 간결한 선이 표현의 도구였다'라고 고백할 정도로, 선만으로도 감각적인 그림을 그려냈다. 그의 그림책 『나는 기다립니다』와 『어느 날 길에서 작은 선을 주웠어요』를 보면 단순한 선 몇 가닥만으로도 마치 교향곡을 연주하듯 다양한 감정을 표현해낸다.

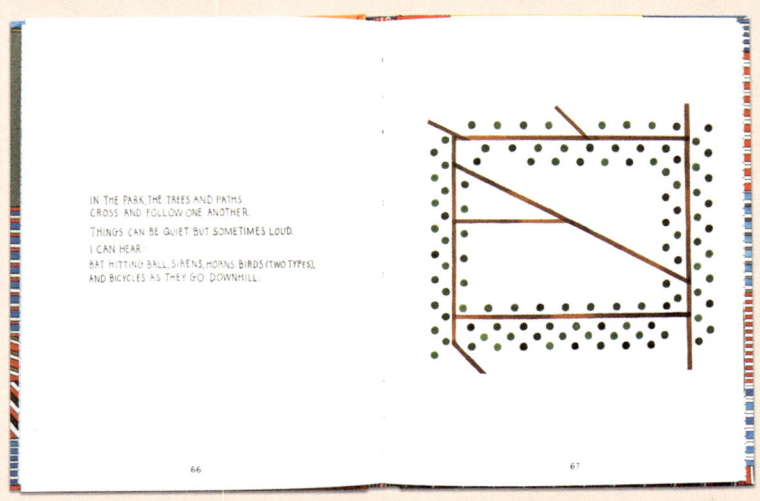

니겔 피크의 그림책 『In the city』처럼
점과 선만으로도 대상을 인상적으로 묘사할 수 있다.

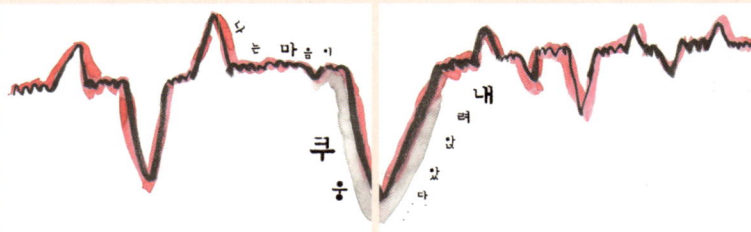

유송이가 쓰고 그린 그림책
『꾸뜻의 택시』에서는
선의 오르내림을 통해서 가슴이
쿵 내려앉는 느낌을 표현했다.

교실 속 창작 그림책 『꾸뜻의 택시』를 쓰고 그린 유송이도 세르주 블로크처럼 선 하나에 자신의 마음을 담아냈다. 유송이는 인도네시아에 여행을 갔을 때, 택시를 운전해줬던 꾸뜻 아저씨와 깊은 정이 들었다. 그 때문에 길거리에서 관광객들이 택시기사를 무시하는 모습을 보면 꾸뜻 아저씨가 떠올라서 가슴이 쿵 내려앉았다고 한다. 유송이는 그 심정을 어떻게 담아낼지 고민하다가 심장박동기의 선이 오르내리는 장면처럼 연출해보기로 했다. 위아래로 과감하게 움직이는 선을 따라가다 보면 유송이의 애타는 마음이 고스란히 전해진다.

하나의 점에서 무궁무진한 이야기 발견하기

선으로 표현하기도 재미있지만, 점으로 표현하기는 한층 더 재미있다. 아이들은 하나의 점에서도 무궁무진한 이야기를 발견해냈다. 아이들에게 이렇게 질문했다.

"지금부터 3분 동안 눈을 감고 머릿속에 하나의 점을 떠올려보자. 그 점을 찬찬히 들여다보면 무언가가 보일 거야. 3분 후에 무엇이 보였는지 같이 이야기 나눠보자."

아이들은 점 하나에서 무엇을 보았을까?

"선생님 저는요, 자장면 먹을 때 들어 있는 연두색 완두콩이 떠올랐어요."

"콧구멍이 떠올라요."

"자꾸 맨홀 뚜껑이 생각났어요."

"저는 이마에 난 여드름 생각밖에 안 나요."

"까만 눈동자가 보여요."

"의자나 책상을 살펴 보면 못이 박혀 있잖아요. 그게 자꾸만 떠올랐어요."

"한글 이응."

"멀리서 보이는 희미한 불빛 하나."

아이들은 점 하나에서 온갖 기상천외한 것들을 떠올렸다. 점은 모호하기 때문에 무엇이든 될 수 있었다. 나는 점과 선의 무궁무진한 세계를 아이들과 함께 더 깊이 파고들고 싶어졌다. 그림을 그릴 때, 오직 점과 선으로만 그려야 한다는 제약을 두면 아이들은 어떤 그림을 그릴까? 점과 선 안에 무수한 의미를 담아볼 수 있지 않을까?

"얘들아, 이번엔 종이 한 장에 점과 선만으로 그림을 그려볼까? 나무, 별, 하트처럼 구체적인 사물 형태 말고 손 가는 대로 자유롭게 그려보는 거야. 점과 선을 자유롭게 변형시켜볼 수 있겠지?"

오직 점과 선으로만 그려야 한다는 제약을 두자 아이들은 점의 크기나 개수, 선의 방향이나 각도를 다양하게 변형하기 시작했다. 다양한 크기의 점으로 종이를 가득 채운 아이도 있었고, 점을 두 개 찍어놓고서 어지러운 선을 잔뜩 그려놓은 아이도 있었다.

"자, 이제 짝이랑 종이를 바꿔보자. 짝이 그린 그림을 찬찬히 들여다보면서 떠오르는 느낌이나 이야기를 한 문장으로 써보는 거야."

아이들은 친구가 그린 그림을 세밀하게 관찰하면서 점의 위치나 크기, 심지어 점을 찍다가 번진 잉크 자국 같은 요소에서도 이야기를 발견하기 시작했다.

민철이는 짝이 찍어놓은 점을 손끝으로 쓱 문지르다가 잉크 자국을 냈다.

"선생님, 그냥 찍어놓은 점을 보면 멈춰 있는 느낌이 드는데요. 잉크가 문질러진 자국을 보면 '피용' 하고 날아가는 움직임이 느껴져요."

지연이는 종이 위에서 흐릿하게 번져버린 점을 보고 이런 글을 썼다.

'잔잔한 호수에 던져진 돌멩이가 정적을 깬다.'

아이들은 점과 선만을 가지고도 다채로운 이야기를 만들어 갔다. 제한은 감각적이고 함축적인 표현을 끌어내는 좋은 방법이 되어줬다.

색에 마음을 담아보자

색에는 감정이 담겨 있다. 그림책을 창작하면서 떠오르는 심상이나 느낌을 오로지 색으로만 담아내보면 어떨까? 구체적인 형상으로는 표현되지 않는 느낌을 색에 함축하여 담을 수 있지 않을까? 아이들은 기대 이상으로 색에 담긴 정서를 활용해 그림책의 내용을 적절하게 표현해냈다.

교실 속 창작 그림책 『가까이 가지 마세요』를 쓰고 그린 지윤이는 캄보디아를 여행하던 중 팔찌를 팔던 또래 친구들을 만났다. 이전까지 마냥 배부르게 먹고 편하게 쉬기만 하는 즐거운 여행이었는데, 지윤이는 그 친구들을 만나고 난 뒤로는 더 이상 여행이 즐겁지 않았다고 했다. 특히나 그 친구들에게서 냄새가 난다고 얼굴을 찌푸리는 어른들을 보니 마음이 더욱 어두워졌다. 아이들은 유명한 여행지를 관광하면서도 어른과 다른 것을 본다. 작고 연약한 것에 마음을 둘 줄 아는 아이들은 이따금 여행지에서 슬픔을 느낀다.

지윤이는 그때 느낀 감정의 변화를 노란색에서 검정색으로 번지는 물감 색깔에 담아 표현했다. 구체적으로 장면을 묘사하지는 않았지만, 색감의 변화만으로도 지윤이가 느낀 감정의 변화가 고스란히 전해지는 장면이 완성됐다.

한편, 교실 속 창작 그림책 『문』을 쓰고 그린 수정이는 화면 전체를 까만 아크릴 물감으로 칠했다. 모든 형태와 색을 다 제거해버린 것이다. 수정이는 왜 페이지 전체를 검정색 물감으로 덮어버렸을까? 수정이의 작가 노트를 보면 알 수 있다.

지윤이가 쓰고 그린 그림책 『가까이 가지 마세요』 중 한 장면을 보면, 색깔의 변화를 통해 '즐거웠던 여행이 슬픈 여행으로 바뀌었다'는 지윤이의 감정이 고스란히 전해진다.

독자들께서 이 책을 읽으면서 이런 생각을 하실지도 모르겠습니다. '이 페이지는 그냥 까맣게만 칠해져 있구나. 대충 그린 건 아닐까?' 하지만 저는 독자들이 오히려 이렇게 생각했으면 좋겠습니다. '왜 이 작가는 이곳을 이렇게 표현했을까? 주인공은 왜 이런 어두운 장면을 만났을까?'
저는 제 그림책이 그저 휙휙 넘기는 책에 머물지 않았으면 합니다. 제 그림책은 평소에 생각하기를 안 좋아하던 사람들도 잠시 멈추어서 생각하면서 볼 수 있는 책이었으면 좋겠어요.

수정이의 말처럼 작가가 점과 선, 그리고 색에 마음을 함축해서 담아놓으면 독자는 '잠시 멈추어서 생각하면서' 그 장면을 들여다보게 된다. '이 장면은 작가가 대체 무엇을 담고 싶어서 이렇게 표현했을까?' 하고 골똘히 생각하다 보면, 같은 장면을 보면서도 저마다 다양한 의미를 발견해나갈 수 있다.

수정이의 그림책을 보면서 나는 2017년에 뉴욕휘트니미술관에서 보았던 작품 하나가 떠올랐다. 미국의 추상화가 프랭크 스텔라가 그린 〈깃발을 높이 올려라!〉였다. 그 작품은 캔버스가 온통 검게 칠해져 있고, 규칙적인 선의 패턴만 보인다. 캔버스에서 구체적인 형상이나 인식 가능한 표현들을 모조리 제거해버린 것이다. 형태와 표상을 극단적으로 제거하자 작품에는 그 어떤 표정도 남지 않았다. 나는 그 작품 앞에 한참이나 서서 골똘히 생각했다.

'이 작품은 대체 뭐지? 이 작가는 대체 왜 아무것도 남겨놓지 않은 걸까?'

그림이 말을 건네주기를 기다리면서 나는 까만 캔버스를 오랫동안 응시했었다.

프랭크 스텔라처럼 아이들은 그저 예쁘고 섬세한 그림을 그리는 데 머물지 않았다. 독자에게 말을 거는 그림, 독자를 잠시 멈추게 하는 그림을 그리기 시작했다. 교실에서 비롯된 예술, 어느새 우리가 그걸 하고 있었다.

그림 그리기를 두려워하는
아이들을 위한 처방

"저는 원래 못해요."

"망쳤어요."

그림책의 원화를 그릴 때 아이들이 가장 많이 하는 말이다. 어릴 때에는 분명 거침없이 그림을 그리던 아이들이 초등학교 고학년만 되면 잘 그리지 못할까 봐 두려워한다. 그 이유는 무엇일까?

'잘 그린 그림'이라는 기준과 틀에 자신을 끼워 맞추기 시작하면서 아이들은 쉽게 위축되고 자신감을 잃는다. 고학년이 되면 교실에서 몇 명의 아이를 제외한 대부분의 아이들이 본인을 그림에 소질 없는 사람으로 여겼다. 더 이상 자기 그림을 사랑하지 않는 아이들은 조금만 그림이 흐트러져도 망쳤다는 말과 함께 종이를 폐휴지함 속에 버렸다.

그런데 아이들이 버린 그림을 도로 다시 주워와서 자세히 들여다보면 아이 나름의 개성이 살아 있는 경우가 많았다. 아이들은 무엇을 기준으로 자신의 그림을 망쳤다고 말할까? 아이들이 표현하는 기쁨 자체를 마음껏 누리게 하려면 어떻게 해야 할까? 그림책 창작 수업을 진행하면서 가장 많이 고민했던 지점 중 하나는 어떻게 해야 그림 그리기에 자신감을 잃어버린 아이들이 자유롭게 창작을 시도할 수 있을지에 관한 문제였다. 그 고민은 이런 질문을 낳았다.

'꼭 그림을 잘 그려야만 그림책을 만들 수 있는 걸까? 그림을 안 그리고도 그림책을 만들 수는 없을까?'

그림책을 창작하면서 아이들은 매 순간 한계에 부딪힌다. 가슴속에 하고 싶은 이야기는 꽉 들어찼는데 그것을 어디에서부터 어떻게 표현해야 할지 몰라서 답답할 때, 자신이 원하는 느낌이 종이 위에 잘 담기지 않아서 막연할 때, 아이들은 이렇게 고민하기 시작한다.

'이걸 어떤 방법으로 풀어낼 수 있을까?'

'내 이야기를 어떤 방식으로 전달해야 할까?'

이때 그 한계 지점을 돌파하기 위해서 다양한 방법을 시도해보는 것이 중요하다. 드로잉이 안 되면 오려 붙여볼 수도 있고, 섬세한 표현이 안 되면 거칠게 휘갈겨 그림을 그려볼 수도 있다. 안 되는 것을 되게 만들기 위해 다양한 방법을 시도하다 보면, 이전에 알지 못했던 새로운 즐거움을 발견할 수 있다. 그 과정에서 이야기를 전달하는 방법을 터득하고 문제를 해결해나가는 나만의 방식과 태도를 갖춰나가게 된다.

"얘들아, 걱정하지 마. 그림을 못 그려도 그림책을 만들 수 있고, 그림을 안 그리고도 그림책을 만들 수 있어."

아이들에게 이렇게 말해주면 눈을 동그랗게 뜨고 묻는다.

"진짜요? 그림 잘 못 그려도 그림책 만들 수 있어요?"

그러면 나는 신이 나서 이렇게 이야기해준다.

"그러엄~ 물론이지!"

볼로냐 국제 아동 도서전에서 라가치상을 받은 작가 세르주 블로크는 한 독자로부터 이런 말을 들었다고 한다.

"당신은 정말 그림을 못 그리는군요! 그럼에도 불구하고 용케 이야기를 들려주는 방법은 터득하셨네요. 그게 저에게 희망을 줍니다."

독자의 마음에 짜릿한 감동을 주는 그림은 잘 그린 그림보다는 이야기를 전달하는 방법을 터득한 그림 쪽이라는 사실. 거기에서 나는 더 큰 가능성과 희망을 발견한다.

그림 그리기를 두려워하는 아이들을 위한 그림책

▶ 그림 대신 오브제를 찍은 사진으로 만든 그림책

『하찮은 것들의 근사한 행진』
질베르 르그랑 지음, 루크북스

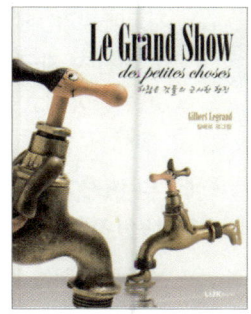

질베르 르그랑은 병따개, 나사, 톱, 가위, 국자, 분무기와 같은 하찮은 물건들에 생명을 불어넣었다. 그동안 무심코 지나쳤던 생활용품에서 표정과 동작을 발견해낸 것이다. 작가의 상상력으로 생기발랄해진 물건들은 그 자체로 카메라에 담겨 그림책의 한 장면이 된다. 이 그림책은 글이 없기 때문에 아이들과 함께 장면을 찬찬히 넘겨보면서 한 편의 유쾌한 이야기를 만들 수 있다. 이 그림책을 읽고 나면 아이들은 조금 더 밝아진 눈으로 주변을 둘러본다. 이야깃거리를 발견하기 위해서 무심코 사용하던 물건들을 유심히 관찰하기 시작한다.

▶ 낙서를 한 듯 과감한 선으로 그린 그림책

『투명인간이 되다』
잔니 로다리 글, 알렉산드로 산나 그림, 파랑새

알렉산드로 산나는 그림책의 그림을 그릴 때, 연필 없이 작업에 들어간다고 한다. 모든 것을 붓 자국에 맡기는 것이다. 그의 그림을 보면 과감하고 거친 붓 자국이 고스란히 사람의 몸통이 되고, 가방이 되고, 머리카락이 된다.

『색깔의 여왕』
유타 바우어 지음, 문학동네

유타 바우어는 마치 낙서를 한 듯 거침없이 색칠한 흔적을 있는 그대로 그림책에 담았다. 재미있는 것은 색깔뿐만 아니라 선의 방향과 진하기에서도 감정이 느껴진다는 점이다. 이를테면 '급하고 제멋대로인' 빨강은 과감하고 거침없는 선으로 색칠했다면, '부드럽고 얌전한' 파랑은 연하고 부드럽게 칠하는 식이다. 이 그림책을 보고 나면 아이들은 '섬세하게 그려야 한다'는 강박과 '꼼꼼하게 칠해야 한다'는 압박에서 벗어나기 시작한다.

▶ 실수도 새로운 시작이 될 수 있는 그림책

『아름다운 실수』
코리나 루켄 지음, 나는별

실수한 흔적에서 새로운 이야기를 만들어나가는 방식이 매력적인 그림책이다. 얼굴을 그릴 때 한쪽 눈을 크게 그려서 짝짝이 눈이 됐다면 망친 그림일까? 동그란 안경을 씌우면 문제없다. 잉크를 떨어뜨려서 얼룩이 생겼다면 어떻게 할까? 기왕 이렇게 된 것, 커다란 모자를 그려 넣으면 된다. 유연한 태도를 가지면 표현의 지평이 더욱 넓어진다. 우연히 일어난 실수를 새로운 이야기의 물꼬를 트는 중요한 계기로 만들 수도 있다. '우연'의 요소가 배제된 삶은 없다. 그림도 마찬가지다. 우연히 찍힌 작은 얼룩 한 점이 실수로 남을 수도 있지만, 새로운 생각을 시작하게 하는 전환점이 될 수도 있다. 다양한 방식으로 실수를 돌파할 때, 창작하는 즐거움을 누릴 수 있다. 그림책 창작 수업의 목적은 그것을 온전히 경험하는 데 있다.

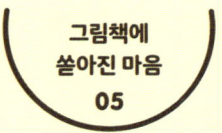

그림책에 쏟아진 마음 05

마음껏 꿈꿀 자유

"어리다고 놀리지 마세요. 꿈꾸는 건 자유입니다."

대치동 학원가에서 길을 잃은 아이의 마음

우리 교실에서 아이들이 BTS의 노래만큼이나 열렬히 공감하는 그림책이 있으니, 바로 영서가 그림책 창작 수업 시간에 쓰고 그린 『마이 웨이』다. 아이들끼리 하도 돌려 읽어서 책이 너덜너덜해질 정도였다.

"선생님, 저도 학원 때문에 답답했는데 이 책에 진짜 공감돼요."

"지금 『마이 웨이』 읽고 있는 사람? 너 읽고 나면 다음은 꼭 내 차례다!"

"저 맨날 웹툰 보거든요. 근데 이게 더 재밌어요."

아이들 사이에서의 반응만 뜨거운 것이 아니었다. 선생님들도 책을 펼치는 분마다 반짝이는 아이디어와 진솔한 스토리에 놀라고, 탄탄한 구성과 감각적인 표현에 한 번 더 놀랐다는 반응 일색이었다.

『마이 웨이』를 쓰고 그린 영서의 꿈은 만화가다. 영서는 빡빡한 학원 스케줄을 감당하는 와중에도 끊임없이 쓰고 그렸다. 펼쳐내고 싶은 이야기가 가슴속에서 폭포수처럼 쏟아졌기 때문이다. 영서는 그림책 창작 수업 시간만 되면 마치 빈 종이가 주어지기만을 기다려 온 사람처럼 400컷이 넘는 만화를 쏟아냈다. 영서가 얼마나 많은 그림을 그렸냐 하면, 모든 컷을 색칠할 수 없어 중요한 장면에만 컬러를 입혀야 했을 정도였다. 그림책 창작 수업 시간에 남다른 창작열을 내뿜는 영서를 보면서 나는 다시 한 번 실감했다.

'아이들은 이야기를 만들어내는 것이 아니라 가슴에서 후드득 쏟아져 나오는 걸 빈 종이에 그대로 받아내는구나.'

『마이 웨이』의 주인공 철수는 대치동 학원가에서 길을 잃은 열두 살 소년이다. 12년 동안 백령도에서 자유롭게 뛰놀던 철수는 6학년이 되자 중학교 진학을 준비하기 위해 서울로 전학을 온다. 실제로 대치동 학원가 근처의 초등학교는 중학교 입학을 앞두고 전학 오는 아이들이 많아서 6학년 학급 수가 다른 학년에 비해 눈에 띄게 많다. 이런 현실적인 부분이 영서의 그림책에 고스란히 반영되어 있어서 더욱 흥미진진하게 읽힌다.

서울로 전학을 온 첫날, 학교를 끝마치자마자 철수는 친구들에게 소리친다.

"끝났다! 전학 기념으로 오늘 나랑 놀 사람?"

그러나 철수와 함께 놀 수 있는 아이는 아무도 없다. 학원을 다 돌고 나면 자정이 넘기 때문이다. 이런 낯선 상황은 철수 엄마도 마찬가지다. 대치동 엄마들 모임에 다녀온 다음 날, 철수 엄마는 철수에게 바로 과외 선생님을 소개시켜준다. 그다음 날은 미술 학원, 또 그다음 날은 과학 특강반, 한국사 과외, 방과 후 수업… 그리고 주말엔 추가 과외가 이어진다. 참다 못한 철수는 소리를 버럭 지른다.

"엄마! 서울에 온 지 얼마나 됐다고 벌써 학원이 몇 개예요? 이건 진짜 심하잖아!"

만화가가 꿈인 영서는 그림책 창작을 위해 400컷이 넘는 장면을 그렸다.
너무 많은 그림을 그린 까닭에 그림책을 엮을 때, 중요한 장면에만
컬러를 입혀야 했을 정도였다.

엄마는 동네 아주머니들과 나눴던 이야기를 철수에게 고스란히 전한다.

"무슨 소리야? 애들 다 그 정돈 다녀. 너보다 더 다니는 애는 있어도 덜 다니는 애는 없다. 그만큼 놀았으면 됐지, 이제 그만 현실에 적응해."

부모님이 기대하는 바와 자신이 원하는 것이 다를 때, 그러나 정작 스스로가 무엇을 원하는지 제대로 알 수 없을 때, 아이들은 출구 없는 미로에 갇힌 심정이 된다. 답답해진 철수는 엄마 몰래 친구들과 백령도로 떠나기로 결심한다. 철수와 함께 가겠다고 나선 의외의 친구가 있으니, 바로 모범생 태영이다. 태영이는 주말에 하루 종일 땡땡이치고 놀아보기는 처음이라면서 이렇게 말한다.

"이제까진 엄마가 하는 말이 다 옳으니까, 그냥 엄마가 원하는 대로만 살았어. 그런데 생각해보면 엄마는 내가 원하는 게 뭔지 말할 기회조차 주지 않았거든. 그래서 이렇게라도 이젠 내 의사를 표현해보고 싶어."

학원의 압박에서 벗어나 숨통을 틔운 아이들

백령도로 간 아이들에게 무슨 일이 벌어질까? 아이들은 바다 냄새를 맡으면서 실컷 뛰고, 먹고, 논다. 『마이 웨이』를 쓰고 그린 영서는 이쯤에서 아이들과 소통할 줄 아는 어른을 한 명 등장시킨다. 바로 페인트 아저씨다. 페인트 아저씨는 전국 각지를 다니며 재능기부로 벽화를 그리는 분인데, 우연히 철수 일행을 만나 이들의 마음을 다독여준다. 아저씨는 이렇게 말한다.

"학원이 너무 많다 싶으면 엄마랑 타협할 생각을 해야지, 현실을 도피하는 건 지질한 짓이야. 중요한 건 지금 네 인생이 후회스럽지 않도록 최선을 다해 사는 거야."

페인트 아저씨의 관심 때문이었을까? 아니면 잠깐의 일탈로 들이마신 바닷바람 때문이었을까? 아이들은 막혔던 숨통을 틔우고, 한결 말랑해진 마음으로 다시 집으로 돌아간다.

짧은 여행이었지만 백령도에서의 경험은 아이들에게 많은 변화를 가져온다. 비로소 엄마에게 속마음을 표현하고 대화의 물꼬를 트기 시작했기 때문이다. 평소에 그림을 그리고 싶어 했던 태영이는 수학 학원을 줄이고 미술 공부를 시작하게 해달라고 말했다. 가족과 함께 시간을 좀 더 보내고 싶었던 무진이도 주말에 아빠와 배드민턴 치는 시간이 늘어났다. 철수는 엄마에게 아팠던 속마음을 털어놓았고 엄마는 그런 철수를 따뜻한 품으로 꼭 껴안아준다.

이미 어엿한 작가로서 활동하다

『마이 웨이』를 읽은 아이들은 이따금씩 영서에게 팬레터를 써서 나에게 전해줬다.

'학원 가기 싫어서 탈출하고 싶을 때, 영서 작가님이 쓴 『마이 웨이』 읽으면서 힐링해요. 어떻게 이런 책을 만들게 됐나요? 참, 꼭 사인도 해주세요.'

'지금까지 12년간 읽어본 책 중에서 제일 재밌게 읽은 책이에요. 저도 이렇게 만화를 잘 그리고 싶은데 어떻게 아이디어를 얻을 수 있나요? 추신. 『마이 웨이 2』 기다리고 있으니까 꼭 내주세요!'

나는 영서가 『마이 웨이』를 창작한 이듬해, 차곡차곡 모은 독자 팬레터를 전해주려고 영서 어머니와 함께 영서를 만났다. 내가 영서의 어머니와 함께 영서의 진로에 대해 한참 이야기를 나누는 동안 영서는 편지 하나하나에 답장을 썼다.

'동생 미림이에게. 이 책을 만들게 된 이유는 간단해. 나도 평소에 학원 많이 다녀서 정말 힘들었거든. 이 지루한 일상에서 탈출하고 싶은 내 또래의 이야기를 한번 써보고 싶었어.'

'하림이에게. 어떻게 아이디어를 얻을 수 있냐고? 평소에 네 주변에서 일어나는 일들을 잘 관찰하고 고민해봐. 거기에 너만의 스토리를 입힌다고 생각하면 돼.'

나는 영서와 함께 그림책 창작 수업을 하는 동안 이 아이의 폭

발하는 잠재력을 한 권의 그림책에 다 담아내기에는 부족하겠다는 생각을 종종 했다. 그런데 아니나 다를까. 영서는 오프라인과 온라인 사이를 종횡무진하며 이미 작품 활동을 하고 있었다. 영서의 그림책이 거의 완성되어가던 어느 날, 영서가 나에게 이런 말을 건넸다.

"선생님, 제가 사실은 온라인에 연재 중인 웹툰이 있거든요. 선생님께 보여드리고 싶어요."

영서는 네이버 만화에 〈내 친구 쿵야〉라는 제목의 웹툰을 연재하고 있었다. 네이버 만화에 '도전만화'라는 코너가 있다는 사실도 영서 덕분에 처음 알았다. '도전만화'는 누구나 참여할 수 있는 창작만화 게시판이다. 영서는 이 공간에 2015년부터 2016년 봄까지 꾸준히 웹툰을 연재했다. 조회 수가 1,000건이 넘고 『어린이 과학동아』에도 소개될 만큼 인기가 많았다. 영서는 이미 엄연한 작가였다.

누가 뭐래도 나는 '마이 웨이'

중학생이 되어 해야 할 공부는 늘어났지만, 영서는 여전히 틈날 때마다 쓰고 그리는 모양이다. 이따금 학교에서 만화 그리기로 상을 받았다는 소식을 전해오기 때문이다. 나는 『마이 웨이』의 표지 그림을 볼 때마다 중학생이 된 영서의 모습을 떠올리곤 한다. 표지 그림 속에서 주인공 철수는 학원 건물로 빼곡한 길가를 가로지르며 힘차게 달린다. 책을 하늘 높이 날려가며 누가 뭐래도 당당하게 자신의 길을 찾아 나서는 모습이 영락없이 영서를 꼭 빼닮았다.

어리다고 놀리지 마세요. 꿈꾸는 건 자유입니다.

영서의 웹툰을 찾다가 영서의 블로그에서 만난 자기소개 문장이다. 읽자마자 영서가 쓴 문장이라는 것을 알았다. 미래에 영서는 열세 살에 꿈꿨던 대로 웹툰 작가라는 직업을 갖게 될지도 모른다. 혹은 그 꿈과 전혀 다른 삶을 살지도 모른다. 이 아이가 어떤 삶을 살게 되든 이것 하나만은 분명하다. 어떤 자리에서든, 누가 뭐래도 영서는 자기만의 '마이 웨이'를 찾아나가리라는 것. 남들이 어지럽게 그어놓은 화살표에 우왕좌왕하지 않고 스스로 자기 삶의 방향성을 만들어나가리라는 것. 그 여정 가운데 숱하게 넘어지고 길을 잃을지라도, 영서가 걸어가면 새로운 길이 될 것이다. 영서의 여정에 믿음과 지지를 보낸다.

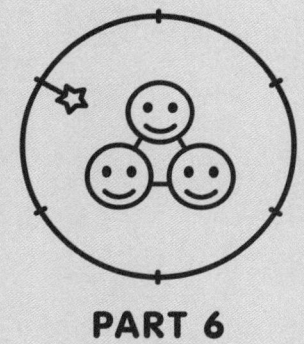

PART 6

그림책으로 흘러가다
"나누고"

감상과 창작은
선순환한다

그림책 완성은 도착점이 아닌 새로운 시작점이다. 그림책을 완성하고 나면 이제 '창작 선순환 독서 활동'을 토대로 교실에서 충분히 감상 활동을 펼칠 차례다. 그림책을 완성해낸 아이들은 주체적인 창작자로서 서로 피드백을 주고받는 과정을 통해 교실 안에서 새로운 감상 문화를 만들어나간다.

교실에서 감상이 충분히 뜨겁게 이루어지고 나면, 물이 끓어서 넘치는 것처럼 학교 밖으로도 감상 활동이 확장되어 흘러간다. 그림책을 학교 도서관에 비치해 전교생이 함께 나눠 읽을 뿐만 아니라 지역 도서관을 통해 학부모를 비롯한 지역 사회의 사람들과도 아이들의 창작 그림책을 함께 나눌 수 있다. 또한 다른 학교의 아이들과 그림책을 나누면서 또 다른 창작의 물꼬를 틀 수도 있다. 마지막으로 영어 번역본 그림책까지 만들면 해외 교육기관과의 문화 교류를 통해서 아이들의 이야기를 더 넓은 세상으로 흘려보내줄 수 있다.

교실에서 창작 그림책 감상하기

창작 선순환 독서 활동

아이들이 직접 쓰고 그린 그림책은 교실에서 활용할 수 있는 가장 좋은 텍스트가 된다. 그림책을 한 권 한 권 완성해내는 기쁨도 크지만, 완성한 그림책을 활용해서 의미를 재구성할 때 아이들이 창작한 그림책은 비로소 새로운 생명력을 획득한다.

'창작 선순환 독서 활동'은 아이들이 책을 읽기만 하는 수동적인 독자에 머무르지 않고, 주체적인 창작자로서 자기 주도적인 독서 역량을 갖추게 하는 데 중점을 둔 독서 활동이다. 이때의 '선순환'이란 '읽기와 토론, 쓰기와 감상이 유기적으로 이어지는 선순환 독서 경험'을 의미한다.

창작은 감상으로 완성되고 감상은 또 다른 창작을 낳는다. 한 아이가 그림책을 완성하고 나면 마치 아궁이에 불을 지핀 것처럼 온 교실이 창작의 열기로 후끈 달아올랐다. 아이들은 친구의 그림책을 다양한 관점으로 감상하면서 의미를 재생산해나갔다. 완성한 그림책을 감상하면서 서로 피드백을 주고받는 가운데 교실에 새로운 독서 문화가 생겨났다.

아이들이 완성해낸 그림책으로 독서 활동을 할 때에는 고려할 사항들이 몇 가지 있다. 첫째, 어렵지 않아야 한다. 창작 이후의 활동이 무거워지면 아이들은 독서 활동 자체에 부담을 느끼고 흥미를 잃고 만다. 그림책 창작에 오랜 시간과 정성을 들인 만큼, 완성의 기쁨을 충분히 만끽할 수 있는 활동이 좋다. 둘째, 그림책을 창작한 친구작가에게 피드백을 줄 수 있는 활동이어야 한다. 창작 후 독서 활동은 그림책을 완성한 어린이작가 자신에게 더할 나위 없이 좋은 공부가 되기 때문이다. 자신이 완성한 그림책을 친구들이 읽으면서 어떤 부분에서 공감하는지, 한 권의 책을 가지고 얼마나 다양한 해석과 감상이 가능한지 몸소 경험하는 귀한 시간이 될 수 있다.

한 줄 감상평 쓰기

친구가 창작한 그림책을 읽고 나서 할 수 있는 가장 간단한 활동으로 '한 줄 감상평 쓰기'가 있다. 이때 완성한 그림책을 선생님이 읽어주는 것도 좋지만, 그림책을 만든 어린이작가가 직접 손에 들고 넘기면서 친구들에게 읽어줄 때 이 감상 활동은 더욱 빛이 난다. 친구 독자와 어린이작가가 책으로 교감할 수 있는 시간이기 때문이다. 아이들은 친구가 직접 쓰고 그린 그림책에 대해 간단하게 한 줄 감상평을 쓰면서 생생한 감상을 자연스럽게 쏟아낸다. 같은 책을 읽고도 친구 독자들은 저마다 다른 반응을 보인다. "와, 내가 쓴 그림책을 읽고 친구들이 이렇게 다양한 생각을 할 줄 몰랐어요!" 친구들이 써준

한 줄 감상평을 보면서 어린이작가는 눈이 반짝거리며 깊은 감동에 젖는다.

어린이작가 인터뷰

한 줄 감상평을 쓰고 나면 어린이작가와 인터뷰를 진행한다. 인터뷰를 진행할 때에는 '쪽지 질문'을 활용하는 것이 좋다. 어린이작가 인터뷰를 위해서 친구 독자들은 미리 쪽지에 질문을 써서 우편함에 넣어둔다. 그러면 어린이작가가 직접 쪽지를 뽑아가면서 질문에 답하는 형식으로 인터뷰를 진행한다. 이 시간만 되면 어린이작가들은 딱 다섯 장만 뽑아 읽자고 약속해놓고서도 결국은 열 장, 스무 장 쪽지를 모두 펼쳐보고 싶어서 애가 닳는다. 자신이 직접 쓴 그림책을 친구들이 읽고서 써준 쪽지이니 궁금할 수밖에!

쪽지 질문을 통해서 어린이작가 인터뷰를 진행하다 보면 경직되거나 억지스럽지 않은 분위기 가운데 자연스럽게 작품에 대한 이야기를 풀어놓을 수 있다. 인터뷰를 통해 어린이작가들은 자신의 표현 의도를 친구 독자들에게 설명하면서 책에 담기지 않은 부분을 마음껏 이야기할 수 있다. 작가와 독자가 직접 소통하면서 그림책을 둘러싼 다양한 시각을 몸소 느낄 수 있는 시간이다.

어린이작가 그림책으로 통그림책 감상 활동하기

어린이작가 인터뷰로 한바탕 분위기가 달아오르고 나면, 아이들에게 포스트잇을 하나씩 나눠준다. 그다음 친구가 만든 그림책을 함께 읽으면서 내 마음과 가장 깊이 통한 장면 하나를 선택해서 감상이나 질문을 적어보게 한다. 친구 작가와 소통하는 가운데 이미 그림책 속에 풍덩 빠져들었기 때문에, 아이들은 포스트잇을 가득 채우면서 신나게 글을 쓴다.

포스트잇에 글을 다 적었으면 이제는 포스트잇을 들고 나와서 친구의 그림책에 붙여줄 차례다. 독자로서 마음이 통한 바로 그 장면을 펼쳐서 포스트잇을 붙이는 것이다. 갓 완성한 그림책에 스무 개가 넘는 포스트잇이 덕지덕지 붙는다. 친구들의 마음이 더해져 두툼해진 그림책을 품에 안은 어린이작가의 표정은 어떨까? 한바탕 칭찬샤워를 받고 온몸이 흠뻑 젖은 것처럼 촉촉하게 상기된 얼굴이다.

내 이야기가 다른 사람에게 가닿음을 경험한 아이는 계속해서 쓰는 삶을 살아갈 동력을 얻는다. 이 아이들이 평생 펼쳐나갈 창작의 세계는 얼마나 무궁무진할까? 한 번 창작의 맛을 본 아이들은 어떤 직업을 갖든지 간에 삶 속에서 스스로 의미를 발견해내면서 꾸준히 자기만의 서사를 써나갈 것이다.

글 없는 그림책의 글 작가가 되어주세요!

어린이작가의 그림책에서 그림만 남기고 글을 모조리 제거한 뒤, 친구 독자들에게 이런 질문을 던질 수도 있다.

"글 없는 그림책의 글 작가 되어주세요! 그림을 보면 무엇이 떠오르나요? 떠오르는 대로 자유롭게 이야기를 써주세요."

아이들은 원작을 마음껏 비틀면서 저마다의 독특한 이야기를 펼쳐냈다. 새로운 이야기들이 풍성하게 펼쳐졌다. 이 과정에서 그림은 글을 불러일으키고 글은 그림을 보완하며 또 하나의 그림책으로 새롭게 태어났다.

학교 도서관에서 창작 그림책 감상하기

"선생님, 우리 책 가지고 얼른 도서관에 가요!"

교실 속 그림책 창작 프로젝트를 통해서 자신의 그림책을 완성해낸 아이들이 가장 뿌듯해하는 순간은 언제일까? 바로 자신의 책을 학교 도서관에 등록하는 순간이다. 책을 완성하고 나면 아이들은 얼른 도서관에 가자고 아우성이다. 학교에 내 글을 눈여겨봐주는 사람들이 있다는 사실을 실감할 때, 아이들은 굉장한 자신감을 얻는다.

학교 도서관에 직접 만든 그림책을 가지고 가면 사서 선생님께서 한국십진분류표(KDC)에 대한 설명도 해주시고 '813'이라는 분류번호를 가진 도서등록 스티커도 붙여주셨다. 바코드까지 붙이고 나면, 이제 그 그림책은 전교생이 대출해서 볼 수 있는 책이 됐다. 아이들이 직접 쓰고 그린 그림책이 학교 도서관에 등록되면 폭발적인 인기와 함께 대출 순위 1위에 오르곤 했다. 아이들은 유명한 기성 작가의 그림책보다 친구나 선후배가 직접 만든 그림책에 더욱 각별한 애정을 보였다.

그림책으로 교내 및 학교 간 교류하기

학교 도서관에 등록된 그림책들 덕분에 교내에는 새로운 창작의 바람이 불기도 했다. 우리 반 친구들이 만든 그림책 『그거 알아? 너만 그런 건 아냐!』를 읽고 옆 반에서는 『나를 건드리지 마』를 창작했고, 3학년 친구들은 『괜찮아, 나도 그래』를 쓰고 그렸다. 한 권의 그림책이 꼬리에 꼬리를 물고 2탄, 3탄, 4탄으로 이어졌다.

『그거 알아? 너만 그런 건 아냐!』는 우리 학교에서뿐만 아니라 다른 학교에서도 창작 그림책을 만드는 불씨가 됐다. 서울미래초등학교의 김지민 선생님께서 『그거 알아? 너만 그런 건 아냐!』를 읽고 이런 생각을 하셨다고 한다.

'나의 단점이 어떤 친구에게는 오히려 장점이 될 수 있지 않을까? 내 단점을 필요로 하는 친구에게 그것을 파는 상점이 있다면 어떨까?'

이 아이디어를 바탕으로 선생님께서는 아이들과 함께 『단점 상점』이라는 그림책을 만드신 뒤, 우리 반으로도 『단점 상점』을 챙겨서 보내주셨다. 이 책은 단번에 우리 반 베스트셀러로 등극했고, 이후에 그림책 속 주인공들에게 엽서를 쓴 뒤 서로 주고받는 학교 간 교류로까지 이어졌다.

서울에서뿐만이 아니었다. 제주 서귀서초등학교의 엄주란 선생님께서도 『그거 알아? 너만 그런 건 아냐!』를 보시고 『우리 반 단점을 찾아라』라는 그림책을 만들어 보내주시기도 했다. 바다 건너 학급 교류로까지 이어진 셈이다. 이렇게 한 권의 그림책이 새로운 창작으로 이어지면 교실과 학교의 벽을 뛰어넘은 그림책 교류의 물꼬가 트이기도 한다.

지역 도서관에서 창작 그림책 감상하기

책 한 권이 만들어낸 작은 파동은 학교 밖으로도 퍼져나갔다. 어느 날, 아이들이 창작한 그림책을 학교 근처의 다문화 어린이 도서관 '모두'에 가져다 드렸는데 그곳에서 한글을 배우시는 할머니들께서 아이들의 그림책을 너무 좋아해주셨다. 할머니들의 열렬한 반응이 이어지자 관장님께서 감사하게도 도서관에서 원화 전시회를 해보자는 제안을 해주셨다. 그림책 원화는 어린이작가들이 독자들에게 쓴 편지와 함께 전시됐다. 박소정 어린이작가의 편지에는 원화 전시회를 준비하며 느꼈던 흥분과 즐거움이 고스란히 담겨 있다.

PART 6 그림책으로 흘러가다

아이들의 창작 그림책은 학교 밖에서도 하나의 문화로서 영향을 미칠 수 있다.
사진은 학교 근처의 다문화 어린이 도서관 '모두'에서 열린 『그거 알아? 너만 그런 건 아냐!』
원화 전시회의 모습이다.

내 책을 우리 학교 친구들뿐만 아니라 다문화 친구들과 동네 어른들도 함께 읽는다니 조금 긴장됐어요. 엄마 아빠랑 도서관에 갔는데 내 그림이 걸려 있고 '작가 박소정'이라는 이름표가 붙어 있어서 기분이 날아갈 것 같았어요. 처음에 이 그림책을 썼을 땐 이렇게까지 멀리 퍼져나갈 줄은 몰랐는데… 책이 가진 힘이 이렇게 크다니 놀라워요.

책에서 또 다른 책으로 창작이 이어지는 선순환의 파도 위에 우리들이 올라타 있었다. 아이들과 함께 푸른 물살을 타고 미끄러지듯 넘실넘실 파도를 탔다. 너울거리는 이 파도는 우리를 또 어디로 데려갈까?

더 멀리,
더 넓은 곳으로

　어린이작가들과 만든 그림책은 놀랍게도 해외로까지 뻗어나갔다. 그 시작은 인도네시아의 우붓이었다. 평소에 무척 존경하고 좋아하던 오소희 작가님께서 당신이 후원하고 있는 '페르마타 하티'라는 고아원의 아이들을 위한 물품을 모으신다기에 나는 '영어 그림책을 사서 보내면 어떨까' 하고 생각했다. 그러다 한 아이가 건넨 말에 눈이 번쩍 뜨였다.

　"선생님, 우리가 직접 쓴 그림책을 영어로 번역해서 보내주면 안 될까요?"

　번뜩이는 아이디어였다. 아이들의 아우성에 나는 학교의 원어민 선생님과 머리를 맞대고 아이들이 직접 쓰고 그린 그림책 13권을 영어로 번역했다. 영어 번역본을 거의 완성할 때쯤 오소희 작가님께서 내게 이런 제안을 하셨다.

"선생님, 책만 보내지 마시고 직접 고아원에 가서 아이들과 그림책 창작 수업도 진행해보시면 어떨까요?"

그렇게 2017년 1월, 나는 그림책 창작 수업 봉사를 위해 우붓으로 향했다. 우붓에 도착하니 사방을 에워싼 숲이 물기를 머금고 있었다. 나뭇잎 사이로 습한 공기를 훅 들이마시니 내 가슴도 초록빛으로 물들었다. 숙소에 가방만 풀어놓고 그림책과 수업 준비물을 챙겨서 곧장 고아원으로 향했다. 문을 빠끔히 열고 바라보니 아유 원장님이 뛰어나와 반갑게 맞아주셨다. 먼저 아유 원장님에게 한국 아이들이 쓰고 그린 그림책을 기증도서로 건네 드렸다. 처음엔 활짝 웃으면서 책을 펼쳐 들었던 아유 원장님은 책장을 넘길수록 커다랗고 굵은 눈물을 뚝뚝 흘리셨다. 책을 다 읽고 난 아유 원장님은 내 손을 꼭 잡고서 이렇게 말씀하셨다.

"아이들이 쓰고 그린 활동 결과물을 '아무것도 아닌 것'으로 여기지 않고 이렇게 소중한 작품으로 만들어줘서 고마워요."

나는 먼저 그곳의 아이들과 함께 한국에서 번역해서 가져간 13권의 창작 그림책을 읽었다. 그리고 한국에서 미리 만들어 간 여섯 페이지의 빈 종이책을 나눠준 뒤, '나는 누구인가'라는 질문을 던졌다. 아이들은 그 어떤 책보다도 자신에 대해 묻는 여섯 페이지의 온전한 빈 종이를 더욱 반가워했다. 그리고 마치 누군가 물어봐주기만을 기다렸다는 듯 자신의 이야기를 마음껏 유쾌하게 쏟아냈다.

수업을 진행하는 동안 나는 아이들에게 필요한 것은 어쩌면 다른 누군가가 쓴 책을 보여주고 새로운 지식을 가르쳐주는 일이 아니라, 그저 아이들의 이야기를 묻고 들어주는 일이라는 생각을 다시 한번 했다. 그림책 창작 수업을 모두 마친 뒤 나는 아이들에게 작별 인사를 하며 수업 시간에 쓰고 그린 우리의 이야기를 한 권의 책으로 엮어서 다시 선물하겠다고 약속했다.

"얘들아, 우리 책으로 다시 만나자!"

약속은 기적처럼 이뤄지고

한국에 돌아와서 나는 페르마타 하티의 아이들이 쓰고 그린 글과 그림을 모아 한 권의 그림책으로 엮는 작업을 시작했다. 이 수업에 참여한 서른 여섯 명의 아이들 모두에게 그림책을 만들어서 보내주고 싶은 마음에 크라우드 펀딩도 진행했다. 목표 금액은 최소한의 인쇄 비용인 50만 원이었다. 하지만 아이들에게 '자기만의 책'을 선물해주고 싶다는 취지에 공감해주신 많은 분들 덕분에 크라우드 펀딩을 시작한 지 이틀이 채 되지 않아서 80만 원이 넘는 돈이 모이는 기적이 일어났다. 그 기적 덕분에 책으로 다시 만나자던 아이들과의 약속을 지킬 수 있었다.

이때 제작한 책이 바로 『Who We Are: Permata Hati Story』이다. '나는 누구인가'라는 질문에 아이들이 저마다 자신의 내면을 들여다

보고 쓰고 그린 것을 모아 엮은 책이었기에, '우리가 누구냐면 말이지' 하고 스스로를 소개하는 느낌을 살린 제목을 붙이게 됐다.

나는 이 한 권의 책이 고아원 아이들의 자존감을 세워주고 긍지의 어깨를 쭉 펼칠 수 있게 해주길 소망했다. 나아가 고아원을 후원하고자 문을 두드리는 이들과 페르마타 하티를 궁금해하는 이들에게 이 책을 통해 아이들이 스스로를 소개할 수 있기를 바랐다.

아이들의 그림책 제작을 위해 마음을 모아주신 분들께 작게나마 보답을 해드리고 싶어서 책에 포함된 그림 중 다섯 컷은 엽서로도 제작했다. 작고 예쁜 엽서를 통해 누군가의 가슴속에 의미가 만들어져 또 다른 선한 일로 이어질 수 있기를 소망했다. 크라우드 펀딩에 참여해주신 많은 분들께서는 다음과 같은 따뜻한 메시지도 전해주셨다.

- 세상엔 아름다운 것들이 많답니다. 많이 만나세요.
- 그 환하고 밝은 웃음에 제가 치유를 받습니다. 고마워요.
- 여전히 꿈을 꾸는 아줌마가 이제 꿈꾸기를 시작하는 그대들을 격렬히 응원합니다!
- 언젠가 만나러 갈 겁니다! I'll be there!
- Love your life and l am proud of you.

엽서를 제작하는 과정에서도 마음이 훈훈해지는 일이 있었다. 제작 주문한 엽서가 도착한 날, 크라우드 펀딩을 함께 진행했던 에

나는 이 한 권의 책이 고아원 아이들의 자존감을 세워주고 긍지의 어깨를 쭉 펼칠 수 있게 해주길 소망했다.

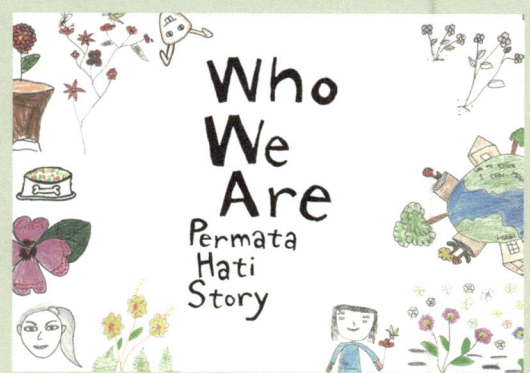

디터 님과 마주 앉아 저녁 늦도록 엽서를 비닐 봉투에 담는 포장 작업을 했다. 그런데 이상하게도 아무리 포장을 해도 엽서가 줄어들지 않았다. 급기야 개수를 맞춰 준비한 비닐 봉투를 모두 소진해버렸고, 우리는 실수로 엽서를 1,000장이 아닌 10,000장을 주문한 것은 아닌가 하고 밤새 걱정했다. 하지만 다음 날 아침, 걱정은 기우로 밝혀졌다. 수화기 너머로 제작처 담당자 분께서 이런 말씀을 전해오셨다.

"엽서 뒷면에 적힌 글을 읽고 나서 아이들을 위해 따뜻한 수업을 진행하시는 선생님 모습에 감동했어요. 그래서 기왕 인쇄하는 김에 2,000장으로 넉넉히 인쇄해서 보내드렸답니다. 고아원 아이들을 위해 귀하게 써주세요."

실수가 아니라 온정이 만들어낸 또 하나의 기적이었다. 너무나 감사한 마음에 코끝이 찡해졌다. 덕분에 페르마타 하티에도 여분의 엽서를 넉넉히 보내드릴 수 있었고, 이 엽서들은 고아원 후원금을 모으는 데 소중하게 활용됐다.

이 촉촉한 마음들이 모여 다시 아이들에게로 흘러갔다. 『Who We Are』는 인도네시아와 한국의 어린이작가들이 언어와 나이, 공간을 뛰어넘어 서로의 생각과 마음을 나누고 꿈이 흘러갈 수 있는 통로가 됐다. 이 과정을 통해 어린이작가들의 삶 속에 또 하나의 의미가 만들어졌다. 한 어린이작가는 "내 이야기가 강물처럼 멀리멀리 흘러가는 신기한 경험을 했다"라고 이야기해줬다. 내 삶을 고스란히 담아낸 그림책, 진정성이 담긴 책 한 권을 가지고 소통할 때 우리는 서로가 서로에게 조금 더 가까이 다가갈 수 있었다.

국경을 넘어 이루어진 그림책 창작과 감상

베트남 나트랑에서도 현지 아이들과 그림책 창작 수업을 진행했다. 2019년 1월, 현지 한글학원과 인연이 닿아 빈하이 초등학교 아이들과 만날 수 있었다. 빈하이 초등학교의 담당자 분께 "아이들이 쓰고 그린 그림책을 영어로 번역해서 가져갈까요?" 하고 여쭤봤더니, 이런 대답이 돌아왔다.

"영어 번역본보다 한글 그림책이 훨씬 좋습니다. 베트남은 한국에 대한 관심이 굉장히 높고, 한글 자체에 대해 관심을 갖는 아이들도 많거든요. 게다가 또래 아이들이 직접 쓰고 그린 그림책이라니, 한국의 새로운 교실 문화를 접할 수 있는 기회라서 더욱 좋습니다."

그렇게 한국 아이들이 직접 쓰고 그린 그림책을 가지고 베트남으로 향했다. 미리 교실에 도착해서 선생님과 이야기를 나누고 있자, 아이들이 부모님이 태워주시는 오토바이 뒷좌석에 매달려서 하나둘씩 교실에 도착했다. 현지 선생님께서 말씀해주시기를, 베트남은 워낙 교육열이 높은데다 한국 교육에 대해서 관심을 많이 갖고 있는 터라 부모님들께서도 이번 그림책 창작 수업에 대한 기대나 관심이 대단하다고 하셨다. 수업은 한글로 진행했고 현지 선생님이 베트남어로 통역해주셨다. 수업에 한국 교민 아이들도 몇 명 참여했는데 함께했던 한 학부모께서 이런 말씀을 해주셨다.

"이곳에서 미술 학원을 보내면 선생님이 보여주는 대로 밑그림을 따라 그리고 아이는 색칠만 해요. 산을 노란색으로 칠하면 틀렸다고 지적하면서 초록색으로 고쳐주는 식이죠. 이렇게 마음껏 자기 자신을 표현하는 창작 수업이 참 신선하고 귀합니다."

『Who We Are』를 만들었을 때처럼, 한국에 돌아와서 베트남 아이들과 수업했던 흔적도 한 권의 책으로 엮어서 보내줬다. 책의 제목은 한국 아이들이 'Ban Be'라고 지었다. 베트남어로 '친구'라는 뜻이다. 위엔, 타오리, 안니엔… 함께 수업을 했던 스무 명의 아이들에게 이 작은 책이 기쁜 선물이 되기를, 책 한 권을 통해서 한국과 베트남의 아이들이 친구가 될 수 있기를 마음 깊이 소망했다.

아이들과 내가 올라탄 파도는 더 멀리, 더 넓은 곳으로 우리를 데려다줬다. 그림책의 창작과 감상에는 국경도 무의미했다. 그림책 한 권이 가져다 준 놀라운 힘으로, 아이들과 함께 이전에는 알지 못했던 세계를 탐험하는 기쁨에 푹 빠졌다.

독립출판 프로젝트
'덮으면서 다시 시작하는 그림책'

더듬더듬 이어가던 교실 속 그림책 창작 프로젝트는 시작한 지 3년째 접어들던 해에 하나의 의미 있는 분기점을 맞이했다. 바로 2016년 서울시교육청에서 주관하는 '책 쓰기 동아리 공모'에 선정된 것이다. 덕분에 소정의 지원금을 받아서 보다 체계적으로 동아리 운영을 할 수 있게 됐다.

그렇게 꾸준히 프로젝트를 이어가자 그 이듬해에는 교육부에서 지원하는 '학생 저자 출판 사업'에 서울시 대표로 선정되는 행운이 찾아들었다. 덕분에 교육부로부터 지원받은 출판비로 어린이작가들의 그림책 이야기를 한 권의 책으로 엮어 출간할 수 있는 기회가 생겼다. 『덮으면서 다시 시작하는 그림책』은 그렇게 세상에 나올 수 있었다.

그동안 아이들의 그림책을 만들어주는 일을 해오긴 했지만, 그것은 언제나 수업의 테두리에서 이뤄졌다. 그런데 『덮으면서 다시 시작하는 그림책』의 출간을 계기로 나는 아이들의 이야기에 관심을 가지고 귀를 기울여주는 분들이 학교 바깥에도 생각보다 많다는 사실을 알게 됐다. 온/오프라인 서점에서 돈을 주고 판매하는 책이 아니었음에도 불구하고, 『덮으면서 다시 시작하는 그림책』을 구할 수 없겠냐는 문의들이 알음알음 이어졌다.

　나는 숨어 있던 독자들의 요청을 외면할 수가 없어서 원하는 독자 분들에게 '만 원의 행복'이라는 이름으로 인쇄비 정도만 받고 책을 보내드렸다. 따로 유통을 담당해주는 물류업체가 있었던 것도 아니었으므로 책의 보관부터 배송까지 모두 스스로 해냈다. 퇴근 후 우체국에 들러서 한 권 한 권을 포장하고 배송하는 일이 쉽지는 않았지만, 독자 한 분 한 분께 엽서까지 써서 정성스럽게 보내드렸다. 책을 다 부치고 나면 왠지 모를 뿌듯함에 가슴 한구석이 벅차올랐다.

　340쪽에 이르는 두툼한 컬러 단행본을 받아본 독자 분들 중에는 "이 정도 책을 만들어내려면 만 원으로는 어림도 없겠어요" 하면서 마음을 더 얹어 책값을 보내주신 분도 계셨다. 사실 독립출판으로 책을 유통하는 일이 처음이라 미처 배송료를 매기지 못하는 실수를 했는데, 인쇄비 정도만 받은 데에다 배송료는 자비로 부담하니 책이 팔릴 때마다 오히려 적자를 보는 낭패에 부딪혔다. 하지만 사정을 미리 헤아려주시고 배송료를 따로 보내주는 분도 계셨고, 한 번에 다섯 권씩 사서 주변에 직접 나눠주는 분도 계셨다. 전국에 따뜻한 마음을 가진 분들이 이렇게나 많이 계신다는 것을 몸으로 경험했다.

독자 분들의 주소를 하나하나 입력하면서 나는 내 책을 읽는 사람들이 모니터 너머가 아니라 구체적인 공간에 존재함을 실감했다. 전남 장성군 장성읍, 강원도 원주시 무실동… 주소를 입력할 때마다 아이들의 이야기에 귀 기울여주는 독자가 그곳에 존재한다는 사실에 그저 감사할 따름이었다. 운전을 하다가 도로표지판에서 내가 입력했던 도로명이 보일 때면 '여기 어디쯤에 내 책을 읽어주신 독자가 살고 있으려나' 싶어서 주위를 살피기도 했다.

감사한 일은 이뿐만이 아니었다. 한 어린이작가는 『덮으면서 다시 시작하는 그림책』을 여러 사람이 빌려볼 수 있기를 바라는 마음으로 엄마와 함께 학교 도서관, 아파트 단지 내 도서관, 지역 도서관 등을 직접 다니면서 책을 소개하고 기증하기도 했다. 따로 입고 요청을 드린 일도 없는데 서울, 순천, 전주, 대전 등의 전국 동네 책방에서는 너덧 권씩 주문을 해주시고 지역에 책 소개를 해주시기도 했다.

어느 날엔가는 이런 연락을 받은 적도 있다. 증평도서관에서 온 강연 요청이었다.

"『덮으면서 다시 시작하는 그림책』을 읽고 나서 일곱 가족이 모여서 그림책을 쓰고 있습니다. 선생님께서 오셔서 강의해주시면 그림책이 활짝 꽃필 수 있을 것 같습니다."

이 소식을 전해 듣고는 정말 깜짝 놀랐다. '쓰고 싶다'가 아니라 '쓰고 있다'라서. '아이 혼자'가 아니라 '가족과 함께'라서.

'딱 열 분하고만 마음이 통해도 좋겠다'라고 생각했었는데 정말 많은 분들이 아이들의 이야기를 알아봐주시고 보듬어주셨다. 덕분에 소량 인쇄했던 초판본을 모두 소진하고 생각지도 못했던 중쇄를 진행하면서 500여 명의 독자들과 만날 수 있었다. 사려 깊은 눈을 가진 분들과 만나 뜨겁게 교감할 수 있어서 감사했다.

다시 선순환을 고민해야 하는 순간이 찾아왔다. 나는 『덮으면서 다시 시작하는 그림책』의 판매 수익금을 이 책에 보내주신 독자분들의 선의에 보답하는 방향으로 사용하고 싶었다. 마침 재직 중인 학교와 가까운 곳에 위치한 다문화 어린이 도서관 '모두'와 인연이 닿았다. 나는 다문화 도서관에 오는 아이들이 읽을 수 있도록 아이들의 창작 그림책을 보내드리고, 이곳에 꾸준히 오시는 다문화가정 어머니들과 그림책 창작 수업도 진행했다. 또한 티베트 도서관에는 영어 번역본 그림책과 창작 수업을 위한 물감을 사서 보내드렸다.

나는 좋은 그림책이란 마지막 장에서부터 다시 시작하는 책이라고 생각한다. 책이 던진 화두로 인해 마지막 장을 덮을 때 마음이 출렁이는 그림책. 읽는 이의 가슴을 깨워 책 밖에서의 삶을 다시 시작하게 하는 그림책. 독서는 책을 읽는 행위 그 자체를 가리키지만, 다 읽고 난 뒤 내 삶에 작은 한 가지라도 변화의 흔적을 남길 때 비로소 완성되는 행위가 아니던가. 『덮으면서 다시 시작하는 그림책』 덕분에 나는 창작과 감상, 그리고 나눔의 선순환에 대해 다시 한 번 몸으로 깨달았다.

그림책 좋아하는 사람, 여기 다 모여라!

그림책 창작 수업에 푹 빠져 들었던 2017년 가을, 아끼는 대학 동기가 '혼자 하지 말고 같이 하자'라고 제안했다. 교실에서 느꼈던 갈증을 해갈하고 사고의 지평을 넓혀가기 위해서는 나와 같은 문제의식을 느끼고 마음이 맞는 사람들과 교류할 필요가 있겠다는 생각이 들었다. '그림책과 창작이라는 두 가지 방향성을 가지고 그림책을 통한 자기 발견에 집중하면서 지속적으로 연구하는 모임을 만들면 어떨까?' '창작'이라는 키워드를 가진 전문적학습공동체이자 그림책 연구 모임을 만들어야겠다고 결심하자 가슴이 뜨겁게 뛰었다. 그렇게 그림책에 관심이 많은 현직 교사 여덟 명이 모여 '좋아서 하는 그림책 연구회'를 결성했고, 일명 '좋그연'이라고 불리는 그림책 연구 모임의 역사가 시작됐다.

처음에는 여덟 명으로 시작한 모임이었지만, 지속적으로 연구회 소식을 블로그에 올렸더니 기대 이상으로 많은 분들이 함께하고 싶다는 문의를 주셨다. 예상과는 다르게 현직 교사가 아닌 분들의 문의도 많았다. 그림책이란 장르에 대한 사회적 관심이 높아졌음을 실감했다.

우리는 탄탄한 내실을 다져나가면서 어떻게 외연을 확장해나가야 할지에 관해 깊이 의논했다. 처음에는 몇 명의 교사들이 모여서 그림책에 관해 공부하는 쪽에 초점을 맞추고 시작한 모임이었는데, 다양한 분들의 참석 요청이 빗발치자 우리는 '연구'와 '나눔'이라는 두 가지 트랙으로 모임을 운영하기로 했다. 마치 지구가 자전하면서 공전하듯, 주 1회 만나서 연구하고 월 1회 오픈 강연을 진행하기로 계획했다.

먼저 '연구' 모임은 여덟 명의 교사 운영진이 주축이 되어 일주일에 한 번씩 만나 이루어졌다. 연구 모임을 위해 우리가 가장 먼저 한 일은 각자가 품은 삶의 주제를 나누는 것이었다.

'삶 속에서 가장 고민하는 주제, 내 마음을 자꾸만 건드리는 철학적 주제는 과연 무엇일까?'

이 질문에 대해 여덟 명의 운영진들은 각자가 삶 속에서 품었던 주제를 꺼내놓았다. '틀과 자유', '경계와 선택', '감정', '존재', '갈등', '쉼', '젠더', '나눔', '음악'이라는 주제들이 그것이었다. 방학 기간을 제외한 아홉 달 동안 매달 한 가지 주제에 집중하여 그에 해당하는 그림책을 찾아 읽고, 교실에서 아이들과 다양한 창작 활동을 해나갔다. 일주일에 한 번씩 모여서 연구 과정과 결과를 나눌 때마다 우리들은 놀랍도록 성장해나갔고, 무엇과도 바꿀 수 없는 단단한 연대를 경험했다.

'나눔' 모임을 위해서는 매달 하나의 강연을 열었다. 여덟 명의 운영진이 탄탄한 연구와 자료를 토대로 기획부터 준비, 진행, 강연까지 모든 것을 자체적으로 주관했다. 부산, 순천, 영월 전국 각지에서 교사, 출판 관계자, 작가, 협동조합원 등 다양한 직업과 연령을 가진 사람들이 '그림책'이라는 하나의 관심사를 매개로 매달 한 자리에 모였다. 처음에는 40명 남짓으로 시작했던 나눔 모임 강연은 이제 100명 이상이 모이는 규모로 성장해서 매회 더 넓은 장소를 마련해야 할 정도로 성황을 이루는 중이다.

규모가 점점 커짐에 따라 우리는 이전보다 더욱 과감하고 색다른 시도를 하며 새로운 도전을 해나갔다. 이를테면 동네 책방에서 그림책과 만나는 '봄밤 달빛 책방 투어'를 떠나보는가 하면, 강연 참석자들로부터 미리 상담 사연을 받아서 '좋아서 터놓는 그림책 라디오'를 진행해보기도 했다. '심야 그림책 캠핑' 콘셉트로 그림책 토크를 기획해 뜨거운 호응을 얻기도 했다. 우리 연구회의 활동을 눈여겨본 한 온라인 서점에서는 '어른의 그림책장'이라는 코너의 연재를 제안하기도 했다.

이 모든 행보를 해나가며 우리가 세운 철학은 두 가지였다.

첫째, 아이들 곁에서 교사도 함께 창작하는 삶을 살아갈 것. 교사 자신이 창작하는 삶을 살지 않는다면 어떻게 아이들에게 창작의 에너지를 흘려보내줄 수 있을까? 우리는 교육자이자 연구자, 그리고 한 명의 창작자로서 문학과 예술, 글과 그림, 그림책과 삶을 넘나드는 다양한 창작 활동을 하자고 결심했다. 그것을 토대로 교실에서 아이들과 함께 자기 철학을 가진 창작물을 만들어내고 있다. 그림책, 독립잡지, 수필, 시 그림책, 영어 그림책, 사진 그림책 등 다양한 영역을 넘나들며 내면의 창조력을 발산하기 위해 읽고 쓰고 그리는 일을 멈추지 않고 꾸준히 이어가는 중이다.

둘째, 학교 안과 밖의 온도 차를 줄이는 통로의 역할을 할 것. 좋아서 하는 그림책 연구회에서는 그림책을 매개로 학교 안팎의 다양한 사람들이 모이는 소통의 장을 마련하고 있다. 많은 모임이 교사끼리, 작가끼리, 학부모끼리 모이지만 우리는 그 틀을 깨기 위해 새로운 시도를 하려고 애쓴다. 학교의 안과 밖이 만나는 이 시간이 운영진에게도 강력한 성장의 동력이 되어줬다. 특히나 많은 분들이 '좋그연을 통해 젊은 교사들이 똘똘 뭉쳐서 삶의 토대가 되는 교육을 하고 있는 것을 보면서 공교육에서 희망을 발견한다'라는 말씀 전해주실 때 가장 기쁘고 보람을 느낀다.

좋아서 하는 그림책 연구회는 새로운 플랫폼이다. 다양한 시도를 겁내지 않고 펼쳐내는 유연한 플랫폼 말이다. 이 플랫폼을 토대로 학교 안팎의 다양한 사람들이 만나서 그림책을 매개로 소통할 때 어떤 커다란 흐름이 만들어지는 것을 본다.

　좋아서 하는 연구회의 대표로서 4년째 연구회를 이끌면서 선한 영향력은 보다 많은 사람들이 함께 할 때 더욱 넓고 깊이 흘러감을 경험한다. 매달 이렇게 많은 인원이 모여서 그림책을 매개로 삶을 나누고 속을 터놓는다는 것은 어쩌면 기적이 아닐까? 이 기적은 하루아침에 벼락같이 쏟아지지 않았다. 구성원들이 다 함께 오랜 시간과 정성을 들여 일궈낸 결과물이다. 그림책과 창작을 사랑하는 사람들이 만들어낸 단단한 연대, 그리고 그 뜨거운 열정은 과연 어떤 미래를 만들어낼까? 나는 오늘도 우리가 만들어낼 내일이 기다려진다.

아이들은 가슴속에
자기만의 언어를 가진 존재입니다.

그림책 창작 수업이
아이들의 꿈이 흘러가는
통로가 되기를 희망합니다.

에필로그

누군가 학교를
썩은 호박이라고 말한다면

"교실에서 그게 가능한가요? 창작 수업, 창의력 그런 건 교실 밖에서나 가능한 거 아닙니까? 대한민국 교실에 그런 말랑말랑한 게 아직 남아 있습니까?"

아이들이 창작한 조그마한 그림책을 손에 들고 학교 안팎을 뛰어다니면서 자주 외로웠다. 많은 사람들이 학교에 희망이 없다고 말했다. 공교육에는 어차피 기대도 없다는 말을 들을 때마다 황량한 사막 한가운데 서서 모래바람을 맞는 것처럼 따갑고 아팠다.

석사 논문을 쓰면서 그림책의 본질을 제대로 살려낸 창작 수업을 연구하기 위해 그림책 작가님들께 인터뷰를 요청하고 자문을 구했던 적이 있다. 아이들의 그림책을 직접 보시고는 단 한 분의 예외도 없이 깊이 감동하고 도움을 주셨던 기억이 난다. 그중에는 아이들의 그림책을 손에 드시고는 처음엔 고개를 갸우뚱하면서 이런 말씀으로 말문을 여는 분들도 계셨다.

"말하자면 저는 학교 교육과 반대되는 방향의 길을 걸어서 작가가 됐다고 할 수도 있는데요. 그런 제가 학교 수업에 도움이 될 만한 이야기를 들려드릴 수 있을지 모르겠습니다."

"교육은 오히려 아이가 가지고 있는 본래의 상상력과 창의력을 해친다고 생각합니다."

"홍대 앞 상상마당이 아닌 교실에서, 그림책 창작이요?"

"학교에서 이런 걸 시도하는 분이 있다는 게 놀랍고 신기합니다."

어떤 그림책 작가님은 지금의 자신을 있게 한 작가적 소양과 문화적 취향을 모두 학교 밖에서 얻었다고 말했다. 창작의 밑천을 학교 안에서 쌓기는커녕 오히려 학교를 거슬러야만 쌓을 수 있었다는 분도 계셨다. 나는 마음속으로 애타게 부르짖었다.

'그 밑천, 학교 안에서는 쌓을 수 없는 겁니까?'

사람들은 쉽게 교실을 냉소하고 무심하게 가던 길을 간다. 그러나 나는 그럴 수 없다. 나는 매일 아침 그 교실 안으로 다시 걸어 들어가야 하는 교사이기 때문이다. 남들은 희망이 없다고 자조하는 학교 안에서 오늘도 내일도 아이들을 끌어안고 한 걸음을 떼야 한다.

대한민국에 살고 있는 대부분의 아이들은 아침마다 무거운 가방을 메고 학교에 간다. 그곳에서 자그마치 12년 동안 학창 시절을 보낸다. 교실에 희망이 없다고 자조하면서 모욕과 혐오만 퍼붓기에는 그 안에서 보내야 할 우리 아이들의 12년이 너무나도 길고 소중하다.

학교는 분명 힘들다. 그러나 공교육에 희망이 없다면 그 희망은 사교육에 있을까? 아니면 대안학교나 사립학교에 있을까? 온 세상이 교실에 희망이 없다고 말하지만, 그 척박한 곳에서도 애정과 열정을 가지고 노력하는 선생님들과 아이들이 분명히 존재한다.

교실 현장에는 자기 소신을 가지고 아이들과 호흡하려고 노력하는 선생님들이 정말 많다. 그런데 언론에 보도되는 교사들은 하나같이 부정적이고 자극적인 모습으로 비춰진다. 미국 고등교육 분야의 가장 영향력 있는 인물이자 사회운동가인 파커 J. 파머가 말했듯 오늘날 '교사 때리기'는 하나의 대중 스포츠가 됐다. 언론이 교사를 때릴 때마다 모래바람을 맞아가면서 중심을 잡고 버티던 교사들마저 바닥에 내동댕이쳐지듯 쓰러진다.

일본의 사상가이자 교육가인 우치다 타츠루는 『어른 없는 사회』에서 '절망적인 상태에 놓였을 때에는, 분에 넘치는 일을 하기보다는 먼저 내 발아래 유리 조각을 주워드는 것부터 시작해야 한다'라고 했다. 고베 대지진을 경험한 그는, 무너진 대학 건물 앞에 한참을 멍하니 서 있다가 쭈그리고 앉아서 유리 조각을 주워들었다. 그리고 다짐했다. 먼저 내 발아래 유리 조각을 줍는 일부터 해내자고.

무너져버린 믿음을 한꺼번에 바꿀 수 있는 방법은 없다. 다만 지금 여기 이 교실에 쭈그리고 앉아서 내 발아래 떨어져 있는 유리 조각을 하나씩 주워드는 일은 할 수 있다. 교실이 중요한 이유는 이곳이 대한민국 교육 현장의 최전선이기 때문이다. 답은 언제나 현장에 있다. 교실을 둘러보면 아이들의 말과 글이 바닥에 조각조각 파편으로 떨어져 있다. 그것을 주워 모으고 거기에 담긴 아이들의 목소리를 존중하는 것. 나는 그것부터 차근차근 시작하기로 했다.

척박한 땅에서도 싹은 텄다. 아끼는 선배가 강릉으로 전근을 갔다. 그곳에서 아이들과 텃밭을 가꾸는 선배는 나에게 이런 말을 전했다.

"현아야, 내가 호박 하나가 썩어서 밭에다 던져버렸거든. 근데 거기서 심지도 않은 호박이 싹을 틔웠더라. 그 도톰한 떡잎을 보는데 네가 아이들이랑 만드는 그림책이 생각났어. 썩은 몸뚱이를 거름 삼아서 추운 겨울을 버티고 저 혼자서 떡하니 싹을 피웠는데, 어찌나 기특하던지…"

선배는 내게 씨앗이 살아 있다면 썩은 호박에서도 떡잎은 피어날 수 있다고 말해줬다. 선배가 보내준 호박 떡잎 사진을 보는데 텅 빈 교실에서 왈칵 눈물이 났다. 심지도 않은 데서 난 호박 떡잎은 꿋꿋하게도 자라났다. 봄이 지나고 여름이 되자 열다섯 개가 넘는 새 호박을 맺었다.

밭에다 버린 썩은 호박도 한 줌의 흙과 햇빛이 있으면 이렇게 싹을 틔우고 열매를 맺는다. 누군가 학교를 썩은 호박이라고 말한다면 나는 이 호박 떡잎 사진을 보여주고 싶다. 한 줌의 흙이 되어주는 선생님들과 그 안에서 꿋꿋하게 자라 열매를 맺어내는 아이들에게서 작은 희망을 보아달라고 말하고 싶다.

아이들의 살아 있는 목소리가 담긴 그림책을 눈여겨보고 감동을 전해준 독자 한 분이 이런 말씀을 해주신 적이 있다.

"이 책을 기획하고 만든 분이 공교육 현장에 있는 선생님이시라는 사실이 좀 충격이었어요. 그리고 얼마나 고마웠는지요. 사실 처음엔 별 기대가 없었어요. 아이들이 쓰고 그렸다고? 그림책 좋아하니 한번 봐야지 했죠. 그런데 그 무게가 전혀 가볍지 않았습니다. 책장 한 칸을 통째로 비워내고 아이가 쓰고 그린 그림책 한 권에 오롯이 자리를 내어줬습니다. 3단 책장 여섯 개가 있어도 항상 자리가 부족한 우리 집이예요. 하지만 이 책을 위해서 아낌없이 비웠습니다. 그만큼 특별대우 해주고 싶었어요."

인천에 계신 한 선생님은 그림책에 담긴 아이들의 이야기를 통해서 아이를 바라보는 새로운 관점을 가지게 됐다고 말씀해주셨다.

"요즘 아이들에게 '나'를 온전히 표현할 기회가 있을까요? 아이들이 만든 그림책을 읽으면서 아이들을 새로운 관점으로 바라보게 됐습니다. 아이들은 이렇게 많은 생각을 하는 존재인데 어른들은 그걸 인정하기보다는 그저 자신의 틀에 맞춰 따라오기만 바란 것이 아닐까… 많은 어른들이 아이들의 이야기를 들어주면 좋겠습니다."

이런 응원의 말씀들을 들을 때마다 다시 일어설 용기를 얻었다. 그 힘으로 허리를 뒤로 한번 힘껏 젖힌 뒤, 다시 교실에 쭈그리고 앉았다. 그렇게 교실 바닥에 떨어진 것을 차근차근 주워나갈 수 있었다.

지금 여기 내 발아래 흩어진 파편들을 묵묵히 줍고 있는 분들을 만날 때 나는 희열을 느낀다. 줍다가 만나 서로가 걸어온 어설프고 삐뚤삐뚤한 길을 확인하고 마음을 나눌 때 힘을 얻는다. "안녕하세요. 여기는 제가 줍고 있었습니다!", "고생이 많으시네요. 저기서 여기까지는 제가 하고 있습니다!" 그렇게 서로를 북돋워주는 시간이 가슴 벅차다.

중학교에 가서도 꾸준히 글과 그림으로 자기를 펼쳐내는 어린이 작가들과 만날 때, 가장 행복하다. 한 아이는 지난달에 선물한 공책을 벌써 꽉 채워왔다. 거기엔 새로운 감정과 고민들이 가득 담겨 있다. 어디에서든 글과 그림으로 자기 세계를 표현하면서 살아갈 아이들이다.

"제가 지금 보고 있는 게 벽이 아니라 문이었으면 좋겠어요."

"현아 선생님은 나에게 나를 표현할 기회를 주셨다. 나를 열어볼 수 있는 기회."

아이들이 엽서에 써준 말에 다시 한 번 허리를 뒤로 한번 힘껏 젖히고서 큰 숨을 들이마신다.

교실에서도 아름다운 것들이 피어난다고.
그거, 학교 안에서도 가능하다고.
아이들이 피워낸 이 작은 그림책을 통해 말해주고 싶다.

부록

1. 그림책 제작 A to Z

2. 주제별로 엄선한 추천 그림책 리스트 150권

3. 그림책 창작 수업 준비를 위한 추천 도서 리스트

4. 연간 20차시 교실 속 그림책 창작 프로그램 예시

부록 1

그림책 제작 A to Z

그림책의 주변 텍스트 마련하기

읽고, 쓰고, 만드는 그림책 수업을 통해 원화 그리기까지 마무리 했다면, 이제 한 권의 책으로서 꼴을 갖추도록 그림책을 제작할 차례다. 한 권의 그림책을 제작하기 위해서는 그림책 본문뿐만 아니라 주변 텍스트가 필요하다. 제목, 작가의 말, 작가 소개 글, 머리말과 추천의 글 등이 여기에 해당한다.

① 표지와 제목

그림책의 내용과 원화가 완성됐다면 표지와 제목을 구상해야 한다. 먼저 시중에 출간된 그림책의 표지들을 살펴보면서 아이들이 표지와 제목을 구상할 수 있는 범주의 폭을 넓혀주는 것이 가장 중요하다. 다양한 디자인의 표지를 탐구하는 동안 아이들은 자연스럽게 본인의 그림책 표지를 구상하기 시작한다. 이때 아이들이 표지 제작에 너무 많은 부담을 갖지 않도록 돕고, 즐거운 마음으로 그림책 표지를 감상하면서 여러 가지 시도를 해보는 것에 의미를 두도록 하자.

아이가 새롭게 표지를 그리는 일을 어려워한다면, 본문에 활용했던 그림 중 전체 내용을 함축할 만한 장면을 선택해 활용할 수 있도록 한다. 실제로 많은 기성 그림책들이 표지에 본문의 그림을 활용한다.

그림책 제목을 구상할 때에는 다음의 두 가지 활동을 해보는 것을 추천한다.

책 표지만 보고 제목 생각해보기

제목을 가린 그림책 표지를 관찰하면서 제목을 추리해보는 활동이다. 표지를 구석구석 유심히 관찰하면서 그림책의 내용을 추리하고 다양한 제목을 자유롭게 이야기해보는 것이다. 김중석 작가의 그림책 『나오니까 좋다』의 제목을 가리고서 아이들에게 보여준 적이 있다. 표지에는 고슴도치와 고릴라가 빨간 자동차에 짐을 잔뜩 싣고서 숲길을 달려가는 모습이 그려져 있다. 아이들은 탐정이 된 듯이 표지를 이리저리 살펴보면서 다양한 제목을 이야기했다.

"숲으로 가자!"

"부릉부릉 탐험대!"

한참 이야기를 나누고 나서 가렸던 제목을 공개하자, 여기저기에서 아이들이 무릎을 탁 치며 이렇게 이야기했다.

"오호, 캠핑 가서 고슴도치가 그렇게 말했을 것 같네요! 그걸 제목으로 썼구나!"

이와 같은 방법으로 아이들이 완성한 그림책도 찬찬히 함께 읽어보면서 등장인물의 말, 핵심 장면이나 사물 등을 제목으로 가져오는 연습을 해볼 것을 권한다.

책 먼저 읽고 제목 정해보기

그림책을 먼저 읽은 후에 같이 제목을 정해보는 활동이다. 표지의 제목을 가린 채, 그림책 『마음 조심』을 읽고 아이들과 이 책의 내용과 어울리는 제목을 정해본 적이 있다. 무수한 의견이 오고간 뒤, 나는 '마음 조심'이라는 제목을 공개했다. 아이들은 본문 중에서 주인공이 '잘 지내, 특히 마음 조심해'라고 말했던 부분을 짚어내며 그림책의 제목에 고개를 끄덕였다.

"와아, 마지막 부분에 작가가 써둔 구절이 제목이 됐네요!"

이와 같은 방법으로 아이들과 함께 어린이작가로서 독자에게 전하고 싶은 핵심 메시지가 무엇인지 생각해보고, 주제를 잘 드러내는 단어나 문장을 제목으로 써보게끔 하자.

② 면지

면지란 앞뒤의 표지를 넘기면 나오는 두 쪽 정도의 지면으로 음악에 비유하자면 전주와 후주에 해당하는 부분이다. 그림책은 면지를 살펴보는 재미가 상당한 장르다. 그림책 작가들은 면지에 다양한 이야기를 숨겨두기 때문이다. 앞면지에서는 앞으로 전개될 그림책의 내용을 암시하거나 배경을 보여준다. 뒷면지에서는 본문에서 못다 한 이야기를 담거나 독자들이 뒷이야기를 상상해볼 수 있도록 여운을 남기기도 한다. 아이들과 그림책을 읽을 때, 면지에 숨은 이야기를 발견하면서 그림책을 더욱 풍부하게 즐겨보자.

아이들과 함께 세심한 눈으로 그림책의 면지를 살펴보다 보면, 그림책 창작을 할 때에도 면지에 이야기를 담는 그림책 작품이 탄생한다. 지윤이는 『가까이 가지 마세요』를 창작하면서 면지에도 이야기를 담았다. 이 그림책은 지윤이가 캄보디아 여행을 다녀오면서 현지 아이들을 통해 새롭게 고민하게 된 지점을 담아낸 작품이다. 지윤이는 여행의 출발과 끝을 면지를 통해 독자들에게 이야기하고 싶었다. 그래서 앞면지에는 비행기가 이륙하듯이 왼쪽에서 오른쪽 방향으로 올라가는 모습을 그려 넣었고, 뒷면지에는 한국으로 돌아온 비행기가 착륙하듯이 아래쪽으로 하강하는 모습을 그려 넣었다. 덕분에 이 그림책을 읽는 독자들은 지윤이와 함께 비행기를 타고 캄보디아에 갔다가 새로운 고민을 안고 다시 한국에 돌아오는 기분으로 그림책을 읽을 수 있게 됐다.

③ 작가의 말

한 권의 그림책을 완성하고 나면, 아이들에게 작가의 말을 쓰게 한다. 작가의 말을 통해 그림책에서 못다 한 이야기, 독자들에게 꼭 전하고 싶은 이야기를 한 문단으로 써보는 것이다. 자기만의 서사로 한 권의 책을 펼쳐낸 아이들이 어엿한 작가로 우뚝 서는 순간이다. 어린이작가가 작가의 말을 글로 직접 쓰기를 어려워할 경우, 인터뷰를 진행해서 아이의 말을 자연스럽게 작가의 말로 반영해 넣는 것도 꽤 괜찮은 방법이다. 교실 속 창작 그림책 『별가사리』를 만든 이헌이는 작가의 말에 이렇게 썼다.

나에게 그림책 쓰기란, 나를 비추는 거울이다. 왜냐하면 그림책을 쓰면서 나의 경험과 생각, 느낌이 그대로 종이에 나타나는 것을 보았기 때문이다. 예전에는 책에 나오는 그림을 가볍게 보기도 했었는데 직접 그려보니까 정말 힘들다는 걸 알게 됐다. 그림책을 만들고 그림 그리는 사람들을 다시 한 번 존경한다. 내 꿈은 작가다. 그래서 이 경험이 정말 소중했다. 이 책을 읽는 독자 친구들에게 이렇게 말하고 싶다.

"다른 사람보다 자신이 못났다고 생각하지 말아요. 저도 저 자신을 못난 불가사리라고 생각했었어요. '불가사리는 별이 될 수 없단다.' 그런 말에 상처도 많이 받았어요. 그런데 아니에요. 아무도 모른다면 직접 해보면 돼요. 불가사리도 빛을 만나면 별이 될 수 있어요. 이 그림책을 통해 못나고 평범한 당신과 나를 위로합니다."

아이들은 책에 미처 다 담지 못한 마음이나 그림책을 만들고 난 후의 심정을 담아서 작가의 말을 쓴다. 아이들이 작가의 말에서 많이 언급하는 말 중 하나는 '이 작가는 왜 이렇게 표현했을까?' 하고 작가의 심정과 노고를 헤아리며 책을 읽게 됐다는 점이다. 어린이작가들은 직접 그림책을 만들어본 이후로 그전까지 별생각 없이 넘겨보던 그림 한 장, 문장 한 줄이 새롭게 보였을 뿐만 아니라, 그것을 창작하기까지 작가가 들였을 정성을 생각하게 됐다고 고백했다.

④ 작가 소개 글

기성 그림책에서 작가 소개 글은 보통 편집자가 작성하는 경우가 많다. 그러나 어린이작가의 창작 그림책에 들어가는 작가 소개 글은 아이들이 스스로 써볼 수 있도록 한다. 자신을 객관화하여 타인에게 소개하는 글을 써보는 일은 아이들에게 색다른 경험이 되어준다. 나는 수업 시간에 아이들에게 천편일률적인 소개에서 벗어난 재미있는 작가 소개 글을 읽어준다. 바로 박연철 작가와 사이다 작가의 소개 글이다.

> 이건 비밀인데요, 사실 난 지구인이 아니랍니다.
> 지구로부터 아주 먼 곳에 있는
> **너 무 멀 어 자 세 히 안 보 면 잘 안 보 여** 별의 왕이에요.
> 그 별에는 신기한 물건들이 아주 많아요.
> 네모난 자전거에서 거꾸로 자라는 나무까지…….
> 하지만 그곳에는 '이야기'란 것이 없어 하루 종일 심심하답니다.
> 그래서 지구에 몰래 와서 조금씩 이야기를 모으고 있는 거예요.
> 이야기 주머니에 재미난 이야기가 가득 채워지는 날,
> 난 내 별로 돌아갈 거예요.
> 혹시라도 나중에 내 별에 들르시거든 꼭 날 찾아 주세요.
> 지구에서 코딱지라고 부르는 말린 별빛가루로 만든
> 맛있는 차를 대접해 드릴게요.
>
> (『망태 할아버지가 온다』, 박연철, 시공주니어)

『망태 할아버지가 온다』에 실린 박연철 작가의 작가 소개 글이다. 상상력과 호기심을 자극하는 작가 소개 글로, 아이들에게 읽어 줄 때마다 웃음이 빵빵 터진다.

잘 안 보이는 세계에서 두 딸의 엄마로 살고 있습니다.
여느 엄마들처럼 날이면 날마다 엄청나게 위대한 일을
아무도 모르게 하고 있습니다.
보이지 않는 제 머릿속 상상과 생각들을 보이게 만드는 일도 합니다.
첫 그림책 『가래떡』에 이어 『고구마구마』를 보여 드립니다.
어린아이처럼 지극히 작고 연약한 것들에게도 나름의 힘이 있습니다.
볼품없어 보이지만 그 속에 빛나고 아름다운 이야기들을
품고 있거든요. 고구마처럼요.

(『고구마구마』, 사이다, 반달)

『고구마구마』에 실린, 사이다 작가의 작가 소개 글이다. 작가의 개성이 잘 드러난 작가 소개 글을 읽다 보면 아이들도 조금 색다른 방식으로 자신을 소개하는 글을 써나갈 수 있다. 취미와 특기만 재미없게 나열하기보다는 유연한 태도로 작가로서의 자신을 소개해볼 수 있도록 지도하자.

⑤ 머리말과 추천의 글

머리말과 추천의 글에는 그림책 창작 수업의 방향성이나 취지를 담을 수 있다. 특히 추천의 글은 지도 교사로서 아이에게 감탄과 칭찬을 아낌없이 쏟아줄 수 있는 좋은 기회다.

그림책 창작 수업을 진행할 때 교사는 어린이작가의 글을 읽는 첫 독자이기 때문에 아이가 가진 잠재력을 사려 깊은 눈으로 살펴봐야 한다. 또한 지도 교사는 아이가 한 권의 책에 자신의 속마음을 담을 수 있도록 돕는 편집자이기도 하다. 한 사람이 글 쓰는 삶을 살기 위해서는 자신을 알아봐주는 사람이 필요하다. 아이 곁에 자신을 있는 그대로 봐주고 숨겨진 문학적 재능을 인정해주는 단 한 사람이 존재한다면, 그 아이는 평생 글 쓰는 삶을 살아갈 힘을 얻을 수 있다. 머리말과 추천의 글에 아이의 잠재력을 이끌어낸 한 사람으로서 느꼈던 희열들을 생생하게 담아보도록 하자.

머리말

교실 속 그림책 창작 프로젝트로 여러분과 만나게 된 것을 기쁘게 생각합니다. 이 그림책은 '교실 속 그림책'이라는 총서명을 가진 여러분 자신만의 책입니다. 그림책 창작 과정을 통해 한 명의 교사이자 첫 독자로서 여러분의 내면 세계와 만날 수 있어 행복했습니다. 여러분은 지금까지 독자로서 책을 읽었습니다. 이제 한 권의 책을 구상하고, 기획하여 작품을 완성하는 경험을 통해 필자의 정체성을 가진 어린이작가가 되었습니다. 앞으로는 좀 더 능동적이고 입체적인 시선으로 책을 바라보게 될 것입니다.

우리는 누구나 가슴속에 자기만의 언어를 가지고 있습니다. 이 그림책이 여러분이 품은 빛과 언어를 전달하는 통로의 역할을 하길 바랍니다. 이 작은 한 권의 책을 시작으로 여러분들이 평생 이어나갈 무궁무진한 창작의 세계를 응원합니다.

추천의 글

첫 시간, 자신의 캐릭터를 '미역'으로 소개했던 래연이가 참 인상 깊었습니다. 물살에 부드럽게 제 몸을 맡기는 미역처럼 욕심 없는 넉넉하고 맑은 웃음으로 부드럽게 이야기를 풀어나가던 래연이는, 또한 어떠한 강한 물살에도 흔들림 없이 제자리를 지키는 미역 뿌리처럼, 끝까지 뚝심 있게 자신의 작품에 최선을 다하는 모습을 보여주었습니다. 평소 쌓아왔던 깊은 생각과 고찰이 고스란히 담긴 이 책을 함께 만들면서, 저는 이제 미역국을 먹을 때마다 우리 래연이를 떠올리게 되었습니다.

어떻게 하면 래연이처럼 하나의 사물, 하나의 캐릭터를 이렇게 통찰력 있는 시각으로 바라볼 수 있을까요? 래연이의 곁에는 필시 그녀의 생각을 끝까지 들어주고 존중해주며, 깊고 넓게 뻗어나갈 수 있도록 도와주는 '미역 할머니' 같은 부모님과 스승이 존재할 것이라 생각합니다. 지도 교사이자 첫 독자로서 함께한 이 책을 통해, 저 또한 '미역처럼' 살아가겠노라고 다짐해봅니다.

그림책 제작 및 출판 과정

그림책의 주변 텍스트들까지도 모두 완성됐다면, 그림책 출간을 위한 소프트웨어는 이제 전부 마련된 셈이다. 그다음에 이어지는 과정이 바로 제작이다. 제작 과정을 통해 그림책은 비로소 한 권의 물성을 가진 책이 된다.

① 원화 스캔하기

그림책을 제작하기 위해서는 아이들의 원화 그림을 스캔해서 이미지 파일로 저장해야 한다. 원화를 스캔할 때에는 해상도를 최대한 높게 설정해야 이미지가 선명하게 나온다. 내 경험에 따르면 600×600dpi면 충분했다. 스캔한 이미지 파일은 JPEG 형태로 외장 메모리에 저장한다. 나의 경우에는 교실에서 수업을 마치고 나면, 틈틈이 교무실이나 행정실의 복합기를 활용해서 원화를 스캔했다. 별도로 스캐너를 구매해서 집에서 아이들의 원화를 스캔하기도 했지만, 학교에 비치된 복합기가 스캔할 수 있는 면적도 넓고 무게감이 있어서 훨씬 사용하기에 편했다.

원화 스캔 후, 그림책을 편집하는 과정에서 가장 중요한 지점은 아이들과 충분히 소통하면서 살아 있는 이야기를 담아내는 것이다.

더불어서 지치지 않고 꾸준히 지속해나가기 위해서는 교사 자신이 후반 작업에서 너무 많은 힘을 소진하거나 부담을 갖지 않도록 해야 한다. 가장 간편한 방법을 선택해서 꾸준히 그림책 제작을 이어갈 수 있어야 한다.

② 글꼴 저작권 해결 및 글자 표현 고민하기

스캔한 원화 이미지에 글씨를 넣고 편집하기 전, 글꼴의 저작권 문제를 해결해야 한다. 전국 초·중·고등학교에 재직 중인 교원이라면 '산돌구름 초중고 지원 사업'을 이용할 것을 추천한다. 연중 어느 때나 신청할 수 있으며, 신청 후에는 학교별로 최대 100명까지 1년 내내 산돌에서 제공하는 365종의 폰트를 무료로 이용할 수 있다. 사용 기간이 만료되면 연장 신청도 가능하다. 폰트 사용 범위는 문서, 인쇄, 웹사이트 등으로 다양하다.

아이들과 함께 그림책에 들어갈 글꼴을 선택하고 나면 글자 배치와 타이포그래피 등 글자 표현에 대해 이야기를 나눈다. 같은 장면, 같은 내용이라고 할지라도 글꼴과 글자의 크기, 글자 배열 방식 등에 따라 메시지가 전해지는 느낌이 확연히 달라지기 때문이다.

☞ · 산돌구름 초중고 지원 사업 www.sandollcloud.com

③ 편집 프로그램으로 편집 디자인하기

스캔한 원화를 인디자인, 포토샵, 파워포인트, 퍼블리셔, 위퍼블 등의 프로그램을 활용하여 편집할 수 있다. 이 중에서 인디자인은 이미지와 텍스트를 편집하여 문서나 책, 전자책의 형태로 만들어내는 프로그램으로 출판 편집 디자인에 가장 최적화된 프로그램이다.

그러나 아이가 그린 원화에 크게 손을 대지 않고, 글자를 넣어주는 정도의 간단한 편집만 할 계획이라면 파워포인트나 퍼블리셔 등으로도 충분히 그림책 편집 디자인을 할 수 있다. 편집한 그림책을 PDF 파일 형식으로 저장하여 전자책으로 만들거나 종이책으로 인쇄할 수 있다.

④ 전자책으로 출판하기

편집을 마친 그림책을 전자책으로 제작하면 전자책 사이트나 홈페이지 등을 통해 많은 사람들과 공유할 수 있다. 전자책은 스마트폰으로 누구나 쉽게 볼 수 있기 때문에 인쇄된 책이 없어도 어린이 작가가 학부모 및 다른 학교의 친구들을 비롯해 다양한 독자들과 활발하게 교류할 수 있는 매개가 된다.

또한 전자책으로 출판하면 그림책을 종이책으로 출간할 때와는 달리 인쇄비가 별도로 발생하지 않는다. 전자책 서비스 플랫폼에는 '쿨북스', '유페이퍼' 등이 있다. 특히 쿨북스는 선생님들이 손쉽게 만들고 공유할 수 있는 전자책 서비스 플랫폼으로, 교육 포털 사이트 '쿨스쿨'과 연결되어 있어서 학교 현장에서 활용하기에 좋다. 나는 '교육미술관 통로'라는 온라인 홈페이지를 만든 뒤, 쿨북스의 전자책 링크를 연결해서 누구나 아이들의 창작 그림책을 열람할 수 있도록 했다.

☞ ・쿨북스 coolbooks.coolschool.co.kr
　・유페이퍼 www.upaper.net
　・교육미술관 통로 www.museum-tongro.com

⑤ 종이책으로 인쇄하기

그림책을 종이책으로 인쇄하면 한 권의 완성된 결과물을 손으로 받아드는 기쁨을 만끽할 수 있다. 소량 인쇄 업체나 포토북 업체를 통하면 제본 방식, 종이 재질 등을 다양하게 선택할 수 있다.

가장 일반적인 형태로 소량 인쇄를 진행하기에 좋은 곳으로 '북토리'를 추천하며 '이든 프린팅', '소다 프린트'를 통해서 다양한 형태의 책 만들기를 시도할 수 있다.

'북팟'은 템플릿을 다운로드할 수 있고 주문형 출판 시스템

(POD, Publish On Demand)을 통해 책을 만들 수 있을 뿐만 아니라 출판 등록도 대행해주므로, 출판 제작이 처음이라면 이와 같은 플랫폼을 이용하는 것도 괜찮은 방법이다. 편리한 보드북 형태로 두껍고 빳빳하게 책을 인쇄하고 싶다면 포토북 업체를 활용하는 것을 추천한다.

제본 방식에는 중철 제본, 무선 제본, 양장 제본 등이 있다. 중철 제본은 접지된 내지를 양쪽으로 펴서 여러 대를 포갠 뒤, 한가운데에 철심을 박는 제본 방식으로 가장 적은 비용이 든다. 무선 제본은 책등에 칼집을 낸 뒤, 접착제를 투과하여 접합하는 제본 방식으로 도서 제작 시 가장 많이 활용하는 제본 방식이다. 양장 제본은 무선 제본 시 칼집이 들어간 곳을 실로 한 번 더 꿰매고 두꺼운 합지나 가죽류 등의 하드커버를 붙이는 방식으로, 제본이 튼튼하며 고급스러운 느낌을 준다.

소량 인쇄 업체
- 북팟 www.bookpod.co.kr
- 북토리 www.booktory.com
- 이든 프린팅 www.iiden.co.kr
- 소다 프린트 www.sodaprint.kr

포토북 업체
- ZZIXX www.zzixx.com
- 스냅스 www.snaps.com

⑥ 제작비 마련하기

소량 인쇄로 책을 제작할 경우, 한 권당 만 원이 훌쩍 넘는 금액이 필요하다. 그림책은 최소 세 권 이상 인쇄하는 것이 좋다. 한 권은 어린이작가에게, 다른 한 권은 학교 도서관에, 마지막 한 권은 학급문고에 기증해 친구들과 함께 읽기 위해서다.

교실 속 그림책 창작 프로젝트를 시작한 첫 해에는 그림책 인쇄에 들어가는 비용을 그때그때 사비를 털어서 충당했다. 한 학기가 넘도록 그렇게 진행을 하다가 프로젝트를 장기적으로 진행하기 위해서는 비용 문제에 관해 뚜렷한 원칙이 필요하겠다는 생각이 들었다. 여러 방법을 고민한 끝에 나는 아이들을 가르쳐서 받은 내 월급의 일부를 떼어서 다시 아이들을 위해 쓰면 어떨까 싶었다. 그보다 더 환상적인 선순환은 없을 것 같았기 때문이다.

그 후로 '껍데기 집 오므라이스'라는 이름을 가진 희망통장 계좌를 만들어서 월급의 10분의 1을 자동이체 하기 시작했고, 그렇게 꾸준하게 모은 돈으로 아이들의 그림책을 종이책으로도 제작했다. 비용 문제에 대한 원칙이 정확하게 서자 교실 속 그림책 창작 프로젝트는 더욱 본격적으로 풀려나갔다.

아이들과 그림책을 만드는 일을 더욱 제대로 하고 싶어서 프로젝트를 시작한 첫해, 미술교육 대학원에 진학해 석사 과정을 시작했는데 열심히 공부한 덕분에 장학금도 받을 수 있었다. 이때 받은 장학금도 아이들의 그림책 제작에 사용됐다. 내 생애 가장 뿌듯한 장학금이었다.

개인적으로 비용을 부담하는 것 외에도 관할 지자체에 지원금 신청을 지원해볼 수도 있다. 나는 서울시교육청과 관할구청으로부터 주민참여예산사업비, 서울시교육청 학생 인문 책 쓰기 동아리 운영비를 비롯해 '우리가 꿈꾸는 교실'이라는 교실 혁신 프로젝트 등의 다양한 예산을 지원받으면서 아이들과 함께 더욱 의욕적으로 그림책 창작 수업 활동을 해나갈 수 있었다. 마음이 맞는 선생님들과 함께 '학교 간 교원학습공동체' 활동으로 교육청 예산을 지원받아 연구의 폭을 넓히기도 했다.

다양한 예산 지원 덕분에 개인적으로 진행하던 교실 속 그림책 창작 프로젝트를 4~6학년 동아리 활동으로 확장하는 일이 가능했다. 나아가 전교생을 대상으로 2018년에는 '글 없는 그림책 글 작가 되기 프로젝트'를, 2019년에는 '동시집 창작 프로젝트'를 진행할 수 있었다.

더 많은 교사들이 어린이작가들과 함께 다양한 그림책 창작 수업을 시도할 수 있도록 교실에서 이루어지는 수업 활동에 대한 지원이 보다 확대됐으면 한다.

⑦ 출판 등록하기

나는 교실에서 아이들이 창작해낸 작품을 한 권의 그림책으로 제작하는 데에서 한 발 더 나아가 각 그림책에 고유한 도서번호(ISBN)를 부여해주었다. 아이들이 열심히 노력한 결과물을 어엿한 작품으로 인정해주고, 한 권의 완성된 책으로 만들어주고 싶었기 때문이다.

출판등록번호를 받기 위해서는 관할구청에 가서 출판사 등록을 해야 하는데, 번거로운 과정을 거치지 않고도 학교의 고유번호증만으로 간편하게 출판 등록을 할 수 있다. 정부기관 또는 비영리단체인 경우에는 출판사신고필증 대신 고유번호증 또는 사업자등록증 상의 정보로도 출판 등록이 가능하기 때문이다. '서지정보유통지원시스템' 사이트에서 출판사신고번호 대신 학교 고유번호를 입력해 출판 등록을 하고 나면, 발행자번호 신청도 가능하고 도서번호를 발급받을 수 있다.

책을 등록할 때 한 가지 팁을 건넨다면 파일 형식을 전자책(e-book)으로 등록하는 것을 추천한다. 전자책으로 등록하면 ISBN 발급 후 국립중앙도서관에 책의 사본을 납본할 때, PDF 형태의 전자책으로 납본할 수 있어서 간편하다.

직접 출판사 등록을 하는 일이 번거롭다면, 복잡한 출판 등록의 과정을 대행해주는 온라인 출판 플랫폼을 이용하는 방법을 추천한다. '북팟'이나 '부크크' 사이트에서 규격에 맞는 원고 서식을 다운받아서 작업하면 편리하다. 책 형태 선택, 원고 등록, 표지 디자인, ISBN 등록, 책 정보 확인 등의 과정을 거쳐서 책을 등록하고 인쇄할 수 있다.

☞ • 부크크 www.bookk.co.kr
　• 서지정보유통지원시스템 seoji.nl.go.kr

부록 2
주제별로 엄선한 추천 그림책 리스트 150권

'나다움'에 대해 생각해볼 수 있는 그림책

『고슴도치 엑스』 (노인경 지음, 문학동네)
『난 곰인 채로 있고 싶은데…』 (J. 슈타이너 글, J. 뮐러 그림, 비룡소)
『난 원숭이다』 (베아트리체 알레마냐 지음, 베틀북)
『내가 곰으로 보이니?』 (야엘 프랑켈 지음, 후즈갓마이테일)
『노를 든 신부』 (오소리 지음, 이야기꽃)
『대단한 무엇』 (다비드 칼리 글, 미겔 탕코 그림, 문학동네)
『이게 정말 나일까?』 (요시타케 신스케 지음, 주니어김영사)
『진정한 챔피언』 (파얌 에브라히미 글, 레자 달반드 그림, 모래알)
『쫌 이상한 사람들』 (미겔 탕코 지음, 문학동네)

세상을 바라보는 새로운 시선을 가질 수 있는 그림책

『그것만 있을 리가 없잖아』 (요시타케 신스케 지음, 주니어김영사)
『그래봤자 개구리』 (장현정 지음, 모래알)
『보이거나 안 보이거나』 (요시타케 신스케 지음, 토토북)
『선아』 (문인혜 지음, 이야기꽃)
『오, 미자!』 (박숲 지음, 노란상상)
『우리 여기 있어요, 동물원』 (허정윤 글, 고정순 그림, 킨더랜드)
『우리는 당신에 대해 조금 알고 있습니다』 (권정민 지음, 문학동네)
『인어를 믿나요?』 (제시카 러브 지음, 웅진주니어)
『지혜로운 멧돼지가 되기 위한 지침서』 (권정민 지음, 보림)
『토라지는 가족』 (이현민 지음, 고래뱃속)

통그림책 활동으로 감상을 시작하기 좋은 그림책

『14마리의 이사하기』(이와무라 카즈오 지음, 한림출판사)

『꿀!』(아서 가이서트 지음, 사계절)

『떨어질까 봐 무서워』(댄 샌탯 지음, 스콜라)

『마음 조심』(윤지 지음, 웅진주니어)

『아나톨의 작은 냄비』(이자벨 카리에 지음, 씨드북)

『이 작은 책을 펼쳐 봐』(제시 클라우스마이어 글, 이수지 그림, 비룡소)

『토마토 나라에 온 선인장』(김수경 지음, 달그림)

『파란파도』(유준재 지음, 문학동네)

한 장면 포스트잇 활동으로 토론하기 좋은 그림책

『노란 우산』(류재수 지음, 보림)

『도둑 맞은 이름』(호세 안토니오 타시에스 지음, 푸른숲주니어)

『따로 따로 행복하게』(배빗 콜 지음, 보림)

『물고기는 물고기야!』(레오 리오니 지음, 시공주니어)

『보이지 않는 아이』(트루디 루드위그 글, 패트리스 바톤 그림, 책과콩나무)

『새로운 가족』(전이수 지음, 엘리)

『아빠는 지금 하인리히 거리에 산다』(네레 마어 글, 베레나 발하우스 그림, 미래엔아이세움)

『친구를 모두 잃어버리는 방법』(낸시 칼슨 지음, 보물창고)

『커다란 포옹』(제롬 뤼예 지음, 달그림)

『특별한 손님』(안나레나 맥아피 글, 앤서니 브라운 그림, 베틀북)

시를 풍부하게 느낄 수 있는 그림책

『강아지와 염소새끼』(권정생 글, 김병하 그림, 창비)

『나는 시를 써』(질 티보 글, 마농 고티에 그림, 한울림어린이)

『내 동생』(주동민 글, 조은수 그림, 창비)

『다니엘이 시를 만난 날』(미카 아처 지음, 비룡소)

『달팽이 학교』(이정록 글, 주리 그림, 바우솔)

『비에도 지지 않고』(미야자와 겐지 글, 유노키 사미로 그림, 여유당)

『소년』 (윤동주 글, 이성표 그림, 보림)
『영이의 비닐우산』 (윤동재 글, 김재홍 그림, 창비)
『쨍아』 (천정철 글, 이광익 그림, 창비)
『흔들린다』 (함민복 글, 한성옥 그림, 작가정신)

내면의 단점에 대한 고민을 나누기 좋은 그림책

『그 녀석, 걱정』 (안단테 글, 소복이 그림, 우주나무)
『나는 소심해요』 (엘로디 페로탱 지음, 이마주)
『난 네가 부러워』 (영민 지음, 뜨인돌어린이)
『난 착한 아이 되기 싫어!』 (카롤리네 케어 지음, 효리원)
『블랙 독』 (레비 핀폴드 지음, 북스토리아이)
『안녕, 울적아』 (안나 워커 지음, 모래알)
『조금 부족해도 괜찮아』 (베아트리체 알레마냐 지음, 현북스)
『쿵쿵이와 나』 (프란체스카 산나 지음, 미디어창비)

슬픔을 털어놓을 수 있는 그림책

『가만히 들어주었어』 (코리 도어펠드 지음, 북뱅크)
『고함쟁이 엄마』 (유타 바우어 지음, 비룡소)
『내가 가장 슬플 때』 (마이클 로젠 글, 퀜틴 블레이크 그림, 비룡소)
『너 왜 울어?』 (바실리스 알렉사키스 글, 장-마리 앙트낭 그림, 북하우스)
『눈물바다』 (서현 지음, 사계절)
『슬픔을 꽉 안아줘』 (마리 프랑신 에베르 글, 이자벨 말앙팡 그림, 걸음동무)
『슬픔이 찾아와도 괜찮아』 (에바 엘란트 지음, 현암주니어)

아이들의 마음을 들여다볼 수 있는 그림책

『소년의 마음』 (소복이 지음, 사계절)
『어린이』 (베아트리체 알레마냐 지음, 한솔수북)
『유리 소녀』 (베아트리체 알레마냐 지음, 베틀북)
『절대 보지 마세요! 절대 듣지 마세요!』 (변선진 지음, 바람의아이들)

놀이하듯 수수께끼를 던지는 이야기 구조를 가진 그림책

『누구게?』 (최정선 글, 이혜리 그림, 보림)
『또 누구게?』 (최정선 글, 이혜리 그림, 보림)
『뭐든 될 수 있어』 (요시타케 신스케 지음, 스콜라)

고정관념에 의문을 제기하는 이야기 구조를 가진 그림책

『꽃을 좋아하는 소 페르디난드』 (먼로 리프 글, 로버트 로슨 그림, 비룡소)
『이게 정말 나일까?』 (요시타케 신스케 지음, 주니어김영사)
『이게 정말 사과일까?』 (요시타케 신스케 지음, 주니어김영사)
『종이 봉지 공주』 (로버트 문치 글, 마이클 마첸코 그림, 비룡소)
『치마를 입어야지, 아멜리아 블루머!』 (섀너 코리 글, 체슬리 맥라렌 그림, 미래엔아이세움)

반복되는 좌절과 도전의 이야기 구조를 가진 그림책

『별이 되고 싶은 가로등』 (하마다 히로스케 글, 시마다 시호 그림, 이마주)
『빨간 열매』 (이지은 지음, 사계절)
『작은 벽돌』 (조슈아 데이비드 스타인 글, 줄리아 로스먼 그림, 그레이트북스)

스토리보드를 직접 살펴볼 수 있는 그림책

『거짓말』 (고대영 글, 김영진 그림, 길벗어린이)
『먹는 이야기』 (고대영 글, 김영진 그림, 길벗어린이)
『집 안 치우기』 (고대영 글, 김영진 그림, 길벗어린이)

제한을 통해 표현력을 끌어내는 그림책

『Green Eggs and Ham』 (닥터 수스 지음, 랜덤하우스)
『In the City』 (니겔 피크 지음, Princeton Architectural Press)
『In the Wilds』 (니겔 피크 지음, Princeton Architectural Press)
『나는 기다립니다』 (다비드 칼리 글, 세르주 블로크 그림, 문학동네)
『어느 날 길에서 작은 선을 주웠어요』 (세르주 블로크 지음, 씨드북)

다양한 재료로 표현하여 예술적 선택의 폭을 넓힌 그림책

『까만 밤에 무슨 일이 일어났을까?』 (브루노 무나리 지음, 비룡소)
『무슨 일이든 다 때가 있다』 (레오 딜런·다이앤 딜런 공저, 논장)
『쓰레기통 요정』 (안녕달 지음, 책읽는곰)
『아트 & 맥스』 (데이비드 위즈너 지음, 베틀북)
『이상한 나라의 앨리스』 (이수지 지음, 비룡소)
『지우개』 (오세나 지음, 반달)
『태양은 가득히』 (앙투안 기요페 지음, 보림)
『파도는 나에게』 (하수정 지음, 웅진주니어)
『하이드와 나』 (김지민 지음, 한솔수북)

그림 대신 사진으로 만든 그림책

『내 토끼 어딨어?』 (모 윌렘스 지음, 살림어린이)
『내 토끼가 또 사라졌어!』 (모 윌렘스 지음, 살림어린이)
『얘들아, 이리와 놀자』 (뉴욕의 어린이들 지음, 매그넘 포토스 사진, 키다리)
『징검다리』 (마그리트 루어스 글, 니자르 알리 바드르 그림, 이마주)
『찰칵! 마음이 보여요』 (세실 가브리엘 지음, 고래뱃속)
『하찮은 것들의 근사한 행진』 (질베르 르그랑 지음, 루크북스)

과감한 선의 느낌을 살린 그림책

『LE BOIS』 (알렉산드로 산나 지음, NUAGES)
『낙서가 예술이 되는 50가지 상상』 (세르주 블로크 지음, 문학동네)
『어느 날』 (유주연 지음, 보림)
『즐거운 비』 (김향수 글, 서세옥 그림, 한솔수북)
『투명인간이 되다』 (잔니 로다리 글, 알렉산드로 산나 그림, 파랑새)

거침없이 색칠한 흔적을 그대로 살린 그림책

『고약한 결점』 (안느-가엘 발프 글, 크실 그림, 파랑새)
『리버벤드 마을의 이상한 하루』 (크리스 반 알스버그 지음, 문학동네)
『색깔의 여왕』 (유타 바우어 지음, 문학동네)

실수도 새로운 시작이 될 수 있는 그림책

『**문제가 생겼어요**』 (이보나 흐미엘레프스카 지음, 논장)

『**선**』 (이수지 지음, 비룡소)

『**아름다운 실수**』 (코리나 루켄 지음, 나는별)

『**점**』 (피터 레이놀즈 지음, 문학동네)

판형이나 책장을 넘기는 방향이 독특한 그림책

『**가시산**』 (박선미 지음, 썸북스)

『**구덩이**』 (다니카와 슌타로 글, 와다 마코토 그림, 북뱅크)

『**구덩이에서 어떻게 나가지?**』 (기무라 유이치 글, 다카바타케 준 그림, 북뱅크)

『**나무, 춤춘다**』 (배유정 지음, 반달)

『**달과 아이**』 (장윤경 지음, 길벗어린이)

『**도토리시간**』 (이진희 지음, 글로연)

『**버스**』 (남윤잎 지음, 시공주니어)

『**버스 안**』 (남윤잎 지음, 시공주니어)

『**북한산 초록**』 (김윤이 지음, 초방책방)

『**연어**』 (김주현 글, 김주희 그림, 고래뱃속)

『**오누이**』 (허정윤 글, 주리 그림, 킨더랜드)

『**울음소리**』 (하수정 지음, 웅진주니어)

『**춤**』 (이세경 지음, 반달)

제본 선의 경계를 이야기로 활용한 그림책

『**거울속으로**』 (이수지 지음, 비룡소)

『**그림자놀이**』 (이수지 지음, 비룡소)

『**아무도 지나가지 마!**』 (이자벨 미뇨스 마르틴스 글, 베르나르두 카르발류 그림, 그림책공작소)

『**앨피가 일등이에요**』 (셜리 휴즈 지음, 보림)

『**파도야 놀자**』 (이수지 지음, 비룡소)

형태의 틀을 깨뜨리는 그림책

『Boundless』 (데이비드 스테어 지음, 저자 독립출판)
『KISS』 (조선경 지음, 썸북스)
『Swimming in Concrete』 (정혜수 지음, STUDIO WOOM)
『The Onion's Great Escape』 (사라 파넬리 지음, Phaidon Press)
『꼬리 꼬리 꼬꼬리』 (키소 히데오 지음, 책과콩나무)
『나와 우리』 (이선미 지음, 글로연)
『내가 만드는 1000가지 이야기』 (막스 뒤코스 지음, 국민서관)
『리본』 (아드리앵 파를랑주 지음, 보림)
『엄마의 선물』 (김윤정 지음, 윤에디션)

종이 사이로 시점과 공간의 경계를 허무는 그림책

『Re-Zoom』 (이슈트반 바녀이 지음, Puffin Books)
『나의 빨강 책』 (바바라 리만 지음, 아이즐북스)
『다시 빨강 책』 (바바라 리만 지음, 북극곰)
『상상 이상』 (이슈트반 바녀이 지음, 내인생의책)
『줌, 그림 속의 그림』 (이슈트반 바녀이 지음, 보물창고)

메타 픽션을 통해 독자와 그림책 사이의 경계를 허무는 그림책

『거기 이 책을 읽는 친구』 (가가쿠이 히로시 지음, 미세기)
『내가 주인공이라고?』 (모 윌렘스 지음, 푸른숲주니어)
『아기 돼지 세 마리』 (데이비드 위즈너 지음, 마루벌)
『절대로 누르면 안 돼!』 (빌 코터 지음, 북뱅크)
『책 속의 책 속의 책』 (요르크 뮐러 지음, 비룡소)
『책』 (모디캐이 저스타인 지음, 보물창고)

부록 3
그림책 창작 수업 준비를 위한 추천 도서 리스트

『**감정을 억누르는 아동을 도우려면**』(마고 선더랜드 지음, 한국심리치료연구소)
『**거짓말하는 어른**』(김지은 지음, 문학동네)
『**그림으로 글쓰기**』(유리 슐레비츠 지음, 다산기획)
『**그림으로 말하는 사람들**』(박선주 지음, 지콜론북)
『**그림책**』(최윤정 지음, 비룡소)
『**그림책 상상 그림책 여행**』(천상현·김수정 공저, 안그라픽스)
『**그림책, 한국의 작가들**』(김지은·이상희·최현미·한미화 공저, 시공주니어)
『**그림책, 해석의 공간**』(이성엽 지음, 마루벌)
『**그림책론**』(페리 노들먼 지음, 보림)
『**그림책으로 행복해지기**』(고대영 지음, 길벗어린이)
『**그림책은 작은 미술관**』(나카가와 모토코 지음, 주니어김영사)
『**그림책을 보는 눈**』(마리아 니콜라예바·캐롤 스콧 공저, 마루벌)
『**그림책의 그림 읽기**』(현은자 외 지음, 마루벌)
『**그림책의 모든 것**』(마틴 솔즈베리·모랙 스타일스 공저, 시공아트)
『**그림책의 이해 1, 2**』(현은자·김세희 공저, 사계절)
『**그림책의 힘**』(가와이 하야오·야나기다 구니·마쓰이 다다시 공저, 마고북스)
『**글쓰기, 이 좋은 공부**』(이오덕 지음, 양철북)
『**네버랜드 그림책을 빛낸 거장들**』(정은정 지음, 시공주니어)
『**놀이를 활용한 이야기치료**』(김유숙·고모리 야스나가·최지원 공저, 학지사)
『**리틀 빅 북**』(게슈탈텐 출판사 편집부 지음, 아트인북)
『**몰리 뱅의 그림 수업**』(몰리 뱅 지음, 공존)
『**삶은 언제 예술이 되는가**』(김형수 지음, 아시아)

『수업 중에 연극하자』 (구민정·권재원 공저, 다른)
『스토리 메이커』 (오쓰카 에이지 지음, 북바이북)
『슬픈 거인』 (최윤정 지음, 바람의아이들)
『어린이, 세 번째 사람』 (김지은 지음, 창비)
『어린이는 모두 시인이다』 (이오덕 지음, 양철북)
『연극치료의 진단평가』 (데이비드 리드 존슨·수잔나 펜딕·스테판 스노우 공저, 학지사)
『유럽의 그림책 작가들에게 묻다』 (최혜진 지음, 은행나무)
『이수지의 그림책』 (이수지 지음, 비룡소)
『이야기치료의 원리와 실제』 (김번영 지음, 학지사)
『이오덕의 글쓰기』 (이오덕 지음, 양철북)
『인간의 마음을 사로잡는 스무 가지 플롯』 (로널드 B. 토비아스 지음, 풀빛)
『좋은 그림책의 기본』 (권승희 지음, 미진사)
『책 밖의 어른 책 속의 아이』 (최윤정 지음, 바람의아이들)
『플레이펜 어린이 일러스트레이션의 새로운 세계』 (마틴 솔즈베리 지음, 예경)

부록 4

연간 20차시
교실 속 그림책 창작 프로그램 예시

다음은 창의적 체험활동 시간에 교실 속 그림책 창작 프로그램을 활용할 수 있도록 구성해본 수업계획서다. 1학기 10차시+2학기 10차시, 총 20차시의 과정으로 진행할 수 있도록 구성했으며, 2015년 개정 교육 과정의 핵심 역량을 분석해 인성·창의·감성 등의 요소를 프로그램 안에 담고자 했다. 그림책 '함께 쓰기'를 통해 1학급 1그림책 창작을 먼저 시도하여 아이들이 부담 없이 접근할 수 있도록 하고, 나아가 1인 1그림책 창작 활동으로 확장하여 한 권의 그림책을 완성하는 과정을 경험할 수 있도록 수업을 구성했다.

수업 시간에 가능한 활동을 다양하게 소개하기 위해 밀도 있게 구성한 프로그램이다 보니 20차시 안에 여기에서 제시한 수업 과정을 모두 다 해내는 것이 시간적인 여건상 어려울 수도 있다. 다음에 제시한 수업 과정을 바탕으로 하되, 각 교실의 사정에 맞게 선별 및 재구성하여 적용하길 바란다.

차시	주제		내용	핵심 역량 하위 요소
	1학기			
1	그림책 깊게 읽기	그림책으로 교과서 밖 삶의 주제 만나기	• 아이들이 고민하는 삶의 철학(존재, 죽음, 이혼, 우울, 왕따)을 담은 주제별 그림책으로 마음 어루만지기	가치의 다양성 존중
2		통(通)그림책 감상법	• 좋아하는 한 장면에서부터 시작하기 • 선생님의 통그림책 이야기 들려주기 • 친구의 통그림책으로 감상 시작하기	문화적 감수성
3			• 한 장면 포스트잇 활동하기 • 짝과 통그림책 이야기 나누기	정서적 안정감
4	자기표현	은유 거울을 통한 자기표현	• 은유 거울이란? • 은유 거울을 통한 자기표현 방법 • 아이들이 표현한 다양한 은유 거울 사례 소개	자아정체성
5		나를 숫자나 음계, 색깔로 표현하기	• 자기표현을 어려워하는 아이를 위한 처방 • 나를 숫자나 색깔, 음계로 표현하기 • 자기표현을 통해 그림책의 주인공 설정하기	자기이해
6	1학급 1그림책 쓰기	나의 장단점 꺼내어 1학급 1그림책 쓰기	• 나의 장점과 단점을 의인화하여 하나의 캐릭터로 만들기 • 캐릭터의 특징과 나이, 자라날 때, 줄어들 때 쓰기 • 친구들과 질문을 주고받으면서 내 캐릭터 소개하기	공감적 이해
7		감정을 들여다보는 1학급 1그림책 쓰기	• 그림책으로 10가지 감정 들여다보기 • 영화 〈인사이드 아웃〉과 연결하여 내 머릿속 감정 그리기 • 『우리 반 슬픔 사용 설명서』 함께 쓰기	언어적 표현력 정서적 안정감
8	그림책 글쓰기	'여섯 조각 이야기'로 스토리 메이킹하기	• 여섯 조각 이야기로 스토리 메이킹하기 • 그림책 소재 발견하고 주제 명료화하기 • 글쓰기 어려워하는 아이를 위한 처방으로 그림책 서사의 뼈대 잡기	언어적 표현력
9		그림책 스토리 어떻게 구상할까?	• 놀이하듯 수수께끼로 질문하기 • 당연한 것에 의문을 품고 질문하기 • 반복되는 좌절과 도전의 서사 쓰기 • 좋아하는 그림책 바꾸어 쓰기	유창성
10	그림책 스토리보드	전체를 보는 눈으로 스토리보드 그리기	• 직접 카메라를 들고 다양한 시선으로 바라보기 • 그림책 전체를 바라보는 눈으로 섬네일 스케치 그리기 • 스토리보드에 본격적으로 펼쳐내기	예술적 표현력

차시	주제		내용	핵심 역량 하위 요소
		2학기		
11	그림책 그림 그리기	넓혀라! 예술적 선택의 폭 넓히기	• 다양한 재료와 표현 기법을 사용해 원화 그리기 • 내 그림책의 주제와 내용을 잘 살리는 예술적 선택하기	개방성
12		좁혀라! 제한으로 표현력 끌어내기	• 제한으로 창의적인 발상을 이끌어내기 • 점과 선, 색과 같은 제한된 요소로 표현하기 • 하나의 점에서 무궁무진한 이야기 발견하기	독창성
13		그리기를 두려워하는 아이를 위한 4가지 그림책 처방	• 오브제를 찍은 사진으로 만든 그림책 • 낙서를 한 듯 과감한 선으로 그린 그림책 • 거침없이 색칠한 흔적을 그대로 살린 그림책 • 실수도 새로운 시작이 될 수 있는 그림책	융통성
14	그림책 편집 제작	책의 주변 텍스트 갖추기	• 그림책의 주변 텍스트 알기 • 머리말, 작가 소개 글, 작가의 말, 추천의 글 쓰기 • 판형과 책장 넘기는 방향, 표지와 면지 고민하기	자기주도력
15		나도 어린이작가	• 원화 스캔 및 편집하기 • ISBN 등록하기	진로탐색
16		그림책 완성	• 전자책 출판하기 • 종이책 인쇄하기	소통과 상호작용
17	창작 선순환 독서 활동	깊이 읽고 생각나누기	• 어린이작가 인터뷰 • 친구의 그림책 읽고 한 줄 감상평 쓰기 • 2차, 3차 창작으로 이어가기 • 감상과 창작이 꼬리에 꼬리를 물며 선순환하기	경청과 존중
18		감상과 창작 선순환하기	• 완성한 그림책으로 '글 없는 그림책' 만들어서 다양한 이야기 만나기 • 글 없는 그림책의 글 작가되기 • 선후배가 만나 독자와 저자로서 소통하기	타인의 이해
19	책에서 삶으로	내가 만든 책으로 원화 전시회	• 창작 그림책으로 할 수 있는 다양한 활동 - 출판 기념회 - 원화 전시회 - 진로 교육과 연계한 작가 되기 프로젝트 • 우리 동네 도서관에 책 소개하기	소통과 상호작용
20		그림책으로 교류하기	• 내가 완성한 그림책 영어 번역본 만들기 (교내 원어민 교사와 협력하여 영어 번역본 그림책 만들기) • 국내외 다양한 독자 친구들과 책으로 문화 교류하기	가치의 다양성 존중

그림책 한 권의 힘
읽고 쓰고 만드는 그림책 수업의 모든 것

초판 1쇄 발행 2020년 4월 9일
초판 7쇄 발행 2021년 12월 20일
지은이 이현아(통로샘)

펴낸이 민혜영
펴낸곳 ㈜카시오페아 출판사
주소 서울시 마포구 월드컵로 14길 56, 2층
전화 02-303-5580 | **팩스** 02-2179-8768
홈페이지 www.cassiopeiabook.com | **전자우편** editor@cassiopeiabook.com
출판등록 2012년 12월 27일 제2014-000277호
편집 최유진, 진다영, 공하연 | **디자인** 이성희, 최예슬 | **마케팅** 허경아, 김철, 홍수연, 변승주
외주 편집 한아름 | **외주 디자인** 김리영

ISBN 979-11-90776-01-1 03590

*KOMCA 승인필

이 도서의 국립중앙도서관 출판예정도서목록(CIP)은 서지정보유통지원시스템 홈페이지
(http://seoji.nl.go.kr)와 국가자료종합목록 구축시스템(http://kolis-net.nl.go.kr)에서
이용하실 수 있습니다. (CIP제어번호 : CIP2020012113)

이 책은 저작권법에 따라 보호받는 저작물이므로 무단전재와 무단 복제를 금지하며,
이 책의 전부 또는 일부를 이용하려면 반드시 저작권자와 ㈜카시오페아 출판사의
서면 동의를 받아야 합니다.

• 잘못된 책은 구입한 곳에서 바꾸어 드립니다.
• 책값은 뒤표지에 있습니다.